“十四五”时期国家重点出版物出版专项规划项目
国宏智库丛书（2021）

全面提升对外开放水平研究

QUANMIAN TISHENG DUIWAI KAIFANG SHUIPING YANJIU

李大伟　金瑞庭　等著

中国计划出版社
北　京

图书在版编目（CIP）数据

全面提升对外开放水平研究 / 李大伟等著. -- 北京：中国计划出版社，2022.3
（国宏智库丛书. 2021）
ISBN 978-7-5182-1412-9

Ⅰ. ①全… Ⅱ. ①李… Ⅲ. ①对外开放—研究—中国 Ⅳ. ①F125

中国版本图书馆CIP数据核字(2022)第008023号

责任编辑：李 陵 鲍艺星　　封面设计：韩可斌
责任校对：王 巍 刘 原　　责任印制：赵文斌 康媛媛

中国计划出版社出版发行
网址：www. jhpress. com
地址：北京市西城区木樨地北里甲 11 号国宏大厦 C 座 3 层
邮政编码：100038 电话：（010）63906433（发行部）
北京虎彩文化传播有限公司印刷

787mm×1092mm 1/16 17.75 印张 243 千字
2022 年 3 月第 1 版 2022 年 3 月第 1 次印刷

定价：72.00 元

总 序

自 1999 年以来，我院每年都从课题研究中，选出一些社会各界较为关注的优秀成果，结集为《中国宏观经济丛书》和《中国经济学术基金丛书》公开出版。自 2015 年入选首批国家高端智库试点单位以来，我院进一步加强智库建设，连续几年在全国智库排名中位居前列。为进一步加大对优秀研究成果的宣传力度，持续扩大我院的学术影响力、决策影响力、社会影响力和国际影响力，我们进一步整合院内优秀研究成果，将原有丛书并合为《国宏智库丛书》品牌，以便更有效地加强与同行的学术交流，更好地为经济管理部门、科研机构和社会各界提供服务。

《国宏智库丛书》（2021）是我院优秀课题研究成果的集合，研究领域围绕中央提出的现代化经济体系建设的主要内容，对产业体系、市场体系、收入分配体系、城乡区域发展体系、全面开放体系和经济体制进行系统研究，形成系列成果。

由于水平所限，丛书内容难免有不足之处。诚恳期待社会各界进行批评指正，以帮助我们不断提高研究水平和丛书质量。

中国宏观经济研究院

2021 年 3 月

前言

当前，新冠肺炎疫情全球大流行使世界百年未有之大变局加速演进，世界经济形势更加复杂严峻，不稳定不平衡性凸显。面对外部环境更加不稳定不确定带来的挑战，我们更要在提高对外开放水平上下功夫，推动改革和开放相互促进，通过融入国际循环有效助力国内大循环提质升级，为经济持续恢复和高质量发展注入中长期动力。

高水平对外开放对于构建新发展格局意义尤其重大。当前，我国正在加快构建新发展格局，必须充分发挥国际循环对国内大循环升级的促进作用。以国内大循环为主体，绝不是关起门来运行；国内国际双循环也不只是强调简单的对外开放，而是要推动更高水平的对外开放。在新发展格局下，既要扩大对外贸易，深化资金、人才、科技等领域的国际合作，推动商品、要素等领域开放形成协同效应；更要借鉴国际先进经验，推动规则、规制、管理、标准等制度型开放，积极参与全球经济治理体系改革。只有打破国内循环体系和国际循环体系之间存在的各种不合理藩篱和壁垒，推动优质要素、优质商品、优质服务在国内外自由流动，才能引导国内大循环向更高层次跃升。

本书立足于世界百年未有之大变局加速演进和构建新发展格局的大背景，构建了综合性的分析框架，对我国对外开放水平进行了客观评估，并从对外贸易、引进来、走出去、区域开放格局、开放平台建设等方面对高水平对外开放的重点任务进行了系统论述，共包括一份总报告和七份分报告。总报告由课题组集体撰写，分报告一由李大伟和杨长湧撰写，分报告二由苑生龙撰写，分报告三由卢伟撰写，分报告四由原倩撰写，分报告五由孔亦舒撰写，分报告六由刘中显和马玥撰写，分报告七由关秀丽撰写。由于作者水平有限，书中难免存在一些不足，请各位读者不吝批评指正。

李大伟

2021 年 12 月

目　录

总报告
全面提升对外开放水平研究

内容提要： 实证研究表明，我国对外开放水平相较于加入WTO（世界贸易组织）初期已显著提高，但仍不能满足经济高质量发展和构建人类命运共同体的要求。新时代应坚定不移发挥好市场在全球资源配置中的决定性作用，更好发挥政府在大力推进“边境”政策开放和构建公平、透明、包容的“边境后”政策全球协调机制中的作用，理性积极防范国际环境重大变化所带来的干扰，以高质量高标准建设“一带一路”为立足点统筹创新对外开放合作模式，以进出口协调发展和改善要素禀赋为抓手逐步提升我国在全球价值链中的位势，以持续扩大市场准入和优化营商环境为抓手提升利用外资综合质量，以创新国际产能合作模式为抓手构建新型国际合作网络，以加大西部开放力度为抓手有效优化区域开放布局，以统筹发挥传统平台和新平台引领作用为抓手改善对外平台开放格局，以高标准自贸区建设为抓手积极参与全球经贸规则制定，逐步形成一套层次高、示范性优、包容性强、透明度好的中国特色社会主义开放型经济发展模式。

改革开放40多年来，我国对外开放事业取得了巨大成就，为我国实现经济迅速发展、深度融入全球价值链和促进改革作出了重大贡献。当前，改革开放事业已经站在新的历史起点上，如何基于经济高质量发展和构建人类命运共同体的伟大目标，对新时代全面提升我国对外开放水平，构建多元平衡、安全高效的全面开放体系的战略任务予以科学合理的诠释，具有重大的理论意义和实践意义。本课题的整体研究框架见图1–1。

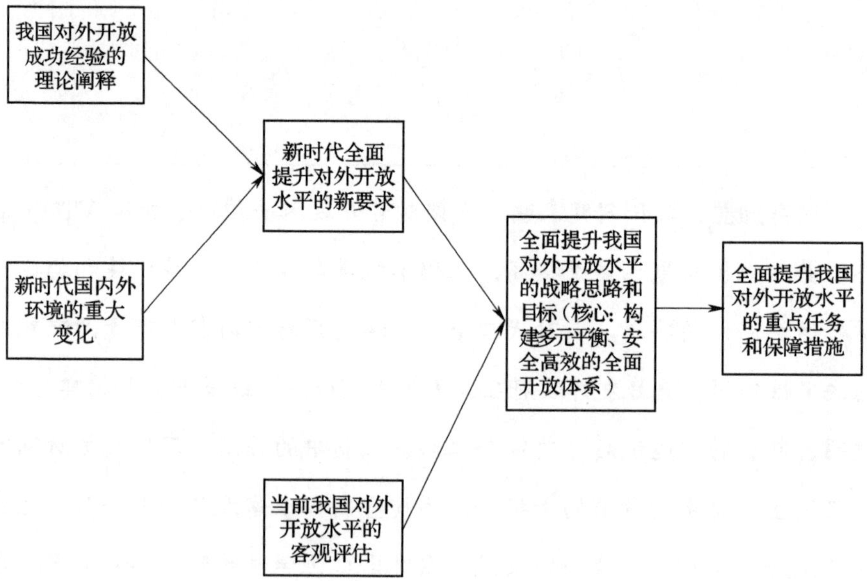

图1–1　课题的整体研究框架

一、我国对外开放成功经验的理论阐释

（一）我国对外开放的历史进程回顾

第二次世界大战（以下简称二战）后独立的发展中国家普遍面临实现工业化和现代化的双重任务。要完成工业化，必须回答是否利用国际资源和国际市场的问题。要完成现代化，必须回答是否与西方主导的国际经济规则接轨的问题。因此，发展中国家选择的对外开放战略，实质是其工业化战略和现代化战略不可或缺的组成部分。改革开放前，受国际国内多种条件约束，我国逐步走上“闭关锁国”模式和计划经济体制，在工业化和现代化道路上虽然取得重大成就，但暴露了效率低下、体制僵化乃至经济停滞等严重问题。

党的十一届三中全会后，围绕经济建设这个中心，我国实施了对外开放战略，着眼于解决工业化需要的资本、技术和市场问题，着眼于解决现代化需要的体制机制转轨问题，对外开放成为促进发展和改革的重要动力源，推动我国成长为全球第二大经济体，推动建立了社会主义市场经济体制。纵观 40 多年对外开放历程，从局部示范到全域推进，从实体经济到金融领域，从低端分工到部分行业的中高端分工，从引进来为主到引进来和走出去并重，从国际经济体系的跟跑者到并跑领跑者，形成全方位、宽领域、多层次的对外开放格局。

1978—1991 年是对外开放的第一阶段，开放集中在沿海地区，主要任务是通过大力发展对外贸易和利用外资，增强外汇支付能力、进口先进技术设备，以实现对国内工业的改造升级。这个阶段，国家设立了 5 个经济特区、14 个沿海开放城市和 3 个沿海经济开放区，进出口总额由 1978 年的 355 亿元人民币升至 1992 年的 9 119.6 亿元人民币，出口在全世界的排名由第 26 位升至第 14 位。1979—1988 年，我国组织大规模引进国外先进技术，技术费用占全部引进费用的比重从 10% 升至 30%，电子、轻工、有色金属、食品等 20 多个行业中的企业都进行了技术改造和设备更新。然而，由于对外开放处于起步阶段，“摸着石头过河”的特征明显，前进过程中出现两个突出问题：一是对外贸易以产业间贸易为主，出口初级产品、进口工业制成品，多数时候处于逆差，创汇能力明显不足；二是实际利用外资额一直在较低水平徘徊，直到 1991 年每年实际利用外资额仍未突破 50 亿美元。

1992—2001 年是对外开放的第二阶段，全方位对外开放格局基本形成，对外开放从沿海向沿江、沿边和内陆拓展。这个阶段有两个突出特点：一是加工贸易大发展，实现了发展对外贸易、利用外资和积累外汇储备这三个目标的有机结合。冷战结束后，跨国公司对外直接投资进入快速发展期，在全球布局价值链，我国抓住机遇，承接产业转移、大力发展加工贸易，逐步融入国际分工体系。这一时期，加工贸易进出口额占对外贸易的半壁江山，1992 年实际利用外资突破 110 亿美元后连上台阶，1996—2001 年保持年利用外资 400 亿美元以上规模。加工贸易顺差成为外汇储备的主要来源，外汇储备余额从 1992 年的 194.43 亿美元跃升至 2001 年的 2 121.65 亿美元。二是基本确立了与社会主义市场经济体制相适应的开放型经济体制机制框架。外贸体制进行重大改革，逐步放开外贸经营权。实行外汇市场并轨，建立以市场供求为基础的有管理的浮动汇率制。实现经常项目下的自由兑换。提出走出去战略，建立相应的管理体制和保障机制。

2002—2012 年是对外开放的第三阶段，从多边贸易体制外进入体制内，利用国际资源和国外市场更好地缓解经济增长面临的供需两端约束。改革开放后到 20 世纪末，我国处于经济学家科尔奈提出的“短缺经济”状态，对外开放主要目的是缓解供给端的资本与技术约束，提高生产能力。20 世纪末，我国经济由短缺状态转向结构性过剩，工业化与城镇化进入加速期，经济同时面临供给与需求的双重约束。同时，2001 年我国加入 WTO，成为多边贸易体制一员，国外市场大门打开。这一阶段，一方面出口总体保持快速增长，在很大程度上缓解了国内庞大产能面临的需求约束，我国成为第一大出口国；另一方面初级产品进口大幅增长，成为原油、铁矿石、铜等大宗商品的主要购买方之一，在很大程度上缓解了国内工业化和城镇化面临的能源资源供给约束。同时，加入 WTO 后我国按承诺开放了包括金融、电信、建筑、分销、法律、旅游、交通等在内的众多服务领域，制定、修订、废止了 3 000 余件法律、行政法规和部门规章，开放促改革效应比较明显。

2012 年以来是对外开放的第四阶段。在这一阶段，我国对外开放在规模上稳居世界前列，对外贸易额、利用外资额、对外投资额基本位于世界前三位。随着我国经济进入新常态，我国经济发展战略有所调整，对外开放对经济增长的直接贡献有所下降。立足于推动经济由高速增长向高质量发展转变的战略目标，通过全面提升对外开放水平，更好地发挥对外开放对技术进步、产业转型升级、区域协调发展、体制机制改革的促进作用，是当前我国扩大对外开放的核心要义所在。

我国 40 多年的对外开放历程，具有三个显著特点：一是坚持开放不动摇。40 多年中关于对外开放有过比较激烈的争论甚至反对，在 20 世纪 80 年代末 90 年代初东欧剧变形势下、21 世纪初我国加入 WTO 前，都曾面临对外开放进程延缓、停滞甚至倒退的风险。但因为坚持开放不动摇，最大限度消除了国际国内的市场疑虑，有效保护了开放成果，使开放能够稳步前进。二是坚持改革与开放相互促进。我国对外开放并非在封闭区域、封闭领域孤立进行，而是全方位宽领域多层次推进，这必然要求以体制机制改革作为开放的前提条件；同时，对外开放的深入推进又会对改革产生推动与倒逼作用。三是坚持开放的渐进性。在“摸着石头过河”的理论指导下，探索出了既能促进开放又能有效防控风险的渐进式路径，通过“干中学”积累开放需要的知识和经验。这三个特点既是过去对外开放取得成功的重要原因，也是未来对外开放应当遵循的重要原则。

（二）改革开放以来我国开放促发展促改革促转型取得巨大成功的深层次原因

40 多年来，我国对外开放取得巨大成功，开放促发展促改革促转型的效应十分明显。从二战后世界经济发展史来看，这个成就的取得十分不易。过去50年，在美国等西方国家主导的国际政治经济秩序下，只有日本、亚洲“四小龙”等13个经济体对外开放取得成功，通过开放发展跨越了中等收入陷阱。这些经济体实行的都是资本主义制度，其中多数经济基础本来就不错，发展过程中又得到美国等西方国家的支持和援助。而我国是共产党领导下的社会主义国家，是拥有14亿多人口的大国，发展起点较低，又经常面临来自美国等西方国家的刁难甚至阻遏。考虑到这些情形，我国对外开放的成功是稀有难得的，经验弥足珍贵。

总结起来，我国对外开放的成功得益于四大保障——战略保障、制度保障、方法保障和天时保障，是“道”“势”“术”“时”有效辐辏与相互支撑的结果，四者缺一不可。其中，“道”“势”和“术”是可以发挥主观能动性积极作为的领域，“时”则是不以主观意志为转移的客观环境与条件，但能否抓住“时”带来的机遇也有赖于路线、方针、政策是否正确。

1．将对外开放作为长期坚持的基本国策，这是“道”，为对外开放的成功提供了战略保障

我国对外开放取得成功，最根本的因素是将开放作为基本国策写进了党在社会主义初级阶段的基本路线，并承诺100年不动摇。这样的承诺具有极大的稳定人心的作用，使各类市场主体得以形成良好预期，从而进行长远谋划和布局。不过，这里需要回答的关键问题是，如何保证对外开放的基本国策能够得到长期贯彻？古今中外实践表明，开放政策半途而废，可能有四个原因：一是人事更迭；二是精英阶层反对；三是社会大众反对；四是国外合作伙伴反对。我国是如何有效解决这四个问题的？

通过行之有效的干部选拔机制，从组织上保证对外开放的基本国策能够“一茬接一茬”干下去。经过长期探索和实践，中国共产党形成了一套行之有效的干部选拔机制。这套机制将干部是否拥护中央决策和改革开放作为最重要的政治标准，注重对干部长时间全方位的考察。特别是拟提拔重用的关键岗位领导干部，一般都要经过多领域、多地方锻炼，一定要经得起检验，也要得到方方面面的认可。在这套机制下，能够脱颖而出的基本都是真心实意拥护改革开放，且有能力将改革开放推向深入的人，这就从组织上保证了改革开放基本国策不会因人事更迭而出现根本变化。

通过确立解放思想、实事求是的思想路线，使对外开放成为自上而下自愿自觉的选择。改革开放后，党和国家确立了解放思想、实事求是的思想路线，鼓励破除教条和迷信，坚持一切从实际出发。在这样的氛围下，各级干部和知识分子等受教育程度较高的群体有更多机会"开眼看世界"，能够更加客观务实地认识外部环境，认识我国与发达经济体之间存在的差距，从而在我国需要向国外学习这一点上形成共识。这是一个根本性的转变。它使人们摆脱僵化意识形态的束缚，接受既有国际秩序的合理性，以参与者、建设者和贡献者的身份融入国际经济体系，自愿向发达经济体学习。

通过有效减弱经济全球化可能带来的收入分配负面效应，使对外开放具备了坚实的群众基础。无论是美欧发达经济体，还是一些发展中国家，在参与经济全球化进程中，都出现了明显的受益者和受损者，导致发展到一定程度时，对全球化不满和要求保护主义的力量激烈反弹。我国对外开放过程虽然也伴随收入差距扩大，但各个群体之间并未出现严重对立，使得开放能一直坚持进行。究其原因，一是我国选择了基于劳动力比较优势参与国际分工的正确开放路径，使得对外开放和吸引外资直接惠及广大农民工以及城镇受教育程度较低的人群。二是跨国公司在我国设立子公司、分公司等机构并招聘本地人才，为来自普通家庭受过高等教育的学子提供了择业的新路径新选择，提供了个人和家庭跻身中等收入群体的新机遇。三是我国建立了广覆盖的社会保障网络，极大地发挥了安全阀和稳定器的作用。这就使我国的对外开放得到了广大人民的拥护和支持，具备了坚实的群众基础。

通过坚持互利共赢的开放战略，最大限度赢得国外合作伙伴对我国对外开放的支持。一般情况下，一国处于国际分工相对弱势时，倡导互利共赢是保护自身利益的需要；处于相对强势时，倡导互利共赢才真正体现国际价值追求。当前，我国已进入引进来和走出去并重的阶段，商品、资本和技术走出去成为潮流，在一些产业的全球价值链中居于中高端位势。在此形势下，我国对外开放依然坚持互利共赢的基本原则，是基于推动构建更加开放、包容、普惠、平衡、共赢的经济全球化和国际经济新秩序的价值追求。正是这个长期不变的基本原则，为我国赢得越来越多的合作伙伴。一个突出的事例是，我国倡导的“一带一路”建设秉持和平合作、开放包容、互学互鉴、互利共赢的丝路精神，得到广泛认同和支持，已有 170 多个国家和国际组织与我国签署共建“一带一路”合作文件，“一带一路”倡议正在成为构建人类命运共同体的重要平台。

2. 建立健全“中央权威 + 地方活力”的体制机制，这是“势”，为对外开放的成功提供了制度保障

坚持党中央权威和集中统一领导，保持稳定的政治环境，这是对外开放成功的根本制度保障。对于发展中国家而言，在对外开放进程中保持稳定的政治环境，既十分必要，又十分不易。说十分必要，是因为发达经济体跨国公司的资本和技术只青睐那些政治风险较低的国家，一旦东道国发生政治动荡，国外资本和企业往往大规模撤离，多年的开放成果可能毁于一旦；说十分不易，是因为高度传统的社会和高度现代化的社会都是稳定的，而处在开放转轨进程中的社会最容易发生动荡。著名政治学家亨廷顿曾提出，20 世纪 50—60 年代发展中国家普遍发生政治动荡，不是由于他们贫穷落后，而是由于他们力图走向开放实现现代化。改革开放后，我国确立了四项基本原则，

坚持中国共产党的领导，坚持维护党中央权威，顶住了国际国内风波的挑战和考验，保持了稳定的政治环境，这为源源不断地引进境外优质资本、技术和企业，将对外开放持续推向深入提供了根本的制度保障。

充分调动地方的积极性和主动性，使开放决策在地方层面得到有效实施，成为对外开放成功的活力所在。对外开放的决策在中央，但必须经由地方执行和实施，因此地方政府的态度和行动就成为开放决策能否真正落地的关键。40多年来，我国对外开放取得巨大成就，地方的主动作为作出了重要贡献。无论是沿海地区的地方政府，还是内陆、沿边地区的地方政府，有条件的地方积极谋划开放，没有条件的地方创造条件也要积极谋划开放，从而形成了多种多样的开放型经济发展平台和发展模式。究其原因，一是我国的干部考核和选拔机制催生了“县域竞争”，下级政府在贯彻中央和上级政府意志方面成绩突出，十分有利于本地发展得到更多重视，也十分有利于干部的提拔使用。二是我国的行政管理体制实行“条条”与“块块”相结合的模式，地方党委和政府在本地开放型经济发展方面拥有相当大的决策权。三是分税制财政管理体制下，地方财政拥有较大自主性，能够集中力量办事情。特别是沿海一些财力比较雄厚的地方，有能力通过补贴等优惠政策吸引大量外商投资，大力引进国际人才，从而打造开放型经济发展高地。

3．采取正确的对外开放路径，这是“术”，为对外开放的成功提供了方法论保障

40多年来，我国在对外开放方法论方面至少有三个成功经验：一是通过利用外商直接投资参与国际分工和竞争；二是建立各类开放特殊区域先试验后推广；三是立足国情和发展需要实施渐进开放。

通过扩大利用外资参与国际分工和竞争。发展中国家一旦选择对外开放，马上面临以何种方式参与国际分工和竞争的问题。主要途径有三：一是开展

对外贸易；二是利用国外贷款；三是吸引外商直接投资。从第一条途径看，受要素禀赋和产业竞争力制约，多数发展中国家初期只能通过出口能源、原材料等初级产品，进口机器设备等工业制成品参与国际贸易，与发达经济体形成产业间分工模式。其风险在于，发展中国家或者由于初级产品出口效益较好而陷入“资源诅咒”，沦为发达经济体的能源原材料附庸；或者由于贸易条件恶化而出现大量逆差，面对国际投机资本冲击时抵抗力十分脆弱。从第二条途径看，国外贷款主要以美元计价结算，利用国外贷款往往导致发展中国家美元外债持续增加，一旦遭遇美联储加息周期、美元大幅升值，外债还本付息负担急剧上升，超过本国外汇储备所能提供的清偿能力，很容易发生债务危机。拉美、非洲、中东、中亚等不少发展中国家采取了这两条途径，但实践证明并不成功。

改革开放后，我国经过短暂尝试，很快认识到出口初级产品和借用外债这两种模式的不可持续性。于是，我国充分利用劳动力成本低、工业基础好、配套能力强的优势，主要采取了吸引外商投资、发展加工贸易、嵌入跨国公司全球价值链的方式参与国际分工。实践证明，这种方式的优势在于：一是外企进入不仅带来资本和技术，更重要的是带来现代企业管理制度、国际市场营销渠道和市场经济理念，给人们的思想、知识和视野带来巨大冲击和改变；二是加工贸易天然创造顺差，为国家外汇储备积累作出重要贡献，大大增强了进口能力和抗风险能力，解决了发展中国家经济起飞之初普遍面临的外汇短缺难题；三是外资企业在雇用本地员工、与本地企业合作过程中，实现了技术、管理经验和国际规则知识的溢出，一些头脑灵活的人在外企接受训练后出来“单干”，直接促进了民营企业的发展；四是外资制造业企业成为吸纳农业转移人口的重要途径，不仅直接提高了农民收入，而且促使传统农民向现代产业工人转化，从农村人口向城镇人口转化，促进了不少地区的工业化和城镇化；五是直接推动我国出口结构由初级产品向劳动密集型产品再到机电产品的转型升级；六是较之国际贷款或短期投机资本，外商投资实体企业考虑的因素更加综合和长远，撤出的机会成本更高，对于东道国经济而言是稳定性更高。

建立各类开放特殊区域先试验后推广。改革开放初期，我国建立了4个经济特区，这是设立最早的开放特殊区域的类型。此后，又建立了国家级经济技术开发区、国家级高新技术产业开发区、海关特殊监管区域、边境经济合作区、国家级新区等多种类型特殊区域，目前功能最特殊、制度最先进的是自由贸易试验区和中国特色自由贸易港。设立特殊区域推动对外开放有两个突出优势：一是在既有体制和政策惯性力量十分强大的情形下，通过特殊区域实施局部突破，打造政策洼地和改革高地，形成集聚资本、技术、人才等优质要素的“绿洲”；二是将对外开放主要集中在特殊区域内，容易控制风险，从而减少保守力量对开放的反对。可以说，设立特殊区域进行试验，是发展中国家既对外开放又防控风险的有效途径，是平衡各方诉求、最大限度凝聚开放共识的有效载体。目前，各种类型开放特殊区域已成为我国发展对外贸易、利用境外投资、对标国际贸易投资规则的主要平台。将特殊区域的改革创新经验在不同范围复制推广，对其他地区的改革发展也会起到很好的促进作用。

立足国情和发展需要实施渐进开放。二战以来的世界经济发展史表明，对于发展中国家而言，不开放就会落后，但开放在带来巨大机遇的同时也伴随着巨大风险，部分国家由于开放方式错误而落入中等收入陷阱，甚至发生社会动荡。一个主要教训是，不能盲信经济教科书理论，不能不顾风险承受能力而实施激进开放，试图一步到位实现贸易投资自由化，特别是在金融开放方面要十分谨慎，要像罗纳德·麦金农提出的那样，理好经济自由化的顺序，在实施资本账户开放前做好各种必要准备。我国对外开放采取了渐进式路径，先沿海后沿边内陆，先经常账户后资本与金融账户，先长期投资再短期投资，先机构投资者再个人投资者，并且对一些资本项目保持一定程度的管制。实践证明，这种开放方式不符合西方新自由主义主流经济理论的假设路径，却契合我国国情和国内发展需要，限制了风险可能发生的范围，减少了试错成本，避免了激进开放带来的经济和社会系统崩溃的可能性。林毅夫提出，那些推行休克疗法的国家，我们存在的问题他们也普遍存在，但我们有的成绩这些国家却没有。对于那些期望通过对外开放推动经济社会转型，但不熟悉现代市场经济规律、风险防控能力有限的发展中国家而言，渐进式开放是理性务实的正确选择。

4．和平与发展成为时代主题，经济全球化快速推进，这是“时”，为对外开放的成功提供了天时保障

20世纪80年代，世界局势开始发生深刻变化。冷战结束后，和平与发展作为时代主题的特征日益明显，世界多极化、经济全球化、文化多样化、社会信息化渐成潮流，这为我国持续推进对外开放创造了相对稳定的国际环境和十分有利的经济环境。特别是，与1870—1913年的经济全球化相比，冷战结束后的经济全球化具有三个显著特点，使发展中国家能够通过参与其中获取开放带来的收益：一是上一轮经济全球化伴随发达国家对殖民地的武力侵略与征服，冷战结束后的经济全球化是在旧殖民体系早已瓦解、发展中国家实现民族独立的基础上进行的，自愿平等原则取代了武力胁迫原则。二是上一轮经济全球化以货物贸易自由化为主要特征，殖民地半殖民地出口初级产品，发达国家出口工业制成品，二者形成产业间分工关系，殖民地半殖民地长期承受“剪刀差”剥削；冷战结束后的经济全球化以跨国公司直接投资为主要特征，通过大规模产业转移在全球布局价值链，在发达经济体和发展中国家之间形成垂直的产品内分工关系，为发展中国家吸引资本、技术、人才、管理等优质要素创造了难得的机遇。三是上一轮经济全球化没有形成全球贸易投资规则体系，冷战结束后的经济全球化则是在多边贸易体制框架下进行的，这个框架对发展中国家有着制度性的优惠安排，使发展中国家在现有国际经济秩序下也能争取最大权益。

然而，和平与发展的国际环境虽然十分难得，经济全球化机遇虽然难逢，但毕竟是外因，真正抓住机遇实现快速发展的发展中国家屈指可数。我国作为最大受益者之一，归根到底是在经济全球化露出苗头时就作出敏锐的趋势性判断，在此基础上选择了对外开放战略，并采取了事实证明是正确的开放路径，这是内因，是对外开放成功的根本。

二、新时代内外环境发生重大变化要求我国进一步提升对外开放水平

（一）新时代我国对外开放面临的国际环境正在发生深刻变化

1．二战以来传统全球化模式动力大幅度减弱，世界面临百年未有之大变局

二战以来，在运输技术、信息技术等迅速发展的背景下，跨国公司主导的以贸易投资自由化为特征的全球化浪潮成为全球经济合作的主旋律，为世界经济高速增长作出了重大贡献。然而，随着世界经济发展进入新阶段，这种全球化模式也造成了贫富差距大幅扩大、全球经济失衡等一系列负面效应，客观上导致了“逆全球化”风潮的兴起。与此同时，以美国为代表的发达经济体在全球经济中的主导作用有所减弱，为维护其优势地位，不惜在规则、科技、贸易、投资等领域对我国等新兴经济体进行打压，全球经济形势

发生剧烈变化。特别是特朗普政府上台后，不但对我国挑起疾风骤雨式的经贸摩擦，与其他主要贸易伙伴的贸易争端也时有发生，导致经济全球化规则发生冷战结束以来最剧烈的调整。一方面，特朗普政府奉行单边主义，期望通过“一对一”的施压和谈判达成有利于美国的系列经贸协定。在美国的影响下，国际金融危机爆发后就已出现的区域贸易协定缔结浪潮呈愈演愈烈之势。这对以 WTO 为核心的多边贸易体制造成巨大冲击，国际经贸规则的“意大利面条碗”效应将日益明显。另一方面，美国抛开 WTO 框架下的反倾销、反补贴等措施，更多采取基于其国内法的“301 调查”“232 调查”等，对进口商品提高关税壁垒，下一步不排除对技术等出口施加更多管制。美国的保护主义加上其贸易伙伴的普遍反制，将显著提高各种关税和非关税壁垒，导致国际贸易自由化水平出现严重倒退。经济全球化符合历史发展潮流，多边贸易体制符合多数国家利益，其深入发展大势不会根本动摇，但在美国单边主义和保护主义的冲击下，速度可能放缓、动力可能减弱、规则或将改变，国际经贸合作格局将进入艰难的重构期，我国参与国际经贸合作也会受到较大负面影响。

2．新一轮科技革命和产业变革孕育兴起，人类生产生活模式面临深刻变化

数字化制造、人工智能、新能源、量子通信、无人驾驶、虚拟现实、基因测序、新材料等领域互相交叉渗透，正在对人类社会带来难以估量的作用和影响，可能颠覆现有很多产业的形态、分工和组织方式，重塑国家竞争力在全球的位置，重构人们的生活、学习和思维方式，乃至改变人与世界的关系。从微观层面看，企业组织形态将逐步由大型公司转向平台化、分散化和普惠化。从中观层面看，新兴产业将日益发展壮大，新技术广泛运用于传统产业领域也将推动新产品、新业态、新模式大量涌现；同时，全球价值链布

局将深刻调整，技术和市场将取代成本成为价值链布局的决定性因素，拥有技术优势和市场优势的经济体将在吸引价值链布局方面掌握更多主动权。从宏观层面看，与过去几轮工业革命相比，新一轮科技革命和产业变革的速度、广度和深度都达到空前程度，对全球就业市场的影响范围更广、速度更快，将推动财富加速向资本与技术积累，发达经济体与发展中国家的收入差距可能进一步拉大。与新一轮科技革命和产业变革相伴的是重大机遇，但也存在巨大不确定性，未知远大于已知。

3. 国际经贸规则存在调整升级的客观需要，多边贸易体制面临改革压力

国际金融危机爆发后，美国认为传统的以边境壁垒调整为主的国际经贸规则，无法解决“边境后”规制不一致的问题，导致发展中国家“钻了空子”，也导致美国等发达经济体承受了巨大损失。基于此，美国提出“竞争中立”，并期望通过 TPP（跨太平洋伙伴协议）和 TTIP（跨大西洋贸易与投资伙伴协议）引领劳工、环境、知识产权等 21 世纪新议题的规则制定。特朗普政府上台后，虽然退出 TPP，但并未放弃推动国际经贸规则深入“边境后”规制的意图。一方面，特朗普政府提出“公平贸易”，要求贸易伙伴遵循与美国同等标准的贸易、投资、知识产权保护等规则，否则就要实施单边制裁和霸凌。这种“对等化”要求，实质上是对 TPP 原则的继承和强化。另一方面，美国等发达经济体在 2018 年 7 月 WTO 关于我国的第七次贸易政策审议中，就国有企业、知识产权、技术转让、产业政策、补贴政策等诸多议题提出质疑，关注的议题范围之广前所未有。客观地讲，随着全球价值链深入发展，各国经济联系更加紧密，国际经贸规则必然突破边境壁垒，要求各国国内规制在一定程度上进行规范与统一。这是国际贸易投资合作迈向深入的必然要求，并非美国等发达经济体一意孤行。而美国作为对国际经贸规则影响力最大的经济体，其力推经济全球化

规则变化，将导致多边贸易体制面临较大的改革压力，更加广泛的“边境后”规制或将成为新一代多边贸易谈判的重要议题。

（二）我国进入建设社会主义现代化强国新阶段，面临诸多深层矛盾和问题

1．经济转向高质量发展阶段，但现行体制机制尚不能完全适应这个要求

我国经济已由高速增长阶段转向高质量发展阶段，这是要素禀赋变化和比较优势转换的必然结果，是我国成长为中高收入经济体、迈向高收入经济体的客观要求，也是当前和今后一个时期我国确定发展思路、制定经济政策、实施宏观调控的根本遵循。经济高质量发展对完善社会主义市场经济体制提出了更高要求，对打造法治化和国际化的营商环境提出了更高要求。然而，现行体制机制尚不能完全适应这个要求，最根本的问题是政府与市场关系没有完全理顺，政府职能转变与经济高质量发展的要求相比还有较大差距，让市场在资源配置中发挥决定性作用的目标尚未完全实现，营商环境法治化、国际化水平仍有待提升。比如，行政力量对资源配置的干预仍较严重，不少部门和地方偏爱事前审批远甚于事中事后监管，许多行业特别是服务行业准入门槛很高；国企改革还不到位，不少国企在行业准入、资源获取、市场竞争、权益保护等方面享受隐性优待，导致创新动力不足、集约发展不够和市场竞争力不强；知识产权保护与国际高标准规则相比差距较大，低水平模仿现象较多，原始创新受到抑制；融资结构性问题突出，民营企业特别是中小企业长期受融资难、融资贵问题困扰，不少外贸企业融资成本居高不下，等等。推动经济高质量发展，亟须

深化体制机制改革，特别是要对标国际高标准，从政府、企业和市场等各个层面，建立健全真正让市场在资源配置中发挥决定性作用，同时更好发挥政府作用的制度体系。

2. 提高供给体系质量是满足人民日益增长的美好生活需要的主攻方向，但要素投入结构对提高供给体系质量的制约作用明显

经过40多年改革开放，我国已经解决供给中“有没有”的问题，但与居民消费转型升级的要求相比，供给的质量和效益不高，需要着力解决“好不好”的问题。当前，我国正处在由低层次供需平衡向高层次供需平衡跃升的关键时期，存在低端供给相对过剩、中高端供给相对不足的结构性矛盾。中高端供给能力不足源于优质生产要素投入不足。特别是大量中小企业和非一线城市企业，生产设备、技术和工艺水平与德国、日本等发达经济体同行相比差距明显，生产效率不高，竞争力不强。这个问题在不少大企业也同样存在。同时，虽然我国高校毕业生数量急剧增长，但质量提高的速度远赶不上数量增长的速度，中高端人才仍相对匮乏，不能有效满足研发、设计、咨询、信息服务等生产性服务业和教育、医疗、养老、护理等生活性服务业转型升级的需要。高速增长阶段“廉价劳动力+廉价土地+中低端物化资本”的要素投入结构，已不能满足提高供给体系质量的要求，亟须转向“高素质人力资源+中高端物化资本”的要素投入结构，为深入推进供给侧结构性改革提供坚实的要素支撑。

3. 改革仍处于攻坚期和深水区，既得利益相对固化成为全面深化改革的重要障碍

党的十八大以来，我国在全面深化改革方面取得重大突破，主要领域改革主体框架基本确立，国家治理体系和治理能力现代化水平明显提高。然而，

各领域改革的非同步性明显，一些领域的改革相对滞后，一些深层次矛盾和问题尚未得到有效解决，利益格局相对固化的局面亟待进一步破解。全面深化改革要深入推进，发展成果要更多惠及广大人民群众，法治化、市场化营商环境要有效建立，势必触动既得利益群体的利益，势必需要这个群体做出更多让步，也势必遭遇来自这个群体更大的阻力。比如，不少改革由被改革部门自身牵头制定和实施方案，部门利益大量掺杂成为改革不能顺利推进的重要原因；一些带有垄断性质的国有企业不愿开放市场；一些地方保护色彩浓厚，等等。有学者总结了既得利益群体梗阻甚至消解改革的几种主要形式①，包括“你有政策、我有对策”的替换性执行，搞“土政策”的附加性执行，“断章取义、为我所用”的选择性执行，“阳奉阴违”的象征性执行，“左顾右盼”的观望式执行，等等。这种既得利益固化的藩篱十分牢固，成为阻碍全面深化改革的重要因素。

4. 全面开放新格局加快构建，但开放的不平衡性十分明显，特别是内陆沿边成为对外开放的主要短板

党的十八大以来，我国推进以“一带一路”建设为重点的全面开放，对外开放的战略性和主动性明显提高，全方位、多层次、立体化的全面开放新格局加快形成。然而，开放的不平衡性仍十分明显，特别是沿海开放与内陆沿边开放的差距有扩大的趋势，广大内陆沿边地区在新一轮对外开放中的地位亟待巩固和提升。西部地区拥有全国72%的国土面积、27%的人口、20%的经济总量，而对外贸易、利用外资和对外投资占全国的比重都不到8%。2013年以来，长江经济带在协同开放方面下了很大功夫，但长三角对外贸易、

① 张林山、孙凤仪等著《改革梗阻现象：表现、根源与治理》，社会科学文献出版社，2017年第一版。

利用外资和对外投资占长江经济带的比重仍在 80% 左右。如何突破内陆和沿边的区位制约，探索内陆沿边开放的有效模式和路径，加快内陆沿边开放步伐，实现沿海与内陆沿边开放相协调，是区域协调发展的必然要求，也是推动形成全面开放新格局的必然要求。

（三）新时代进一步提升我国对外开放水平的重大意义

1．进一步提升对外开放水平是我国培育竞争新优势、更好开拓国际空间的必然要求

一方面，美国对我国的经贸摩擦或呈长期化趋势，欧洲、日本等发达经济体在知识产权保护、技术转移等方面对我国的要求会越来越高，我国像过去那样扩大对美国出口，利用发达经济体跨国公司投资和引进技术，将面临越来越多的困难和障碍。在这样的形势下，只有通过进一步提升对外开放水平，加快培育技术、品牌、质量、服务等新竞争优势，加快改善国内营商环境，加快与国际高标准规则接轨，才能有效对冲国际环境趋紧的不利影响，为继续引进发达经济体高质量生产要素开拓更大空间。另一方面，新一轮科技革命和产业变革孕育新突破，新兴市场和发展中国家群体性崛起，越来越多的国家将参与到新型国际分工体系中。在这样的形势下，必须进一步提升对外开放水平，加快培育市场优势、产业优势和人才优势，加强创新能力开放合作，加大走出去构建区域产业链和分工体系的力度，才能为我国提升创新能力和国际分工地位、充分利用国际资源发展自身开拓更大空间。

2．进一步提升对外开放水平是我国推动经济全球化、更好参与全球经济治理的必然要求

我国是经济全球化的参与者、受益者和贡献者。经济全球化遭遇美国保护主义和单边主义的重大挑战，国际经贸规则进入艰难的重构期，既给我国利用国际市场和资源带来巨大挑战，也给我国更加积极主动地参与全球经济治理带来重大机遇，而抓住机遇、应对挑战的关键是进一步提升对外开放水平。对内，通过自贸试验区、中国特色自由贸易港、开放型经济新体制综合试点建设和经验复制推广，扩大市场开放、改善营商环境，推动贸易投资自由化，顺应国际经贸规则向“边境后”规制延伸的趋势，在知识产权保护、产业政策等方面加快与国际通行规则接轨，在即将到来的多边贸易体制改革中赢得主动。对外，通过“一带一路”建设、自贸区战略和国际产能合作，促进区域经济一体化，推动构建利益共同体、责任共同体和命运共同体，以自身改革开放推动经济全球化朝着更加健康的方向发展。

3．进一步提升对外开放水平是我国深化供给侧结构性改革、推动经济高质量发展的必然要求

深化供给侧结构性改革，提高供给体系的质量和效率，是经济高质量发展的根本途径，但无论是扩大中高端供给，还是减少低端无效供给，都绝不可能离开国际资源和国外市场而孤立完成。原因在于，扩大中高端供给需要“高素质人力资源＋中高端物化资本”的要素投入结构，按照国内企业目前水平，很难在短期内有效实现这样的要素结构升级；减少低端无效供给不是将企业关停了事，更需要为富余产能寻找市场，仅靠国内市场很难有效消化。在这样的形势下，需要进一步提升对外开放水平，一方面通过扩大市场准入

实现高水平引进来，在更广范围、更深层次上利用境外优质的资本、技术和人才资源，才能更好地弥补服务业发展相对滞后、制造业整体仍待提升等短板，增加中高端产品和服务供给；另一方面通过主动开放实现大规模走出去，推动富余产能转移，助力过剩产能化解，减少低端无效供给，加快推动要素结构和产业结构调整，为经济发展增添新动力。

4. 进一步提升对外开放水平是更好发挥开放对改革牵引和倒逼作用的必然要求

改革开放之初，改革带有普惠性质，容易实现帕累托改进，从而最大限度凝聚社会共识、形成改革合力。但到今天，进一步深化改革势必触动已经相对固化的利益格局，来自既得利益群体的阻力更大，改革的艰巨性、复杂性和纵深性明显加强。从历史经验看，单靠内部力量改不动的时候，通过开放牵引和倒逼改革，不失为一条有效路径。比如，我国在加入 WTO 谈判的过程中，为适应 WTO 规则的需要，对国内涉及货物贸易、服务贸易、投资、知识产权等方面的法律法规进行了系统性清理，极大地推进了贸易投资便利化，成为开放促改革的典型例子。在当前改革仍处于攻坚期和深水区，仍需要啃硬骨头、涉险滩的关键时期，更需要发挥开放促改革的作用。比如，通过扩大服务业开放，倒逼国内服务业管理体制改革；通过高标准自贸区谈判，倒逼国内贸易投资规则加快与国际接轨；通过推动企业走出去参与国际市场竞争，倒逼完善现代企业制度等。总体来看，进一步提升对外开放水平，更好地发挥开放型经济领域改革在整体改革中的排头兵作用，是全面深化改革的必然要求，也是改革顺利爬坡过坎的必然逻辑。

根据上述分析，全面提升对外开放水平与经济高质量发展、构建人类命运共同体的关系密不可分，其重大意义如图 1–2 所示。

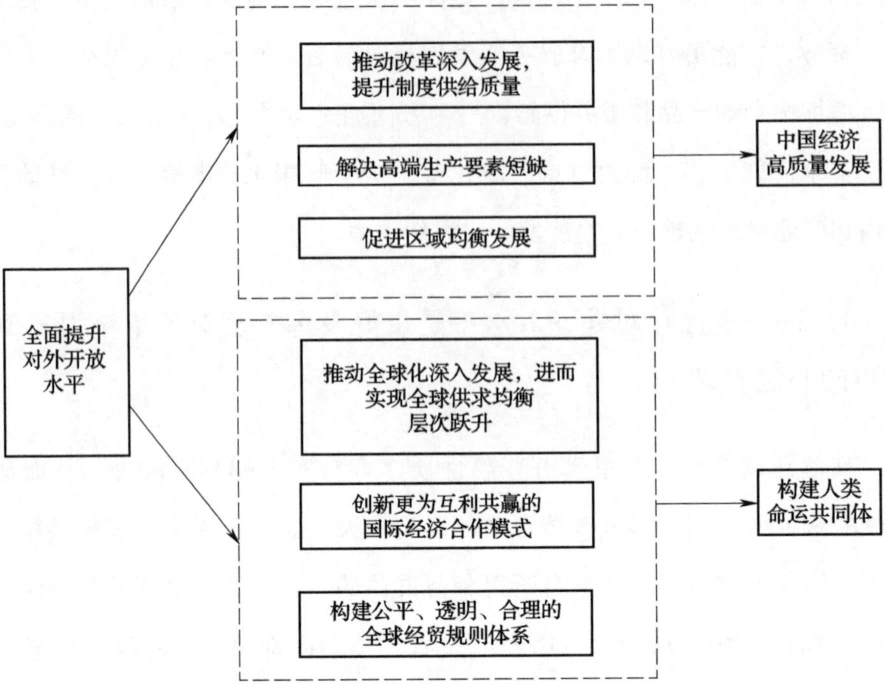

图 1-2　全面提升对外开放水平的重大意义示意图

资料来源：作者绘制。

三、当前我国对外开放水平的实证研究

上文对新时代提升我国对外开放水平的必要性进行了深入分析，回答了“为什么”的问题。这一部分将重点运用量化分析方法，论述我国当前对外开放水平的现状，即我国对外开放水平“是什么”的问题，为后文分析全面提升我国对外开放水平的战略奠定基础。

（一）新时代评价我国对外开放水平的分析框架

对于一国对外开放水平的评价，国内外学术界基本上均采取了定量和定性相结合的方法。从定量方法上看，一般有两大类衡量方法：第一类是从对外合作规模层面进行衡量，主要基于对外贸易额、利用外资额和对外直接投资额设计相关指标，具体指标一般有贸易开放度①、资本开放水平②等；第二类是从制度层面进行衡量，主要包括关税水平、非关税壁垒等，部分学者甚至将汇率制度、国内市场化程度等均纳入对外开放水平的衡量指标。同时，由于不同经济体经济制度、发展阶段存在明显差异，对外开放的战略目标也不同，单纯运用定量方法并不能对一国的对外开放状况进行准确评价，因此学术界也往往运用定性分析的方法予以辅助分析。

对于我国而言，由于数据可得性、经济发展阶段等原因，学术界主要采取第一类定量分析方法和定性方法相结合的方式对我国对外开放水平进行分析。由于过去相当长一段时间内我国经济发展的重点在于经济增速，因此在定量分析时也更多地运用利用外资增速、对外贸易额增速等速度型指标为主。但在我国对外开放的外部环境发生重大变化、国内经济社会发展也面临深刻转型的大背景下，传统的分析方法已经不能够完全适应新时代对我国对外开放水平进行客观评价的要求。例如，从需求层面看，我国经济将长期坚持内外需协调发展的战略，因此传统的贸易开放度这一指标就不适合作为对外开放水平的最优衡量指标；我国对外贸易规模基数已经很大，对外贸易额不可能维持金融危机前两位数甚至20%以上的高速增长水平，因此对外贸易额增速这样的指标也已经不适合评价我国对外开放水平。再如，当前我国迫切需要构建世界一流的营商环境，而很多与营商环境相关的指标是制度类指标而非规模类指标，甚至有些指标无法量化，需要辅以一定的定性分析。

① 测算方法一般为商品进出口总额及其占 GDP 的比重。

② 该指标使用频度远低于贸易开放度，但随着双边投资在国际经济合作中重要性的日益加强，在国际学术文献中也有使用，如拉恩（Lane）和米雷西（Milesi-Fertetti）就运用（证券投资 + 直接投资资产 + 负债）/GDP 的数值进行衡量。

为此，本文首先构建一个用于新时代分析对外开放水平的分析框架，在此基础上综合运用定量和定性分析方法对我国对外开放水平进行客观评价。该框架具体如下。

1．对全球经济的影响力

当前，我国经济进入高质量发展阶段，对外贸易、外商直接投资等对外经济合作在规模上很难重现金融危机之前的大规模增长。然而，作为全球第二大经济体，我国必须对世界经济保持较强的影响力，既便于充分利用“两个市场、两种资源”，为我国经济发展创造一个有利的外部环境，也有利于我国推动构建人类命运共同体这一伟大实践。这种影响力，既与双边贸易和投资等具体的经济合作规模有关，也与我国在全球经贸规则中的话语权比重有关。

2．对外经济合作的质量和层次

在全球化深入发展的当今世界，各国均深度参与全球经济合作，但各国在全球经济合作中所处的层次并不相同，有些经济体处于原始创新、技术研发等环节，有些经济体处于金融、贸易等高端服务环节，有些经济体则处于高附加值的生产制造环节，也有些经济体处于低附加值的生产加工组装环节。目前，我国经济已进入高质量发展阶段，迫切要求在开放型全球经济体系内实现高层次的供求均衡，从而有效提升在全球经济合作中的位势。因此，基于全球价值链等现代分析方法，对我国在全球经济合作中的质量和层次进行客观评价，是新时代衡量我国对外开放水平的重要一环。

3．对外开放相关体制机制的先进性和可适用性

改革开放初期，由于我国经济发展水平明显落后于发达经济体，加之我

国处于大规模的工业化和城镇化阶段，对外经济合作的层次也相对较低，设计相关体制机制更多的是基于当时的客观实际，不必过度考虑和全球通行规则特别是发达经济体相关规则接轨的问题。然而，随着我国经济逐渐向高质量发展转变，我国参与经济全球化的深度和广度必将大幅度提升，无论是关税、市场准入等“边境上”体制机制的差异，还是知识产权、环境乃至产业政策“边境后”体制机制的差异，均会对我国进一步深化对外经济合作产生各种影响；随着我国经济对全球经济的影响力持续提升，发达经济体和新兴经济体在和我国开展经贸合作过程中对降低制度性成本的要求也会日益迫切。因此，积极与国际先进经贸规则“对标”并引领国际经贸规则向更加公平、合理、透明的方向发展，对于我国实现经济高质量发展和构建人类命运共同体的重要性将不断增强，是提升我国对外开放水平的关键环节。

4．对外开放的协调性

改革开放初期，由于地理区位、要素禀赋等原因，我国重点推进东部地区对外开放进程，一些经济特区和国家级开发区成为我国承接对外开放的主要平台，基本不需要考虑对外开放区域协调性的问题。但随着我国经济进入高质量发展阶段，我国对外开放的不平衡性和不协调性日益突出。西部地区的资源禀赋十分优越，但融入全球经济的程度远低于东部地区，在相当程度上制约了经济发展；国家级开发区等传统开放平台亟待转型，自贸试验区、自由贸易港等新型开放平台在对外开放中的引领作用有待加强。加快提升西部地区对外开放水平，进一步发挥传统开放平台和新型开放平台在对外开放中的引领作用，最终实现更加协调、更加平衡的对外开放格局，是解决我国经济发展不平衡、不充分问题的重要抓手。

（二）对我国对外开放水平的客观评价

1. 定量和定性分析表明，我国对全球经济的影响力在低层次的商品层面较强，而在较高层次的服务、资本、人员流动和规则等层面相对较弱

本文综合定量和定性分析方法进行了我国对全球经济的影响力分析。从国际学术界通行的分析方法看，商品贸易、服务贸易和资本流动[①]、自然人流动和规则制定被认为是参与全球经贸合作从低到高的四个层次。本部分将分别从这四个层次对我国在全球经济中的影响力进行分析。

在商品贸易方面，我国对全球经济的影响力已经处于第一档次。商品贸易一直是各国参与全球分工和合作最为重要的方式。作为全球第二大经济体，实现高水平的对外开放必须保证在全球贸易中处于非常重要的位置。将我国的商品贸易额占全球贸易额的比重作为衡量我国对全球贸易影响力的主要指标，方法为（出口额 / 全球出口额 + 进口额 / 全球进口额）/2。其中，由于统计口径的原因，全球出口额和全球进口额的数据并不相同，相关数据均来自 UNCTAD（联合国贸易和发展会议）数据库，最新数据为 2019 年的，部分数据仅到 2018 年[②]。基于 UNCTAD 数据库的数据，本文对中国、美国、日本三大经济体的该项指标进行了测算，具体如表 1–1 所示。可以看出，我国这一指标在 2015 年之前呈现明显上升态势，并于 2013 年首次超过美国，2017 年

---

① 由于相当一部分服务贸易需要以跨国投资的方式进行（商业存在），因此服务贸易和投资往往被列入同一个层次。

② 相关需要运用的个别指标 2019 年数值当时尚未公布，因此暂以 2018 年的数据为基准进行测算。

后稳居全球第一位。而日本占全球贸易的比重则整体上呈现明显下降态势，和中美两国存在明显差距。因此，可以肯定我国在商品贸易方面的全球影响力处于第一档次。

表 1–1　2012—2019 年中美日三国贸易影响力对比　　单位：%

年份	美国	中国	日本
2012	10.44	10.41	4.53
2013	10.31	10.97	4.08
2014	10.59	11.30	3.95
2015	11.46	11.89	3.83
2016	11.47	11.44	3.89
2017	11.06	11.51	3.84
2018	10.87	11.78	3.78
2019	11.03	12.01	3.74

资料来源：基于 UNCTAD 数据测算。

需要说明的是，美国和我国虽然指标相对接近，但其优势各不相同。美国主要是进口额占全球进口额比重较高，2016 年达到 13.9%，处于世界第一位；我国则是出口额占全球出口额比重较高，2019 年达到 13.2%，处于世界第一位。

在服务贸易和跨境投资领域，我国对全球经济的影响力显著提升，但距离美国仍有较大差距。在技术进步和经济全球化深入发展的推动下，跨境服务贸易和直接投资面临的壁垒已大幅度下降，全球服务贸易额占全球贸易额[①]的比重由 21 世纪前 10 年的 20% 左右上升到现在的 24% 左右，全球跨境直接投资规模也维持在 1.5 万亿 ~ 2 万亿美元的较高水平。考虑到服务贸易的一种重要形式“商业存在”也可以归入外商直接投资的范畴，加之在全球贸易规则中服

① 此处贸易额指商品贸易额和服务贸易额之和。

务贸易和投资的规则存在一定程度的相似性，本文分别运用了我国对外服务贸易额占全球服务贸易额比重和我国跨境直接投资存量占全球直接投资存量比重两个指标进行分析和判断。之所以选择存量而非流量作为衡量指标，是由于资本流动的便利性和对各种信息高度敏感等原因，各年度各国乃至全球跨境直接投资流动的规模波动十分剧烈，参考意义并不大。最终这两个指标的测算方法分别为（服务贸易出口额 / 全球服务贸易出口额 + 服务贸易进口额 / 全球服务贸易进口额）/2 和（对外直接投资存量 / 全球流出直接投资存量 + 外商直接投资存量 / 全球流入直接投资存量）/2，结果如表 1–2 和表 1–3 所示。

表 1–2　2012—2018 年中美日三国对全球服务贸易影响力对比　　单位：%

年份	美国	中国	日本
2012	12.29	5.38	3.58
2013	12.11	5.64	3.20
2014	11.82	6.33	3.45
2015	12.65	6.67	3.47
2016	12.74	6.69	3.64
2017	12.55	6.58	3.56
2018	12.08	6.97	3.43

资料来源：基于 UNCTAD 数据测算。

表 1–3　2012—2018 年中美日三国对全球直接投资影响力对比　　单位：%

年份	美国	中国	日本
2012	20.13	3.00	2.74
2013	22.62	3.27	2.60
2014	22.68	3.79	2.55
2015	22.43	4.41	2.67
2016	23.27	4.86	2.73
2017	24.11	5.07	2.61
2018	22.02	5.65	3.02

资料来源：基于 UNCTAD 数据测算。

测算结果表明，我国整体上对全球服务贸易的影响力有所上升，已经明显超过日本，处于全球第二位。但美国凭借其强大的服务业发展能力，所占全球服务贸易比重同样保持上升趋势，我国所占比重和其相比仍然存在巨大差距。特别需要指出的是，我国的服务贸易进口规模一直高于出口，2018 年，我国服务贸易出口占全球总出口的比重仅为 4.6%，与美国的 14.2% 相比存在明显差距；而我国服务贸易进口占全球比重已经达到 9.4%，与美国的 10.0% 已经相差无几，说明我国在全球服务贸易的影响力主要是依靠需求优势而非供给质量。

与服务贸易相似，我国在全球直接投资的影响力呈现明显上升趋势，已经明显超过日本，但与美国的差距仍然巨大。从分项上看，我国对外直接投资存量占比上升明显。

在人员流动方面，我国自然人流动规模已跃居世界首位，但自然人流动壁垒仍明显高于发达经济体。人员流动很难用定量指标进行衡量。为此，本文从两个方面对人员流动进行判断：一是每年出入境旅游人数[①]之和与 GDP 的比值；二是该经济体公民旅游的自由度。前者属于数量指标，后者兼具数量指标和制度指标的性质。测算结果表明，2018 年我国的出入境旅游人数以及单位 GDP 出入境旅游人数已经明显高于日本和美国（见表 1–4）。然而，我国出入境面临的相关壁垒与美国、日本等发达经济体相比仍然较高。2018 年发布的国际公认衡量各经济体公民旅游自由度的亨氏签证受限指数表明，日本和新加坡的公民旅游自由度共同排名首位，美国排名第 4 位，我国仅排在第 72 位，不但落后于大多数发达经济体，而且落后于圭亚那、哥伦比亚、泰国、土耳其、纳米比亚等亚非拉发展中经济体。事实上，从免签情况看，虽

① 出入境旅游人数的统计和出入境人数统计有差异。鉴于统计数据的可对比性，本文运用出入境旅游人数进行对比测算，数据来源为 UNWTO（世界旅游组织）。

然我国已经和 80 多个经济体签署了互免签证的协议，但大多数协议仍然停留在“落地签”范畴[①]，真正意义上实现互免签证的经济体只有 13 个。而美国则和 170 多个经济体签署了互免签证（或落地签）协议。

表 1–4　2018 年中美日三国出入境旅游人数及单位 GDP 出入境旅游人数对比

国家	入境旅游人数（亿人）	出境旅游人数（亿人）	单位 GDP 出入境旅游人数（人 / 万美元）
中国	0.63	1.50	0.153
美国	0.80	0.93	0.084
日本	0.31	0.19	0.101

资料来源：国家统计局，作者测算。

在全球经贸规则制定中的影响力方面，我国在新兴市场国家中排名前列，但与美国相比还有相当大的差距。目前国内外学术界尚未有较为权威的用于衡量全球经贸规则的相关指标。其原因在于，几乎所有经济体均是 WTO、IMF（国际货币基金组织）、联合国气候变化大会等重要的全球经贸规则国际组织的缔约方，但各个经济体出于自身利益考虑，在相关组织中的立场和参与程度均不相同，很难准确衡量各经济体在全球经贸规则中的参与度。如美国在全球气候变化问题上持明显消极的态度，但对于知识产权保护、劳工、环境等领域的“边境后”规则和 IMF 投票权的参与度则非常高。从改革开放以来的经验看，我国一直积极参与各种国际组织，并积极签署各项国际公约和协定，已经是全球经贸规则的重要参与者之一。然而，多方面情况表明，我国在全球经贸规则制定中的影响力仍然明显小于发达经济体。当前，区域贸易协定（RTA）已经发展为国际上涵盖经贸规则各个领域最为全面的协定，而我国签署的 FTA（自由贸易协定）中所涉及的议题领域与美国、日本相比

---

① 落地签仍然需要入境国大使馆发给入境许可证明，只是省略了签证办理手续。

均有较大的差距。同时，由于美国的法律体系相对完善，在美国签署的FTA中，相关经贸规则的主要章节内容和格式往往大量参考美国国内法，而我国签署的FTA中，相关文本往往是对美国、日本、韩国等签署的类似FTA文本进行适度修改或删减而成，原始创设的条款非常少。因此，虽然我国在气候变化等个别领域国际规则制定中的影响力已经显著上升，但整体来看，我国在全球经贸规则制定中的影响力与美国相比还有相当大的差距。

2．从参与国际经贸合作的层次看，我国虽然较加入WTO初期有较大提高，但与美国、日本等发达经济体的差距仍然明显

如前所述，参与全球价值链分工已经成为各经济体参与全球经贸合作的主要形式。本部分将主要基于全球价值链分工的理念，选择一些相关的量化指标，并辅以适当的定性分析，对我国在全球经贸合作中的层次予以客观描述。

从单位出口所创造的增加值来看，我国在全球价值链中相关生产制造环节的层次在持续上升之中，但相较美国等发达经济体仍有明显差距。当前国际学术界的主流一般运用增加值贸易的方法衡量某一经济体在出口中所获取的实际收益。与长期以来国内使用的高技术产品出口占总出口比重等指标相比，这一指标能够有效减少垂直专门化分工导致的劳动密集型高技术产品出口所带来的误差，更客观地反映各经济体在全球价值链中所处的位势。该指标的测算需要用到各年度的详细投入产出表以及对不同国家出口的详细数据[①]，目前具有较强国际可比性的数据仅仅更新到2014年［OECD（经济合作与发展组织）数据］。本文运用了我国商务部公布的我国对美国、欧盟、日

① 由于不同国际组织和经济体对于各国投入产出表的应用方式存在细微差异，因此不同国际组织对各国出口增加值的测算结果也有较小的差异。目前较为权威的数据来自OECD，涵盖了其成员国及中国等多个发展中经济体的数据，其他国家以“世界其他”进行粗略测算。

本以及美国、欧盟、日本对我国单位出口增加值[①]的数据（更新到 2018 年），以此作为替代，如表 1–5 所示。

表 1–5　2012—2018 年我国和美国、欧盟、日本双边贸易单位出口增加值对比

单位：元

年份	中国对美出口	美国对华出口	中国对欧盟出口	欧盟对华出口	中国对日本出口	日本对华出口
2012	0.618	0.860	0.661	0.740	0.608	0.786
2013	0.625	0.861	0.673	0.712	0.615	0.784
2014	0.628	0.848	0.679	0.727	0.617	0.760
2015	0.657	0.862	0.701	0.788	0.647	0.750
2016	0.659	0.861	0.704	0.790	0.652	0.752
2017	0.665	0.861	0.706	0.788	0.657	0.755
2018	0.673	0.860	0.712	0.788	0.668	0.755

资料来源：我国商务部全球价值链数据库。

数据表明，我国单位出口增加值呈现明显增长态势，但与美国、欧盟、日本相比，还存在明显差距。需要重点说明的是，在技术含量高的机械、电子、信息技术（IT）等行业，我国单位出口增加值与美国、欧盟、日本的差距更大。如仪器仪表制造业、计算机通信设备制造业和电气机械制造业，美国对华单位出口所创造的国内增加值基本在 0.85 ~ 0.9 元之间，而我国这两个行业对美国单位出口的国内增加值仅为 0.5 元左右，虽然与金融危机之前的 0.35 元左右相比有明显上升，但和美国的差距仍然明显。不过也要指出，随着我国整体产业竞争力和技术水平的提升，在通用专用设备制造业、交通运输设备制造业等一些高技术行业，我国单位出口增加值已经达到了 0.7 元以上，和美国的差距已经明显缩小。

① 其经济意义为出口 1 美元所创造的国内增加值规模。

对一些具体产品价值链的分析也能证明这一观点。如在 IT 产品的价值链中，我国已经由单纯地加工组装计算机、智能手机转向生产摄像头、液晶面板等重要零部件，但最核心的芯片、高品质电子元器件仍然由日本、韩国以及美国提供。在汽车产业的价值链中，我国除处于整车的加工组装环节外，也已进入轮胎、制动器等重要零部件的生产环节，但变速箱、发动机等核心零部件的参与程度仍然较低。

在品牌、营销、研发等全球价值链的服务环节，我国在全球经贸合作中层次在逐步上升，但和美国等发达经济体相比较，在生产制造环节的差距较大。单位出口增加值能够在一定程度上反映我国在全球价值链的生产以及部分研发环节所处的地位①，但较难反映各国依靠对最终产品的研发设计、品牌营造、专业服务等在最终消费环节所获取的增值部分。其原因在于，在实际经济运行中，大型跨国公司的利润并不仅仅在于生产高附加值的零部件环节，而在于凭借其在研发、设计、渠道掌控方面的优势，导致商品在从进口商到消费者的流通环节存在巨大的增值。这种增值中的相当大一部分成为这些知名品牌跨国公司的利润。

由于研究方法和数据可得性的限制，目前只有部分学者选择 1 ~ 2 种代表性产品对各国在相关服务环节所处位势进行了研究。如贾森 · 戴德里克（Jason Dedrick）于 2012 年的一项研究表明，虽然 iPod 的所有中间产品生产和组装环节均不由苹果公司甚至不在美国完成（如存储器由东芝生产，内存由三星生产），但苹果公司基于自身的研发实力和品牌价值，所获得的利益占 iPod 最终零售价（299 美元）的 25%，而日本公司仅占 9%，韩国公司则不到 1%。此外，营销环节所获得的价值占 iPod 最终零售价的比重也高达 25%。对我国联想笔记本电脑的研究也能得到类似的结论。虽然我国联想笔记本电脑

① 很多零部件的研发投入会计入最终产品的单位出口增加值。

的绝大部分中间产品同样由日本、韩国以及我国台湾企业生产，联想公司基于其笔记本的设计理念和品牌价值，所获得的利益占联想笔记本最终零售价（1 479 美元）的 15%，同时营销和零售环节所获取的利益则占到最终零售价的 25%，而日本虽然承担了联想笔记本内存、硬盘等多个高附加值中间产品的生产环节，但所获取的利益仅占最终零售价的 5.5%。

本文运用一种相对粗略的方法对我国在最终产品研发设计、专业服务、品牌营造等流通相关环节所处层次进行衡量。从企业发展经验看，一个知名品牌实际上是在研发、销售、设计等多种服务环节具有综合比较优势的结果。因此，企业品牌的价值排名可以在一定程度上反映在价值链两端服务环节所处位置情况。据此，可以运用国际上较为权威的世界品牌实验室所公布的全球品牌 500 强中各国企业数量，对我国在全球价值链中所处层次进行分析，结果如表 1–6 所示。可以看出，我国在全球品牌 500 强中上榜企业数量虽不断上升，但与美国的差距还十分巨大。同时，我国上榜企业中大部分为金融、能源等领域的大型央企，在制造和技术服务领域具有较高品牌价值的企业只

表 1–6　2012—2019 年中美日三国世界品牌 500 强企业数量对比　　单位：个

年份	中国	美国	日本
2012	23	231	43
2013	25	232	41
2014	29	227	39
2015	31	228	37
2016	36	227	37
2017	37	233	38
2018	38	223	39
2019	40	208	42

资料来源：全球品牌 500 强数据库。

有腾讯、海尔、华为、联想、百度、长虹、青岛啤酒、中车、茅台、五粮液等10家；而美国入选榜单的企业绝大多数处于制造和技术服务领域，如谷歌、苹果、脸书、通用、宝洁、联合利华、波音、强生等；日本上榜企业如丰田、佳能等也主要集中于消费品、制造领域。

从主要城市在全球城市中所处层级看，我国已经进入全球经济的"决策圈"，但离最核心决策层仍有距离。从全球经济的地理空间概念看，高端生产要素自发的集聚效应决定了由各个主要城市构成的合作网络，从而决定了全球资金、信息、人才等高端生产要素的流向，也决定了全球经济的未来发展趋势。因此，我国主要城市在全球城市网络中所处的层级也在一定程度上反映了我国经济在全球经济合作中所处的层次。

目前国际学术界对城市分级最为客观权威的排名是全球化与世界级城市研究小组（GaWC）所作的排名。中国、美国、日本三大经济体所拥有的高层级全球城市如表1-7所示。从中可以看出，我国所拥有的一线城市数量稳步

表1-7　中美日三国所拥有的世界一线城市对比①

国家	2004年	2010年	2018年
中国	ALPHA- 级2个	ALHPA+ 级1个，ALHPA级1个	ALPHA+ 级2个，ALPHA级1个，ALPHA- 级1个
美国	ALPHA++ 级1个，ALPHA+ 级1个，ALPHA级1个，ALPHA- 级1个	ALPHA++ 级1个，ALPHA+ 级1个，ALPHA级3个，ALPHA- 级2个	ALPHA++ 级1个，ALPHA级2个，ALPHA- 级3个
日本	ALPHA+ 级1个	ALPHA+ 级1个	ALPHA+ 级1个

资料来源：GaWC数据库。

① 按照GaWC的排名，ALPHA++级为特等城市，ALPHA+级为一线强市，ALPHA级为一线中市，ALPHA- 级为一线弱市，之后暂不讨论。此部分对我国的城市只计算内地城市，没有将香港、澳门、台湾考虑在内。

增长，与美国在数量上的差距已经明显缩小。然而，我国目前的一线城市中，仍然没有可以达到全球特等城市层级的城市，也仍然未能到达全球城市网络的“最核心决策圈”。

从跨国公司的全球化经营能力看，我国的大型跨国公司在国际化经营程度上与发达经济体的大型跨国公司仍然有明显差距。近年来，随着“一带一路”建设的迅速推进，我国企业走出去步伐明显加速。根据联合国贸易和发展会议（以下简称联合国贸发会议）统计，2016 年，我国海外投资存量已经达到 1.28 万亿美元，虽然距离美国的 6.38 万亿美元差距仍然较大，但和日本的 1.4 万亿美元已经处于一个层级。但在国际化经营能力方面，我国大型跨国公司和欧美日跨国公司的差距还比较大。联合国贸发会议公布了全球 100 个顶尖跨国公司的国外总资产与跨国化指数，2015 年的数据为 0.65 左右。而中国企业联合会发布的 2018 年我国 100 个大型跨国公司的平均跨国化指数[①]仅为 0.158 0（2019 年小幅提升至 0.159 6），与全球顶尖水平相比存在较大差距。未来我国海外投资存量规模仍然会保持稳定增长趋势，如何在扩大规模的同时加速提升我国跨国公司的全球化经营能力，将是未来提升我国对外开放水平所面临的重要问题之一。

3．从制度层面看，我国的“边境壁垒”正在迅速改善之中，但与部分发达经济体的“边境后”政策相比存在明显差异

如前所述，随着全球经贸合作的不断深入，各国对外开放不但包括传统的关税、通关便利化、外资准入等“边境”政策范畴，也包括知识产权、环境、劳工、政府采购甚至项目建设审批等“边境后”政策范畴。

我国针对商品贸易的“边境壁垒”和发达经济体的差距已经显著缩小。

① 计算方法和 UNCTAD 基本一致。

对于“边境壁垒”而言，最具代表性的评价指标是商品准入和外资准入。对于前者而言，关税水平一直是衡量商品贸易自由化这一制度的最典型指标之一。本文运用 WTO 所公布的一般加权平均最惠国关税税率，对中美日三国的平均关税水平进行比较。测算结果显示，由于 WTO 多边谈判近年来进展缓慢，中美日三国的关税水平变化都不大，但我国的关税水平一直在 10% 以下小幅波动，仍然明显高于美国和日本。而日本则是最惠国平均关税水平降幅相对较大的经济体（见表 1–8）。需要特别说明的是，2018 年 11 月起我国大幅降低了日用消费品、汽车等多种商品的关税，据业界估算，平均关税水平已降至 7.5% 左右，但与美国、日本相比仍然偏高。

表 1–8　中美日三国平均关税水平对比　　单位：%

年份	美国	中国	日本
2012	3.40	9.60	4.60
2013	3.40	9.90	4.90
2014	3.50	9.60	4.20
2015	3.50	9.90	4.00
2016	3.50	9.90	4.00
2017	3.50	9.90	4.00
2018	3.40	9.80	4.40

资料来源：WTO 数据库。

除关税外，贸易便利化水平也是衡量商品贸易自由化的重要指标之一[①]。世界银行的《2019 年全球营商环境报告》给出了与贸易便利化水平相关的指

① 理论上，SPS（动植物卫生检疫措施）和 TBT（技术壁垒）等壁垒也是商品准入的重要环节。但该类壁垒很难找到合适的指标予以客观评价，学术界对于降低这类壁垒的观点也存在诸多争议，加之这类壁垒往往是作为各国谈判的工具，因此在此不作讨论。

标（2018 年），如表 1–9 所示。我国在进出口通关时间上明显领先于印度，但与美国、日本相比，我国的贸易便利化水平，特别是进口便利化水平仍然较低。同时，世界银行主要选择各国的主要城市进行评价（我国为北京和上海），但我国的不同区域贸易便利化水平的不平衡程度明显高于美国和日本，西部地区的通关便利化水平要远低于北京和上海，因此未来推动贸易便利化仍然是一项非常重要的工作。

表 1–9　2018 年中美日印对外贸易便利化相关指标对比

指标	中国	美国	日本	印度
平均出口时间（小时）	34.5	3	25	80.7
平均出口费用（美元）	387.6	235	318.9	329.3
平均进口时间（小时）	72	9	43	126.4
平均进口费用（美元）	448.3	275	406.2	431

资料来源：世界银行《2019 年全球营商环境报告》。

我国针对服务贸易和投资的“边境壁垒”有所减少，但与发达经济体的差距大于商品贸易。通过各国在 FTA 中所签署的“负面清单”（NEGATIVE LIST），能够比较客观地描述各国对于服务贸易和外资的市场准入开放程度。目前，国际上这类负面清单基本上沿袭美国的模板，主要包括两方面内容：一是对外资在股比、董事会成员、业绩要求等方面的限制措施；二是对外资提供的各类服务的特别限制。当前，我国在对外 FTA 谈判中并未有服务贸易和外资的“负面清单”，但却单方面公布了《外商投资准入特别管理措施（负面清单）（2020 年版）》（以下简称《措施》）和《市场准入负面清单（2021 年版）》。前者中的大部分内容主要集中于外资的股比限制，和国际通行负面清单有可比性；而后者的内容则较为复杂，涵盖了对各类企业行为的法律约束（如禁止滥用耕地）、从事各类业务的特殊许可要求以及技术标准，其中相关各类业务的特殊许可要求和国际通行负面清单的第二类有相似性，但其内涵并不完全相同。因此，很难运用非常客观的指标衡量我国在服务贸易和投资的市场准入情况。考虑到服务业开放包含跨境服务贸易、服务业的商业存在（服务业利用外资）等多种方式，加之国内尚无对于服务业开放的准确统计，本文运用 OECD 的各国服务贸易限制指数的平均水平进行比较，该数据最早只有 2014 年的数据，如表 1–10 所示。可以看出，美国的服务贸易开放水平基本没有发生变化，而我国和日本的服务贸易开放程度一直在上升，但我国和美国、日本仍有较大的差距。同样，由于《措施》有效地扩大了金融、物流、专业服务等领域的对外开放，我国的相应指标也有明显改善，但和美国、日本的差距仍然显著。

表 1–10　中美日三国服务贸易限制指数对比

年份	美国	中国	日本
2014	0.233	0.409	0.208
2015	0.233	0.401	0.196
2016	0.233	0.396	0.195
2017	0.227	0.323	0.201
2018	0.227	0.445	0.201
2019	0.227	0.322	0.201

资料来源：基于 OCED 数据库数据测算。

具体而言，基于《措施》，与发达经济体相比，我国在服务贸易和投资领域的市场准入主要存在以下两方面差距，在一定程度上客观制约了我国提升利用外资综合质量[①]：一是在教育、文化、医疗、专业服务等服务业领域，我国政府出于维护国家安全等因素的考虑，禁止外资进入或对其实施严格股比限制措施，而发达经济体在这些领域的开放程度均高于我国；二是以服务

① 详细论述见分报告一。

业为重点存在大量的行业业务准入许可。这些行业业务准入许可中，一部分明确规定不允许从事相关业务，如在电信领域，我国虽然允许外资企业以非控股形式进入增值电信和基础电信领域，但对于外资电信企业能够从事的具体业务，则基于《电信业务分类目录》《外商投资电信企业管理规定》以及中国电信业对 WTO 的承诺减让表实施业务准入许可，不允许外资从事大数据、云计算等服务；另一部分虽然并未明文规定禁止外资提供相关服务，但客观上导致内外资企业获取许可的难度存在明显差异，形成了事实上的非国民待遇。而发达经济体在第一类业务准入许可涉及的领域明显少于我国，出现第二类准入许可障碍的情况也较少。在制造业领域，在《措施》实施之后，我国除宣纸等少数行业外，其开放程度已经基本上达到了国际先进水平。

我国的"边境后"政策与发达经济体相比存在明显差异，但这种差异具有很强的合理性，不能与"边境壁垒"一概而论。当前，发达经济体和我国的争端已经远远超出了边境领域。2018 年以来美国对我国发起的"贸易战"，以及美国等发达经济体近年来频繁在 WTO 框架下对我国提出质疑，固然背后有着深远地遏制我国崛起等战略目标，在具体问题上则不仅涉及市场准入等"边境"政策，还涉及大量的"边境后"政策。

随着我国参与全球经贸合作的深度和广度不断拓展，"边境后"政策对于开展经贸合作的影响将日益显著是客观事实，在"边境后"政策方面加强国际协调具有客观合理性。一方面，一些"边境后"政策确实影响了高质量营商环境的塑造，不利于吸引高端要素以及推动经济高质量发展。如近年来我国深入推进"放管服"改革，开展商务活动和注册产权的所需程序大幅减少，目前已经优于日本，和美国处于同一水平[①]，有效地推动了我

---

① 这一政策调整的成效十分明显，2018 年我国营商环境全球排名便上升了 32 位，进入前 50 名。

国营商环境的全球排名大幅上升。但我国现有法律体系决定了项目建设需要经过环保、消防、安全、质量检查、土地规划、建筑标准等多个前置环节，即便当前项目核准已经基本采取备案制进行管理，但这些前置环节均有严格的法律依据，基本无法省略；而发达经济体则将大部分程序改为事中事后监管，其项目建设事前核准周期仍然明显低于我国，如表 1–11 所示。再如，加强知识产权保护、减少法律的自由裁量权对于经济高质量发展也具有重要的意义。另一方面，各合作方之间融资、投资、项目运营等“边境后”政策存在巨大差异，也在客观上对高质量高标准推进“一带一路”建设造成了障碍。

表 1–11　中美日三国部分营商环境指标对比

指标	中国	美国	日本
开展商务活动平均所需程序（个）	4	6	9
开展商务活动所需审批时间（天）	8.6	5.6	12.2
建设项目平均所需程序（个）	20.4	15.8	12
建设项目所需审批时间（天）	155.1	80.6	197
注册产权平均所需程序（个）	3.6	4.4	6
注册产权所需审批时间（天）	9	15.2	13

资料来源：世界银行《2019 年全球营商环境报告》。

但必须认识到，“边境后”政策和“边境”政策在本质上是存在明显差异的。无论是学术界的理论推导，还是多年以来各大经济体推动全球化深入发展的实践，均能够证明，减少“边境壁垒”有助于推动各种生产要素、商品、服务和资本自由化流动，整体上能够实现帕累托改进；各大经济体在一段时间内实施相应的限制措施，或者是国家安全等非经济原因，或者是通过牺牲静态改进以实施某种经济发展战略。因此，减少“边境壁垒”的大方向和我国经济高质量发展的趋势是基本一致的，主要问题是把握节奏、在经济利益和其他方面利益中进行统筹协调。但"边境后"政策涉及的领域极为广泛，也没有规范科学的理论证明如何实施"边境后"政策能够实现帕累托改进。而且，相较于"边境"政策，"边境后"政策和政治、社会、文化等因素的关系更为密切，因此不可能存在一套"放之四海而皆准"的"边境后"政策标准。美国等发达经济体之所以频繁指责我国的"边境后"政策，根本上是为了维护其霸权地位，为其贸易霸凌主义进行辩护。因此，在"边境后"政策的国际协调中，不能将扩大开放理解为"全面向发达经济体标准靠拢"，必须坚持"以我为主"的原则，推动构建更为公平合理的"边境后"政策全球协调机制。

4. 从区域开放格局看，我国仍然存在严重的区域开放不平衡，需进一步发挥重点平台在对外开放中的引领作用

新时代为实现我国经济向高质量发展转变，必须解决好我国经济发展中存在的诸多不平衡不充分的问题。只有逐步解决区域开放水平不平衡的问题，才能有效解决区域发展差距大的问题；而改革开放40多年的经验表明，提升一个地区开放水平的关键在于发挥好重点平台在对外开放中的引领作用[①]。

我国不同区域对外开放水平差异明显，西部地区甚至呈现下降趋势，如图1–3所示。综合贸易、投资、人员流动等因素对我国西部、东部、中部、东北四个地区对外开放度的实证研究表明，2003—2016年，西部地区对外开放度先由2003年的4.3%上升至2014年最高的6.7%，再下降至2016年的5.1%，2018年小幅提升至5.6%，但在四个地区中仍处于最低水平，且与中部地区的对外开放度在2014年之后差距逐渐拉大。由于西部地区在"一带一

① 该问题具有较强的"中国特色"，因此不做国际比较研究。

路”建设中处于重要地理位置，加之其区域面积和人口数均明显高于中部地区和东北地区，西部地区开放水平能否有效提升，对于我国形成陆海内外联动、东西双向互济的开放格局至关重要，也直接关系到我国能否真正实现向经济高质量发展的转变。

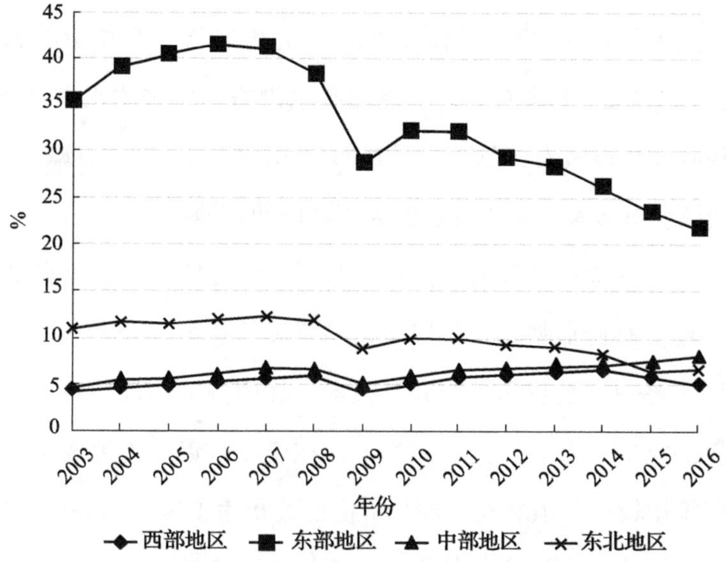

图 1-3　2003—2016 年我国四个地区对外开放度变化情况

资料来源：作者测算。

西部地区对外开放度偏低有多方面的原因。从开放主体看，本地开放主体培育严重不足，难以支撑贸易扩量升级和走出去参与“一带一路”建设。目前，西部地区开放型经济发展水平较高的重庆、四川、陕西、广西均表现为外向型产业支撑力不强、外贸主体集中在少数几个跨国公司、外贸群体和本土外贸企业培育不足的特点。从开放平台看，开放平台缺乏或不完善是西部地区扩大开放的重要制约因素之一。如广西边境 8 个一类口岸中仅有 3 个为国际性口岸，只有 36% 的边贸互市点正常开展互市贸易。四川省大部分市州没有开放口岸和海关，甚至被划入中国（四川）自贸试验区的泸州市川南临港片区都没有出口加工区、综合保税区（以下简称综保区）等开放平台，开展对外贸易受到制约明显。从体制机制看，西部地区对外开放体制机制明显落后于东部地区，如由于缺乏政策实施的配套细则，“两国一检”“推进人员往来便利化”“探索建设边境旅游试验区”等许多早已出台的政策在沿边重点开发开放试验区至今无法落地生根。从要素成本看，西部地区与周边毗邻地区相比并不具备开放竞争优势，如广西的物流总费用占 GDP 的比重达到 17.8%，比全国高出 1.8 个百分点，更比我国沿海地区平均水平高出 9.8 个百分点。从税收优惠政策看，越南、马来西亚积极实施“三免五减半”“三免七减半”等税收优惠政策，其力度已经高于我国西部地区。

开发区、海关特殊监管区、自贸试验区、自由贸易港等重点平台的对外开放引领作用仍有待加强。长期以来，国家级（省级）开发区、高新区、海关特殊监管区等一直是我国承接先进技术、优质资本，发展对外贸易，融入全球价值链的重要平台。当前，这些平台在税收政策、土地成本、基础设施等领域的传统比较优势虽然有所弱化，但已经积累了丰富的高质量生产要素，未来仍应是我国参与国际合作的主体。但当前，这类平台在对外开放和体制机制创新上被给予的权限不足，或与其自身产业基础并不匹配，在对外开放中的引领作用未能得到充分发挥。如开发区是最有必要在项目建设核准程序上予以重大突破的区域，但开发区目前根本没有相关权限。同时，自贸试验区乃至新设立的自由贸易港作为进一步扩大对外开放的重要平台，在具体实践中仍然面临着诸多法律法规的限制，“先行先试”也面临诸多制度性障碍。如目前自贸试验区的外资准入负面清单和全国通行的负面清单差别不大，实现对外开放的引领作用不够强；自贸试验区在减少部门准入许可，将其改为事中事后管理方面的突破不大，即便是上海自贸区也只实现了 7 ~ 8 个环节的承诺制①，占

① 基本上类似于事中事后管理。

目前所存在的上百个部门准入许可的比重很低。

5．结论

上述分析表明，新时代我国对外开放水平主要体现出以下三大特征。

一是我国对外开放水平已经位于世界前列。无论是对全球贸易投资的影响力，还是从参与全球价值链分工的程度和关税、贸易便利化水平等指标来看，我国在发展中国家中位居最高层次，部分指标甚至不逊色乃至超过许多发达国家。

二是我国对外开放水平仍然存在“三大落差”。首先，是规模影响力和制度影响力的落差，我国在全球经贸规则制定中的影响力和我国的贸易投资规模完全不匹配；其次，是参与全球经贸合作程度和参与全球经贸合作层次的落差，我国是全球价值链合作最为重要的参与者之一，但至今处于全球价值链中低端环节的态势并未发生根本改变；最后，是不同区域开放水平之间的落差，中西部地区的对外开放水平和东部地区相差较大，甚至有加剧趋势。

三是扩大开放和深化改革将更加融合。首先，未来我国扩大开放逐渐进入深层次的“边境后”政策协调领域，而“边境后”政策本身就是深化改革的一部分，改革和开放将更加密不可分。其次，未来我国将在影响和引导公平合理透明的全球经贸规则制定中发挥更主要作用，其基础在于我国进一步深化改革和完善中国特色社会主义市场经济体制。最后，随着我国要素禀赋的改变，我国提升全球经贸合作的层次已经不能仅仅依靠引进先进技术和资本来实现，而需要依靠优化制度供给从供给侧改善生产函数，全面提升供给质量，这也对深化改革提出了更高的要求。

四、新时代全面提升对外开放水平的战略思路

（一）战略思想

以习近平新时代中国特色社会主义思想为指导，深入贯彻党的十九大精神，紧紧把握对内推动经济高质量发展和对外构建人类命运共同体两大目标，立足我国相对要素禀赋优势逐渐升级的大趋势，充分把握我国作为世界第二大经济体的经济规模优势以及传统东方文化“和而不同”的文化优势，坚定不移发挥好市场在全球资源配置中的决定性作用，更好地发挥政府在大力推进“边境”政策开放和构建公平、透明、包容的“边境后”政策全球协调机制中的作用，逐步缩小我国对外开放中的“三大落差”，在优化创新和与发达经济体经贸合作的同时，加快拓展与发展中经济体的经贸合作，积极探索参与全球价值链分工的新方式和新模式，加快构建多元平衡、安全高效的全面开放体系，发展更高层次开放型经济，推动开放朝着结构优化、深度拓展、效益提高等方向转变，为经济全球化深入发展作出更大的贡献。

其逻辑如下。

合理、公平、高效的规则设计是新时代推动对外开放的核心环节。在改革开放初期，我国尚处于经济转型阶段，政府推动对外开放往往需要因时制宜、灵活设计对外开放的相关制度，甚至需要以政府为主着手实施一些具体的对外开放重大项目。但在新时代中国特色社会主义市场经济体系已经基本建成的大背景下，政府更应注重通过制度规则的设计，形成有利于高端生产要素流入、企业参与更高层次经贸合作的经济环境，通过市场力量自发实现高水平对外开放和高质量经济发展、高标准建设人类命运共同体的融合。

“边境”政策和“边境后”政策的目标应存在明显差异。实证研究表明，

改革开放特别是加入WTO以来，经济外向度高的部门，特别是外资参与度高的部门无论是单位产出所创造的增加值，还是劳动生产率的增长速度，均要高于经济外向度较低的部门。虽然我国仍然存在巨大的区域发展差距，但实证研究也表明，对外开放事实上有利于区域均衡发展，而非加剧了区域失衡。因此，应充分利用外资、扩大进口等“边境”政策，尽可能提升对外开放水平，与发达经济体接轨。但对于“边境后”政策，则应基于我国经济的发展实际，强调推动各经济体之间的协调。

由重点面向发达经济体开展互补式合作转向发达经济体和发展中经济体并重的创新合作模式是我国经济发展阶段变化的必然选择。改革开放这40多年来，我国和发达经济体的要素禀赋整体上呈现明显的互补性，发挥各自要素禀赋优势开展贸易投资合作，特别是基于全球价值链的垂直专门化分工合作符合比较优势理论，也符合我国当时的经济发展目标。新时代我国要素禀赋的优势将日益向技术、管理经验、企业所有权优势等新优势转变，虽然和发达经济体仍然在协同创新、网格化协作、水平型分工等领域有巨大合作空间，但合作模式较过去40年将有较大变化；我国和广大发展中经济体的要素禀赋互补性将逐渐加强，双方的互利合作在我国对外开放战略中的重要性将持续提升。

构建多元平衡、安全高效的全面开放体系是我国全面提升对外开放水平的核心。一方面，多元平衡是新时代我国提升对外开放水平的核心要义。“多元”，既包括对外经贸合作伙伴的多元化，更包括对外开放涉及“边境”和“边境后”领域的多元化；“平衡”，既指具体的经常项目平衡、国际收支平衡、引进来和走出去的平衡、东部地区和中西部地区的平衡，更包含在推动对外开放工作中做到学习先进经验和立足自身国情的平衡、对接国际先进经贸规则和积极参与全球经济治理的平衡，等等。另一方面，安全高效是新时代我国提升对外开放水平的必然要求。无论是提升我国参与全球经贸合作的层次还是进一步提升我国对外开放水平，都必须要有效应对全球宏观政策的溢出效应加剧，防范金融风险、信息泄露风险等外部风险，充分维护国家安全。扩大对外开放的根本目标是推动经济高质量发展，解决我国对外开放存在的“三大落差”，这必然要求更好地发挥对外开放在改善制度供给、引进高端要素、拓展国际市场等方面的作用，要求对外开放优化结构、拓展深度、提高效益。

（二）主要目标

到 2025 年，我国将实现在全球贸易、投资、自然人流动等经贸合作中的比重稳中有升，中美在加强合作的同时有效管控分歧，“一带一路”倡议取得重大突破，本土企业在相当一部分新兴技术领域达到全球价值链的中高端环节，初步形成我国为领头羊的新型分工网络，“边境上”对外开放水平进一步提高，区域开放失衡程度有所缓解，完善后的“边境后”规则初步得到国际社会认可。

到 2035 年，我国将成为全球经贸合作的关键参与方和全球经贸规则的重要制定者，中美形成互相尊重、互相包容的新型大国关系，“一带一路”倡议所带动的新型全球经贸合作模式得到绝大多数经济体的积极响应和认可，我国整体上达到全球价值链的中高端环节，龙头跨国公司国际化经营能力显著上升，“边境上”对外开放水平达到世界先进水平，“边境后”政策国际协调机制初步形成，区域开放失衡程度显著减轻，基本建成具有中国特色的开放型经济新体制。

到 2050 年，我国将成为全球经贸合作和全球经贸规则制定的主要引领者和参与者，基本位于全球价值链的高端环节，“一带一路”倡议成为全球经贸合作最主要的平台，在全球“边境”政策和“边境后”政策协调中发挥重要作用，形成一批国际经营能力达到世界领先水平的跨国企业，区域开放程度基本平衡，完全建成高水平的中国特色开放型经济新体制。

相关量化指标的预期值如表 1–12 所示，具体数值的设定方法见本文附录。

表 1–12　我国对外开放水平相关量化指标预期值

指标	2018 年	2025 年	2035 年	2050 年
商品贸易额占全球贸易额的比重（%）	11.78	不低于 12.5	不低于 13	不低于 12.5
服务贸易额占全球服务贸易额的比重（%）	6.97	不低于 8	不低于 10	不低于 11.5
跨国直接投资存量占全球跨国直接投资存量的比重（%）	5.65	不低于 8	不低于 10	不低于 15
单位出口增加值（元）	0.721	不低于 0.75	不低于 0.8	不低于 0.82
全球品牌 500 强企业数量（个）	40（2019 年）	不低于 50	不低于 70	不低于 100
百强企业 TNI 指数	0.159 6	0.25 以上	0.35 以上	0.5 以上
服务贸易限制性指数	0.322（2019 年）	不高于 0.3	不高于 0.25	不高于 0.2
平均最惠国关税水平（%）	7.5（2018 年 11 月后）	不高于 6.5	不高于 5	不高于 3.5
全球营商环境排名（位）	46	前 30	前 20	前 10
西部地区对外开放度（%）	5.6	不低于 10	不低于 15	不低于 20

资料来源：作者估算。

注：由于实施针对性的改革措施，2018 年我国在全球营商环境排名第 46 名，2019 年再次大幅提升至第 31 名。

（三）前提保障

新时代全面提升对外开放水平不是量的变化，而是质的变化；既是原有开放路径的延续和深化，更是新开放模式的开拓与创造。这就决定了新时代全面提升对外开放水平，构建多元平衡、安全高效的开放型经济体系需要从观念上、制度上、政策上实现大幅度转变，还需要攻克面临的诸多困难，为全面提升对外开放水平提供前提保障。

1. 要实现“五大转变”

从发展基础看，要从低要素成本向综合竞争优势转变。一方面，要加快培育竞争新优势。以创新驱动为导向，以高端制造业和现代生产性服务业为重点，促进产业转型升级，形成以技术、品牌、质量、服务为核心的新竞争优势。另一方面，要巩固和拓展传统优势。继续挖掘中西部欠发达地区要素成本潜力，有效承接东部地区产业转移；加大减税降费力度，为实体经济发展营造良好环境。通过这两方面措施，共同打造产业、区位、营商环境等综合竞争优势。

从发展模式看，要从规模速度型向质量效益型转变。改革开放 40 多年来，我国对外贸易实现了历史性跨越，但大而不强、大而不优的问题仍较为突出。眼下，应切实摆脱“规模情结”和“速度情结”，推动外贸向优质优价、优进优出转变；推动利用外资向引资、引技和引智相结合转变，更好地利用搭载在外商投资中的技术创新能力、先进管理经验等；提高对外投资营利能力，促进对外投资与国内产业发展相协调。

从激励机制看，要从优惠政策为主向制度规范为主转变。主要是以自由贸易试验区建设等为抓手，与国际高标准贸易投资规则接轨，形成市场配置资源新机制、经济运行管理新模式，通过向全国复制推广相关经验，完善法治化、国际化、便利化的营商环境。同时，也要考虑各地开放基础的差异性，调动地方积极性，形成规范制度为主、优惠政策为辅的优良营商环境。

从治理地位看，要从国际经贸规则的适应遵循者向参与制定者转变。坚定维护基于规则的多边贸易体制，推动贸易和投资自由化便利化，完善全球经济治理，提高发展中国家代表性和发言权；扎实推进“一带一路”建设，打造国际合作新平台，推动经济全球化朝着更加开放、包容、普惠、平衡、共赢的方向发展。

从结构布局看，要从以往的重点开放向全面开放转变。着力解决制约内陆沿边开放的基础设施、产业发展、体制机制和政策环境等问题，实现沿海与内陆沿边开放相协调。继续大幅放宽市场准入，重点推进金融、教育、文化、医疗等服务业领域有序开放，使制造领域开放与服务领域开放相互促进、相得益彰。

2. 要攻克“五大难关”

难关一：如何更好地引进高端生产要素。高端生产要素流入面临的障碍不仅是股比限制等市场准入限制，而且是涵盖法律、文化、标准等领域的综合性体制机制差异。随着内外资企业整体差距缩小，依靠某些特定领域特殊优惠政策的传统引进来模式，在吸引高端要素流入方面的作用已经大幅削弱，也不具备可行性。如何在坚持准入前的国民待遇加负面清单基础上，制定新的高端要素引进促进政策是未来引进来面临的难点。

难关二：如何提高走出去的质量与效益。作为走出去的主体，我国企业整体国际化经营能力相对偏弱，且往往不适应国际通行规则，面临较大的经营风险。同时，部分企业在走出去过程中未能与东道国实现帕累托改进，有时甚至损害东道国利益，造成“双输”格局。如何充分发挥政府引导作用，逐步提升企业国际化水平，使企业在走出去的过程中成长为世界一流企业，并与东道国实现共同发展，是未来走出去迫切需要解决的问题。

难关三：如何有效扩大服务业开放。2018 年以来，我国把大幅放宽服务业市场准入作为新一轮高水平开放的重要抓手，加快电信、教育、医疗、文化等领域开放进程，特别是外国投资者关注、国内市场缺口较大的教育、医疗等领域也将放宽外资股比限制。然而，与制造业开放相比，服务业开放受相关主管部门繁杂的规章制约更加严重，“大门开小门不开”更加明显。这里面既有思想观念的束缚，比如存在服务业开放可能损害国家安全的担忧；更有利益固化的樊篱，金融、教育、文化、医疗等服务主要由国有企事业单位提供，已经形成的利益格局较难撼动。

难关四：如何防范化解向发展中国家开放的各种风险。美国对我国实施贸易投资保护主义，其他发达经济体也有对我国收紧政策的趋势。很多发展中经济体发展潜力巨大，与我国比较优势互补明显，是未来我国拓展对外合作空间的主要方向。但是，与发展中国家合作存在巨大风险。一是政治和地缘风险。很多发展中经济体政治环境不稳定，且常常处于地缘政治冲突的“高危区”，很多合作往往由于政局变化和地缘政治冲突陷入僵局，造成严重损失。二是政策和制度风险。发展中经济体往往营商环境较差、政府效率较低、腐败严重、政策变动频繁，加大了我国企业经营成本。三是汇率风险。发展中经济体的汇率往往出现巨额波动，导致我国企业受到严重损失。四是文化和社会风险。很多发展中经济体和我国的风俗习惯差异较大，我国企业往往不能适应当地环境，导致合作难以顺利开展。

难关五：如何与发达经济体进行经贸规则协调。当前，WTO 规则面临改革，在全球经济治理中发挥更加重要作用，是我国进一步提升对外开放水平的重要战略。但更好发挥全球经济治理作用，绕不开发达经济体，特别是美欧等主要贸易伙伴。发达经济体出于自身利益考虑，往往忽视我国经济发展水平和利益诉求，在谈判中强制要求我国遵守发达经济体的国内规则。我国国内体制机制改革仍处于攻坚期，相当一部分经贸规则尚未完全与国际通行规则接轨，特别是部分“边境后”政策领域受政治制度、国情等因素影响更加不可能遵照对方要求。如何辩证看待对方的要求，在深化改革、推进制度对接的同时有效维护国家安全已经成为谈判的热点和难点。更为重要的是，跨境电子商务、中小企业、数字产品知识产权保护等新兴领域尚未形成科学合理的规则理念，各方均只能在实践中对规则进行不断完善，也显著加大了我国和发达经济体开展谈判的难度。如何与这些发达经济体在 WTO、G20（二十国集团）峰会乃至双多边常会中达成共识、管控分歧，已成为我国推进全球经贸规则向更高层次、更宽领域发展的主要难点。

五、新时代全面提升对外开放水平，构建多元平衡、安全高效的开放体系的方案

本文提出全面提升对外开放水平的方案为“1+1+6+3”方案。方案中的第一个“1”指高质量高标准推动“一带一路”建设，这是我国积极主动实施对外开放的最重要抓手，也是创新对外开放模式、实现对外开放平衡发展、推动对外开放多元化的关键。第二个“1”是有效应对国际环境重大变化干扰，是提升对外开放水平的重要保证。“6”则是指提升我国在全球价值链中的位势、提升利用外资综合质量、构建新型国际合作网络、优化区域开放布局、改善对外开放平台格局、积极参与全球经贸规则制定和经济治理这六大重点任务，从不同维度为构建多元平衡、安全高效的开放体系提供有效支撑。“3”则是指深化体制机制改革、加强开放风险防范和构建“边境后”政策理论框架三大保障措施（见图 1–4）。

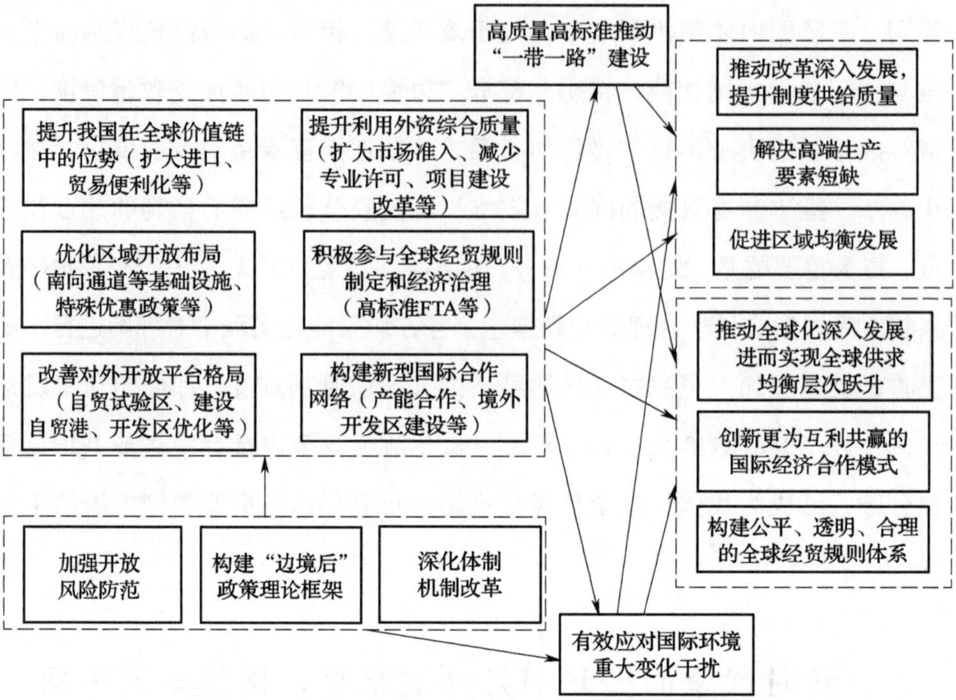

图 1–4 “1+1+6+3”实施方案及对全面提升对外开放水平的支撑作用示意图

资料来源：作者绘制。

（一）高质量高标准推动“一带一路”建设

“一带一路”是综合统筹创新对外合作模式的最重要平台。“一带一路”作为我国主动实施对外开放的重大创新，既减少了我国和亚欧非大陆各经济体开展经贸合作的各种“软”“硬”障碍，为我国对外开放拓展了空间，更是我国在吸收世界各个经济体开展对外合作先进经验基础上进行经贸合作模式创新的主要平台。“政策沟通”中的联合编制规划或规划对接、“资金融通”中新型国际融资机构的设立以及“贸易畅通”中“基建 + 园区”的产业合作，均是新型合作模式的体现，且已经产生了良好的效果。新时期，“一带一路”

高质量推进和高标准实施不仅需要基础设施等领域的“硬联通”，更需要政策规则标准的“软联通”；不仅需要战略层面的顶层运筹和重大抉择，更需要措施维度的精准调整和灵活应对；不仅需要资金的科学性投入和透明化运作，更需要构建可持续性且多元化的投融资机制。具体宜从以下维度加以重点考虑。

1. 高质量高标准推动实施“一带一路”政策规则标准“软联通”

提出“一带一路”倡议，创建亚洲基础设施投资银行（以下简称亚投行），是对现有国际秩序的有益补充和重要完善，为世界贡献了后发国家转型发展的“中国经验”和“中国方案”。高质量高标准推动“一带一路”需在以下几个方面下大力气：首先，宜注重高层交往引领作用，加大对“软联通”的资源投入。建议与“一带一路”重点合作国家深化战略沟通，不断增强政治互信，及时就“软联通”可能遇到的问题交换意见和看法。同时，密切进行政策协调，积极推进国家和地方层面发展战略的对接，增进民众间对“软联通”的理解和认同，形成全方位、多层次、宽领域的合作环境。其次，宜加强重点领域“软联通”，助力“一带一路”行稳致远。与“硬联通”一样，政策、规则、标准的三位一体的“软联通”对于“一带一路”建设同样至关重要。政策联通方面，关键是要在宏观上找准共同行动方向并寻求“最大公约数”，可通过签订国家级谅解备忘录、国家间联合声明、部委级相关协议加以推进。规则联通方面，在国别发展战略和经贸规划紧密衔接的基础上，重点推进贸易便利化和自由化规则对接，在尽快敦促各国落实《贸易便利化协定》的同时，推进检验检疫、海关通关、物流结算全方位链接。标准联通方面，应针对重点国家、重点区域、重点走廊，开展国际产能、贸易金融、基础设施以及能源环境等标准化全领域合作，重点推动标准互换、互译、互认，尽快实现与“一带一路”国家标准体系全口径对接。最后，宜逐步完善保障体系，形成“软联通”强大合力。当前，首要工作是做好相关经费保障，可在充分利用现有资金渠道并盘活存量资金的基础上，持续加大对已初见成效、社会反馈良好政策规则标准“软联通”项目的资金投入。同时，积极调动商会、学会、协会等中介机构积极性，营造各界人士积极参与“软联通”的良好氛围。

2. 高质量高标准推动构建“一带一路”国际合作机制

首先，宜基于现有双多边经贸合作协议，打造“一带一路”倡议规划协同机制。短期内，可立足现有我国与沿线国家以及国际组织之间签署的双边合作战略协议，与合作方成立若干常设性工作组，具体负责双方发展规划衔接，共同推动实施一批重大工程项目。从中长期来看，可在“一带一路”国际组织下建立对接合作委员会、规划部高级官员非正式会议等常设机制，专门负责各成员国发展政策的协调沟通。其次，继续巩固FTA既有成果，构建“一带一路”框架下经贸投资规则机制。短期内，鉴于我国、俄罗斯、印度等域内经济大国在诸多关键议题上难以形成共识，成立涵盖“一带一路”沿线大多数国家的高标准FTA存在较大困难。可依托中国—海合会FTA、中国—欧亚经济联盟FTA等自贸区，逐步形成“一带一路”沿线国家和地区的FTA整体框架。从中长期来看，可借鉴APEC模式经验，先设立一个类似亚太自贸区的涵盖“一带一路”沿线所有国家的大型FTA，由我国、东盟等牵头推动，并对其他成员国乃至域外成员国持开放态度，采取渐进方式实现“一带一路”经贸投资规则的有效整合，为改革和完善全球经济治理提供“中国方案”。再次，着眼长远合作与发展，强化“一带一路”框架内安全保障机制。短期内，可重点针对外部风险，建立常设性“一带一路”风险预警和防范协调机制，加强对外部风险的及时跟踪和预警，并通过货币互换、经济援助等手段予以有效防控。从中长期来看，可重点针对内部风险，逐步建立投资者仲裁机制、政策稳定保障机制等能够有效防范域内国家风险的防控机制，为推进“一带一路”建设提供强有力的安全保障。最后，宜加快推进“一带一路”框架下的第三方市场合作机制，如中法在英国欣克利角共建核电项目、中美在几内亚共同开发铝矾土资源项目、中韩厄瓜多尔太平洋炼油厂项目等都是成功案例。下一步建议完善已签署第三方市场合作国家的常态化工作机制，推动完善涵盖政府、企业、金融机构、商会、智库、使领馆“六位一体”的对接网络；以成熟重点项目为抓手，推动建立第三方市场合作企业动态联盟；推动设立第三方共同投资基金，通过债权和股权等方式解决第三方市场项目的融资难题。

3．高质量高标准推动完善“一带一路”投融资机制

“一带一路”沿线国家大多经济发展水平偏低，金融资源匮乏，沿线推进的部分项目建设周期长、商业回报率不高，加之地缘政治经济风险较大，国际资本参与其中的意愿和动力不强。鉴于此，应整合开发性金融机构、商业性金融机构以及援助资金等不同类型的融资平台，以形成独具特色的“一带一路”融资规则体系，才能有效解决“一带一路”建设面临的巨大资金缺口问题。短期内，可由亚投行牵头，联合欧亚发展银行等多边开发性金融机构、各国对外援助机构及国内开发性金融机构，就利率、项目担保等“一带一路”沿线国家融资的相关规则进行深入探讨，逐步形成符合“三大共同体”理念、契合沿线国家利益诉求的开发性融资规则体系。从中长期来看，可在“一带一路”国际组织框架下建立“一带一路”融资联盟，加强与世界银行、亚洲开发银行等国际金融机构合作，逐步将区域内融资规则上升为国际化融资规则。

（二）有效应对国际环境重大变化对我国对外开放的干扰

有效应对外部环境变化干扰是提升对外开放水平的重要保证。随着我国经济发展水平的提高和综合国力的增强，所面临的来自以美国为首的西方发达国家的竞争、警惕乃至围堵必然会大幅增加，此次中美贸易争端就是典型的例证。短期内，受美国经济发展状况、首要目标变化等因素影响，中美贸易争端激烈程度可能时升时降，但未来美方不断在各类经贸问题上对我国施压的大趋势不会因逆差额度大小和投资技术合作变化而变化，不会因其国内政局变化而变化。面对这一重大外部环境变化，我国最重要的是不能让这一外部干扰扰乱深化改革、扩大开放的战略布局，坚定不移走自己的路，坚决拒绝无理要求，理性反制各种霸凌措施，确保改革开放不偏离正确的方向，从根本上维护我国开放体系的安全。

1. 逐步适应“边打边谈”这一中美经贸关系的新常态，但仍需避免美国联合欧日对我国全面施压

第一阶段协议已经签署，无论中美贸易磋商结果如何，美国未来仍然会在经贸领域以知识产权保护、国有企业或政府采购等为由制造争端，以维护其所谓的战略利益。但也要看到，作为全球前两大经济体，中美经贸合作共同利益巨大，美国也担心在经贸领域全面挑起中美对抗将严重影响两国甚至世界经济的发展。因此，未来中美贸易争端将呈现“打打谈谈、谈谈打打、边谈边打、边打边谈”的状态。首先，稳定社会市场预期，适应中美长期贸易争端的新常态。须做好打持久战的充分准备，不宜期待速胜、完胜。当前迫切需要做好舆论引导和前瞻性预期管理，对外宣示不宜过“度”，对内宣传不宜过“满”。中美长期存在经贸摩擦矛盾是客观事实，不可能毕其功于一

役。只要管控好大规模正面对抗风险，“边谈边打、边打边谈”的低烈度竞争状态对我国宏观经济运行和产业转型升级的影响完全可控，加上党的集中统一领导、14 亿多人的国内市场以及不断增强的自主创新能力等底牌，我国不会在与美国的博弈中吃大亏，相反有可能成为倒逼国内体制机制改革的重要驱动力。其次，在严守发展高技术产业这一底线的同时，适度调整部分产业政策。将政府的研发支持力度更多投入基础研究和实验室层面的应用研究，适度减少直接针对具体行业、具体商品的政府补贴，更多运用市场机制支持规模化生产和品牌建设，在与国际经贸规则进一步接轨的同时有效提升产业政策效力。实施国产化支持政策时要适度淡化商品的国别属性，更多强调我国企业相对具有优势的价格、适应性、售后服务等综合属性，更好地支持优质本土企业开拓市场。再次，加强中美经贸战问题研究。建议由中央财政经济委员会牵头，整合国家高端智库和国内大专院校力量，明确分工定位，加强对中美经贸战的研究、分析和预判，为制定决策提供强大智力支持。最后，在保障国家安全前提下，深入探讨劳动、电信、国有企业、金融、环境等条款，探索推动签署中欧、中加（拿大）、中墨（西哥）自由贸易协定，防止美国联合其他盟友对我国形成“围攻”。

2．加速出台相应救助政策，同时做好反制准备

首先，对重点行业实施援助计划。对重点出口行业适当增加信贷规模，着力解决企业生产过程中的信贷困难，防止因企业资金链断裂而产生的失业及其他社会经济问题。对受影响较大的企业给予直接补贴，帮助对解决就业有突出贡献的出口企业渡过难关。重点地区应建立对受影响较大企业的长期跟踪机制，对企业经营状况做到心中有数，及时解决企业面临的实际困难，力争做到不裁员。其次，加快推进对外贸易市场多元化战略，逐步减少我国对美国市场和商品的依赖，逐渐缩小中美贸易争端的冲击。再次，建议动用

可动用的一切资源，把握美国“出口促进”与“进口竞争”两大利益集团之间的微妙平衡，重点加强与美国大型企业、美国财团以及美国全国商会、美国各州商会、美国协会的沟通交流，为做实做细我方反制措施争取时间。继续发挥多边体系的约束作用，利用现有规则，通过WTO、G20、亚太经合组织、金砖国家机制、达沃斯论坛等机制，尽可能建立统一战线，压制美国贸易保护主义和单边做法。最后，若美国政府再次出尔反尔，中美贸易摩擦事态再次恶化，必要时可考虑单方面限制美方享受我国开放红利。

（三）针对性实施六大重点任务

对外贸易、引进来、走出去彼此之间相对独立又密切相关，是世界各国提升对外开放水平的主要形式，也是多元平衡、安全高效开放体系的重要组成部分，直接影响我国对外开放的水平和效益。扩大西部地区开放水平是当前解决我国开放区域失衡问题的关键，优化创新对外开放平台格局则是新时代提升对外开放层次必须采取的重大举措，积极参与全球经济治理则是推进“边境后”政策协调、构建公平公正透明合理的国际经贸秩序的必要环节。

1．以改善要素禀赋和进出口协调发展为抓手提升我国在全球价值链中的位势

要素禀赋是决定一国在全球价值链中位势最关键的因素。改善要素禀赋既可以通过政府加大创新投入、人才培养等方式实现，也可以通过人才引进、技术引进等方式实现。而在我国制造环节竞争力整体居于世界前列的背景下，扩大进口对我国制造业技术、标准的间接溢出效应将十分明显。此外，在新型全球价值链中发展贸易新业态、新合作的方式对提升我国所处位势的积极作用也十分明显。

一是明确我国提升在全球价值链中位势的重点市场和主要商品。从商品看，可以将国际市场分为六大类：传统消费品市场（如服装、玩具等）、传统资本品市场（如压路机、收割机等）、新型消费品市场（如 VR 眼镜、智能手环、家用无人机等）、新型资本品市场（如 3D 打印设备等）、传统消费品和资本品的中间投入品市场（如化纤面料等）、新型消费品和资本品的中间投入品市场（如集成电路等）。显然，新型消费品、新型资本品以及其中间投入品的整条价值链市场增长潜力巨大，应作为我国稳定甚至提高出口全球份额的关键。此外，随着技术进步，大量服务由不可贸易转为可以贸易，扩大服务贸易出口的潜力也十分巨大。从市场看，国际市场可细分为三类：低端市场（主要是低收入经济体）、中端市场（主要是中等收入经济体）和高端市场（主要是高收入经济体）。未来三十年，我国应大面积占领中端市场，占据低端市场最终产品的价值链高附加值环节，巩固高端市场。

二是综合运用创新政策和产业政策有效改善要素禀赋。贸易竞争力的核心是产业竞争力。首先，要坚持供给侧创新政策和需求侧创新政策同时发力，并以推动各种创新主体的有机组合为重点实施供给侧创新政策。以加大公共研发投入、推动创新成果产业化为代表的供给侧创新政策作为创新的主要源泉，应作为“面”上的创新政策；以政府采购、提高技术标准为代表的需求侧创新政策则针对关键性的、具有战略意义的重点领域，以在“点”上取得突破。其次，加快由选择性产业政策为主向功能性产业政策为主的转变，积极加大功能性产业政策实施力度。建议充分考虑国家未来发展战略选择，对集成电路、航空发动机等极少数领域继续保留一定的选择性产业政策，其他领域的选择性产业政策逐渐取消，同时在部分领域实施普惠性降税、加大“软”基础设施投入等功能性产业政策。最后，进一步改革现行人才管理体制机制，大幅提升人力资本水平。建议进一步健全科研人才在企业、学校、研发机构之间的自由流动机制，大力加强职业技能培训力度，并积极推进开放式创新合作，加快推进国际人才管理改革，有效吸收境外高端人才来华创新创业。

三是积极扩大进口。事实上，进口从需求和供给两个方面均对我国经济发展作出了重要贡献[①]，仅仅从国民经济核算恒等式出发认为进口是经济产出的"减量"是一种较为狭隘的认识。建议以下列三类商品为重点，运用降低关税、推动标准互认等措施，积极扩大进口。首先是汽车、家用机器人、医药、医疗器械、化妆品、保健品等高端消费品，这类商品对改善我国医疗和生活服务质量、提升居民福利的积极效应十分明显。其次是各类先进设备和精密仪器仪表类商品，这类商品对我国提升科技创新能力、促进我国产业向中高端环节跃升具有重要意义，未来仍会是我国和美国、欧盟等发达经济体开展贸易合作的重点。最后是优质农产品、优质能源和高档合金、新材料等高附加值资源型产品，扩大这类产品进口既有利于帮助进口合作方充分发挥自身比较优势，更好地融入全球价值链，也有利于我国提升相对短缺的土地、资源等生产要素的使用效率，加快向资源集约型的发展方式转变。此外，充分借助进口博览会这一重要平台，运用大数据等信息技术明确扩大进口着力点，并积极发展离岸贸易，发挥进口对经济发展和服务业转型升级的促进作用。

四是大力发展贸易新业态。新型的服务贸易、数字贸易、保税业务、跨境电子商务等贸易范式具有较大的发展潜力。建议在服务贸易领域，完善现有的服务贸易促进体系，大力发展面向设计开发、生产制造、售后服务全过程的检验检测、标准、认证、研发、工业设计等生产性服务，大力发展新型服务外包，并积极扩大相关服务出口。在数字贸易领域，鼓励发展文化艺术、数字出版、动漫游戏开发、软件开发测试、数据处理、信息管理、客户服务、

① 如通过进出口技术溢出效应有效推动全要素生产率提高等。

供应链管理等新兴服务贸易出口。在保税业务领域，在海关特殊监管区积极发展保税物流、维修、检测、拆解、研发、设计、保税文化艺术品展示、保税货物质押融资等保税服务业务。在跨境电子商务领域，完善相应的海关监管、检验检疫、退税、物流、结算、外汇等支撑系统，加快推进跨境贸易电子商务配套平台建设，积极发展新型跨境电子商务贸易。此外，还应积极鼓励有条件的地区重点发展市场采购贸易方式。

五是积极开展新型分工合作。在新技术革命的带动下，国际合作不一定要通过资本和商品的跨境流动才能够完成，而往往采用开放式创新、互联网定制、网格化研发等新型方式，这些方式在人工智能、生物医药等新兴领域体现得尤为明显。未来我国应积极推动本土企业开展新型分工合作方式，如加强和世界龙头药企的合作，积极开展新型药物的临床试验；和境外人工智能研发机构在人工智能技术研发、标准制定、产品制造等领域开展合作，共同制定人工智能某个领域的标准、建设人工智能互联网平台开展个性化定制、通过打造开放式创新平台提升工业机器人等人工智能产品制造水平，等等。

六是进一步提升贸易便利化水平。提升贸易便利化水平是降低贸易成本、促进对外贸易发展的有效举措之一。持续减少进出口环节审批监管事项，深化通关一体化改革，全面推广“双随机、一公开”监管，推广应用“提前申报”模式。持续优化口岸通关流程，有效降低多式联运成本，加快探索口岸通关模式创新，推动进口通关时间和出口通关时间达到世界银行前二十位的水平。持续加强国际贸易“单一窗口”建设，有效降低报关、货代、船代、物流、仓储、港口服务等环节经营服务性收费，降低贸易成本。加强和其他国家在检验检疫结果、报关单据格式等领域的互认合作，全面扩大海关“经认证的经营者”（AEO）互认范围，有效降低我国与合作方相应的非关税壁垒。

2．以持续扩大市场准入和优化营商环境为抓手提升利用外资综合质量

目前，我国单纯的劳动力、土地等成本比较优势已经相对下降，提升利用外资综合质量的关键在于以服务业为重点扩大市场准入和创设国际一流的营商环境。从前文的分析中可以看出，很大程度上这两项工作的关键均在于“边境后”领域：营商环境的重心是企业和政府、金融机构的关系，涉及投资管理、产业政策和金融政策；扩大市场准入目前面临的障碍往往是国家安全问题，需要建立更好的“边境后”国家安全维护机制才能够实现。

一是进一步扩大医疗、教育、电信等领域的市场准入。在有效维护国家安全的前提下，积极落实《外商投资准入特别管理措施（负面清单）（2020年版）》中服务业、制造业、农业等领域的开放措施，积极推动一批高水平引资项目尽快落地，稳定外资企业预期。积极落实习近平总书记在上海进博会上的讲话中提到的进一步放开医疗、教育领域股比限制的要求，逐步探索音像制品制作、演出场所、娱乐场所等领域的外资股比和业务范围限制。在维护信息安全的前提下，探索有效扩大电信业对外开放，逐步放宽外资企业从事大数据、云计算等业务的限制。尽可能减少相关行业的部门准入许可，解决“大门开了，小门不开”问题。加快出台对中西部地区和特定行业利用外资的鼓励类政策。积极应对美国政府引资竞争，大力吸引美欧日韩等企业来华投资，形成中美经济“你中有我”的格局。重点引进生产关键零部件、拥有核心技术的企业，鼓励相关企业在华设立生产研发基地，减少对美国相关高新技术产品的依赖。强化各部门对各地区在海外设立招商机构的引资支持力度。

二是尽可能采取事中事后监管机制代替核准环节。从发达国家的经验看，无论是企业设立、从事业务还是投资建设项目，大多数核准环节都可以运用

事中事后监管模式进行。如事先不对企业从事业务的资质进行明确核准，但不定期或定期对企业从事的业务进行核查，一旦发现企业有违反法律法规从事业务的行为，立即予以重罚。再如，事先可以不对企业进行第三方环评，但要求企业签署相关承诺书，一旦在事中事后监管时发现企业并未有效遵守承诺，立即予以重罚。如果政府相关政策的透明度足够高，完全可以做到既实现公共目标，又能保证外资企业高效便利化运作。特别是对于国家级开发区等重点开放平台，这种机制创新的效果是十分明显的。

三是从细微处持续优化营商环境以稳定外资。加快推进各地区对具体营商环境问题的梳理工作，着重对涉及中央事权的部分进行归纳总结，使相关改革更加有的放矢。在签证、员工住房、购车、孩子教育等领域加大政策创新力度，如探索建设针对大学毕业生的白领公寓，对年龄较大的境外技术工人在工作签证上提供更多便利等，为外资企业解决实际问题。在新型小型电器、化妆品、保健品等外资具有优势的领域加大知识产权保护和市场监管力度，加大对外资企业相关品牌的宣传力度，使外资企业能够有效满足国内消费需求。积极推动国内新兴互联网消费平台和外资企业加强合作，为外资企业创造更多满足国内需求的渠道。在维护经济安全的前提下，积极推动外资企业参与中西部地区基础设施建设、环境保护工程等领域的投资项目。同时，明确地方政府出台外资促进政策的权限，充分提高地方政府引进高质量外资的积极性。

3．以创新国际产能合作模式为抓手构建新型国际合作网络

在当前中美贸易摩擦升级、国际范围贸易投资保护主义风险提升的时代背景下，构建新型国际合作网络应以大力加强与六大经济走廊沿线国家的互利合作为重点，立足高层引领，积极推进第三方市场合作，并有效完善海外风险防范体系，实现各参与方在国际产能合作中互利共赢。

一是做好顶层设计，为国际产能合作创造良好政策环境与空间。积极发挥高层外交对国际产能合作的统领作用，有效推进政策沟通与对接，不断完善平台建设，力求形成最大共识。由政府牵头建立涵盖企业、中介、行业组织、NGO（非政府组织）等多层次、多维度的立体式合作机制。积极与相关国家签订具有较强投资者保护功能的双边投资协定，积极推进我国在贸易投资监管、融资体系建设以及政府事中事后监管制度等方面的制度创新，为深入推进国际产能合作提供重要的机制支撑。

二是积极推动科技领域对外合作。科技领域合作对于提升国际产能合作的层次和水平意义重大，但近期发达经济体为维护其技术优势，往往以“侵犯知识产权”为由对我国的科技合作设置诸多限制。因此，应在科技合作中加强知识产权保护，维护和树立中国互惠互利等价有偿的科技合作原则。同时，重点推动科技合作机制创新，在互利共赢的前提下加快实现重大关键技术突破。坚持科技需求和市场需求导向有机结合，积极与发达国家共建和联建研发机构，以基础研究跨国合作带动创新产业合作。

三是积极推动第三方市场合作。第三方市场合作是实现我国、发达经济体和发展中经济体互利共赢的重要合作模式，因此要重视在推进“一带一路”建设中与欧美日等发达国家企业开展第三方合作。立足第三方市场合作的成功经验，将能源化工、基础设施、装备制造等我国和发达经济体互补优势较为明显的行业作为第三方市场优先合作领域，实现“互利三赢”。积极创新各种融资模式，为第三方市场合作提供融资支持。

四是构建完善中资海外风险防范体系。完善境外投资法律法规和分类分级监管体系，制定自然人境外投资管理办法。规范特大境外投资项目前期工作程序，开展重大境外投资项目对国家利益和国家安全的影响评估。健全境外投资信息监测报告制度，加强监督检查。建立重要资源和产品全球供应链风险预警系统。强化境外投资风险评估和风控预案制订，做好项目实施过程中的风险监控、预警和处置。引导企业加强合规管理，防范化解境外政治、经济、安全等各类风险。

4．以加大西部地区开放力度为抓手优化区域开放布局

扩大西部地区开放，必须构筑以线串点、由点及面的西部均衡开放格局，积极推进沿边开放，强化开放相关基础设施支撑能力，通过实施高水平优惠政策有效降低开放中的相关产业配套、劳动力和物流成本，通过加大东部地区和西部地区开放合作的创新力度来加大西部地区开放力度。

一是构筑以线串点、由点及面的西部均衡开放格局。进一步落实《"十四五"推进西部陆海新通道高质量建设实施方案》，确保南向通道作为推动西部地区开放的"主轴线"。进一步加大南向通道班轮港口转运优惠政策的力度，参照中欧班列做法给予南向通道海铁联运班列45%铁路运价下浮，将南向通道铁海联运、公铁联运等列为国家多式联运示范工程，运用启运港退税，在南向通道沿线城市布局一批面向东南亚、中亚和欧洲的加工贸易基地。此外，应积极推动开放要素和平台由成都、重庆、西安等城市群核心城市和省会城市向外围城市和地级市扩散转移，逐步解决西部地区开放的"孤岛"效应。具体可在新通道沿线有条件的地级市增设一批综合保税区，支持有条件的外围城市和地级市增设汽车整车、药品等进口口岸，等等。

二是对西部地区实施较大力度的优惠政策。在税收优惠方面，对西部地区所有合法经营的内外资企业均减按10%的税率来征收企业所得税，并降低门槛，对原来主营收入占总收入比重70%才能得到优惠的规定，改由各省份根据自身实际情况进行调整，如鼓励类产业的主营收入占总收入的比例可在50%～70%之间进行浮动。将喀什、霍尔果斯经济开发区的企业所得税"五免五减半"优惠政策推广到西部国家级开发区、边境经济合作区、跨境经济合作区和沿边重点开发开放试验区。允许西部地区和东北老工业基地外商投

资企业的职工培训费用按 150% 的比例抵扣企业应纳税额，抵扣额最高不超过应纳税额的 8%。对西部地区开放平台建设和企业开展对外经贸合作，加大政策性银行、保险等政策倾斜支持力度。加大对西部地区重点交通基础设施投资力度，重大项目优先列入申报中央预算内（国债）投资项目年度计划。支持西部地区申请世界银行、亚洲开发银行、亚洲基础设施投资银行贷款及丝路基金，统筹用好外经贸发展专项资金、两优贷款、援外资金等，开展重点交通设施建设。在人才引进、扩大市场准入等领域给予西部地区特殊待遇。

三是积极推进沿边开放。研究确定一批边境重点开放城市，提高城市层级，整合提升城市功能，增强辐射带动能力，面向毗邻国家，深化区域次区域合作，提升贸易投资、人员往来便利化水平，打造西部边境经济增长极。加强广西等重点开发开放试验区建设，研究设立更高层级的重点开发开放试验区。支持边境经济合作区建立承接产业转移示范基地，利用外经贸专项发展资金承接加工贸易梯度转移项目，探索边境、跨境经济合作区叠加海关特殊监管区功能，开展加工贸易保税维修、再制造和研发、检测等新型业务试点，培育壮大沿边特色产业。推动东部国家级经济技术开发区与边境经济合作区交流合作。因国施策，稳步推进中哈、中老、中缅、中越、中蒙、中俄、中尼（泊尔）等跨境经济合作区建设，使用援外资金支持配套设施建设。鼓励具备条件的地区结合规划加强跨境经济合作区中方区域建设，在规划审批、贸易投资、人员往来、加工物流、旅游等方面，加快推动有关职能部门实现管理模式突破，包括一站式验放通关等，实施更加灵活和便利化的政策。

四是积极推进东西部地区开放合作。引导东部地区外向型产业向西部地区有序转移，研究提出支持东西部地区外向型产业对接发展的政策措施，探索开展飞地产业园区、跨省合作园区等合作模式，鼓励和支持东部地区外向型产业到西部地区建设进口资源深加工基地和出口加工基地，带动西部地区外向型经济的发展，共同开拓周边国家（地区）市场。依托长江经济带、珠江—西江经济带建设，推动西部地区内陆沿边地区海关与东部地区开展现代物流、商贸流通、产业园区等方面的合作。进一步完善东部沿海地区与西部沿边重点地区“一对一”开放帮扶机制。

5．以优化传统平台和提升新平台作用为抓手改善对外开放平台格局

各类重大平台是我国发展开放型经济的重要载体，但所承担的功能各不相同。对于国家级开发区，应重点发挥提升利用外资综合质量的龙头作用，在涉及利用外资的体制机制创新的问题上进行“先行先试”；对于自贸试验区，应积极推进其和海关特殊监管区域的整合，发挥其在引进高端服务业、对外合作新业态上的积极作用；对于自由贸易港，应在探索发展离岸贸易、离岸总部、保税消费中心等高端特殊业态的同时，将其打造成为区域经贸合作的“大脑”。

一是将开发区作为提升利用外资综合质量的体制机制创新的首要载体。立足于从更加有利于内外资优质企业在经济技术开发区（以下简称经开区）建设生产基地、研发中心、经营性总部等客观诉求出发，从国家级开发区入手，推动开发区在项目建设、业务经营许可等方面进行大幅度体制机制创新。具体而言，应将缩短项目建设时间作为开发区体制机制创新的重点，全面实施事中事后监管政策。同时，在开发区范围内对开发区重点发展的广告、咨询、金融、保险等服务业以及民用航空器、医疗器械、化妆品、计量器具、特种设备等制造业的业务准入许可采取事中事后管理模式试点方式，允许企业先行开展业务，同样在事中事后监管中如果发现企业违反了相关法律，则直接予以关停并处以巨额罚款，必要时追究刑事责任。若开发区能够在这两个领域取得政策方面的重大突破，既能够打造开发区在营商环境上的新优势，对于引进高质量制造业外资和服务业外资（特别是总部和研发中心）具有很大的积极作用，也是对开发区进一步改善营商环境的重大探索，从而推动我

国国内规则更好地与国际规则接轨。

二是有效扩大自由贸易试验区的范围和权限。积极推动自由贸易试验区和相关城市的海关特殊监管区域整合，立足自由贸易试验区的各类特殊功能，将高端服务业的对外开放和海关特殊监管区域的保税业务整合发展。全面推动自由贸易试验区扩区，解决当前存在的区域分散化、零散化问题。在自贸试验区内率先探索文化、医疗、教育等领域的对外开放力度，必要时甚至可探索并行我国香港和澳门特别行政区乃至英美的部分法律，为我国扩大对外开放探索先进经验。与开发区相似，全面推进自贸试验区在项目建设核准和部门准入许可领域进行政策创新。

三是探索建设新型自由贸易港①。在海南初步建立自由贸易港制度，并在2035年之前推动自由贸易港在上海、重庆等城市有序开展，形成营商环境全球一流的中国特色自由贸易港群，在2050年之前构建高度市场化、国际化、法治化、现代化的自由贸易制度体系。具体而言，在自由贸易港逐步实现商品、资本、人才等的高效自由流动，聚焦政府治理、双向投资管理、金融开放创新、协同开放等重点领域，对标我国香港特别行政区、新加坡等自由港，构建与国际通行规则相适宜的管理体制，并加快制定颁布《自由贸易港法》，探索推进与英美法系的融合，完善自由贸易港法治基础。

6. 以推动WTO必要改革和高标准自贸区建设为抓手，积极参与全球经贸规则制定和经济治理

高标准自贸区是我国积极参与国际经贸规则制定、争取全球经济治理制度性权力的重要平台。下一阶段，宜以推动WTO必要改革和高标准自贸区建设为抓手，以推动“边境后”政策协调为重点，积极推动全球经济治理体系

① 具体论述见分报告四。

变革，以更加积极有为的行动推进我国更深层次、更高水平的对外开放。

一是共同推动世界贸易组织进行必要改革。WTO 是一项国际公共产品，不是某些国家谋取私利的工具。当前，推动 WTO 改革，要以贸易自由化为大方向，坚决反对保护主义、单边主义，按照开放、透明、包容、非歧视等基本原则，不另起炉灶、推倒重来，在积极维护广大发展中国家权益的同时进一步扩大与美国等发达国家的利益最大公约数，对于一些发达国家关心的产业政策、国有企业、竞争中性等“边境后”议题，应考虑在 WTO 框架下构建协商机制，尽可能寻求共识，管控分歧。

二是重点推进与周边及“一带一路”沿线国家的自贸区建设。积极推进中日韩 FTA 谈判进程，有序推进亚太自贸区建设，进一步加强与“一带一路”沿线国家自贸区建设，为形成面向全球的高标准自由贸易区网络奠定坚实基础。具体说来，周边国家基本都是“一带一路”沿线国家，将周边大市场与“一带一路”大市场建设紧密结合，将自贸区建设作为“一带一路”倡议推进的重要内容，与有意愿的国家和地区共同商讨自由贸易区建设。全球层面，争取同大部分新兴经济体、发展中大国、主要区域经济集团和美欧发达国家建立自由贸易区，构建金砖国家大市场、新兴经济体大市场和发展中国家大市场等，以亚太自贸区建设、中欧自贸区研究和谈判为主要抓手，条件允许时可探索中欧自贸区建设的可能性，释放我国将以更大力度自主开放促改革、谋发展的强烈信号。

三是在我国主导的双多边 FTA 谈判中主动发声，逐步强化 21 世纪“新理念、高标准”新议题。相关部门应尽快组织经济和法律等领域专家制定 FTA 非传统议题示范文本，重点推进在《亚太自贸协定》（FTAAP）中设定“新理念、高标准”新议题。同时，利用经贸机制性平台，在 FTA 谈判中保持交往对话，增信释疑，引导合作方由“规则竞争”甚至“规则互遏”向“规则共赢”的思路转化。此外，牵头部门尽早着手拟定并实施新议题人才培养计划，提升我国对外谈判和议价能力。具体来说，在与发达经济体的自贸区谈判中，参照国际通行规则及其发展趋势，结合我国发展水平和治理能力，加快推进知识产权保护、环境保护、电子商务、竞争政策、政府采购等新议题的谈判。在与发展中国家的自贸区谈判中，适当纳入产业合作、发展合作、全球价值链等经济技术合作议题，推动我国与自由贸易伙伴的务实合作。就提升自贸区规则标准而言，在传统议题领域，关键是逐步将准入前国民待遇加负面清单模式推广应用到服务贸易和投资领域谈判中，提高服务和投资开放度；在“边境后”新议题领域，关键是在知识产权、环境保护、电子商务等领域明确价值理念并形成可操作可落地的规则体系。应深入研究 TTIP、欧日经济合作协定等发达经济体自由贸易协定的规则标准理念，尽快形成符合我国国情并与国际接轨的自由贸易价值体系，为下一轮更大范围的开放营造更好的外部环境。

四是深入研究发达国家 FTA 规则标准理念，尽快形成符合我国国情并与国际接轨的 FTA 价值体系。目前，我国在 FTA 中的规则设计和引导能力明显弱于西方发达国家，往往只是规则的既定接受者，缺少议价能力和谈判筹码，需根据自由贸易区战略实施的总体需要以及安全保障体系建设和外交全局基本要求，本着“以我为主、为我所用”的原则，以服务贸易以及知识产权、环境等“边境后”领域规则为蓝本，尽快组织相关部门和专家进行研究和论证，尽早形成具有一定普适性的中国的 FTA 价值体系。

五是不断推进国内与 FTA 谈判相关的法制化进程，着力打造“中国规则”。受发展阶段制约，目前我国与 FTA 相关的法律体系尚不健全，部分条款与新常态下我国走出去战略要求不相适应，甚至相互冲突。应尽快组织各个领域专家学者，在深入分析研究 TPP 环境规则和相关国际公约的基础上，加快推进与 FTA 谈判相关的法制建设，重点明确部门监督管理权限、职责和义务。就目前而言，可将相关研究计划纳入国家社科基金项目，整合国内外优秀研究人才和优秀研究资源，尽快将相关议题的研究水平提升到国际先进水平，为下一阶段深入推进自贸区建设奠定坚实基础，同时也为制定“中国规则”打造长期稳定的内部环境。

六是强化“21世纪新议题”和自贸区谈判规则的人才培养，为顺利推进双多边FTA提供重要保障。积极开展公共外交，在FTA谈判中展现自信、客观和包容形象，当前重点强化“21世纪新议题”和自贸区谈判规则方面的人才培养，既要积极从发达国家引进相关人才，也要从战略关系、国家安全和经济发展等角度考量，在本土组建一支服务于FTA谈判的优良队伍，为下一阶段提升对外开放合作层次和水平提供支撑和保障。

（四）全面提升对外开放水平的三大保障措施

1. 深化体制机制改革

长期以来，对外开放和体制机制改革是互相促进、相辅相成的关系。然而，在当前对外开放已经深入各种“边境后”领域的背景下，对外开放不仅是促进或倒逼国内体制机制改革，而其本身就是体制机制改革的一部分。因此，必须坚定不移推进投资管理体制、商事体制、国企、要素定价等关键领域的体制机制改革，在推进体制机制改革的同时充分参考国际通行规则和相应标准，力争将对外开放和体制机制改革融为一体。

2. 构建“边境后”政策理论框架

如前文所述，对于“边境后”政策，目前国际学术界并无规范的理论体系和参考标准。同时，我国目前实施的“边境后”政策体系，既有体现中国特色社会主义优越性的部分，也有不适用于新时代经济发展模式的部分，因此必须进行扬弃。如现行的补贴政策既有效地促进了相关产业的迅速发展，在短时间内形成大规模高水平产业集群，又在客观上产生了一定的产能过剩，甚至出现了企业“骗补”的状况。因此，需要有效构建“边境后”政策的规范理论框架，明确我国在推进全球“边境后”政策协调中的立场，为我国扩大对外开放奠定理论基础。

3. 加强开放风险防范

扩大对外开放所产生的安全风险不可忽视，特别是在实施各种国内体制机制进行重大创新的开放举措时，必须保证国家安全。首先，应完善文化、教育、卫生等非经济安全领域的保护机制，在此基础上渐进扩大经济领域的市场准入开放。其次，应着重有效规范化利用外资安全审查的程序，明确联合审查会议的权限、部门构成和运行机制，并推进外资安全审查标准透明化，进一步提高审核程序的灵活性，有效维护经济安全。最后，应通过反垄断等手段，有效防范扩大进口对本土商品的过度冲击。

（执笔人：李大伟　金瑞庭　杨长湧　卢　伟　苑生龙　原　倩）

附录　对外开放目标预期值的设定方法

一般对于对外开放目标的预期值设计，学术界基本上采取两种方法：一种是基于计量经济学模型进行外推；另一种则是基于经济发展阶段的前景预判，参考现阶段和未来发展阶段相似的经济体水平进行推测。因本文所运用的指标创新程度较大，很多指标没有足够的历史数据用来进行未来预测，因此，本文主要采用第二种方法进行预测。相关指标预期值设定原理如下。

1. 商品贸易额占全球贸易额的比重

目前我国商品贸易额占全球贸易额比重在 11% ~ 12% 之间波动。未来这一指标取决于两个变量：我国对外贸易增速和全球对外贸易增速。基于“两个一百年”奋斗目标对我国经济总量和出口总量的要求，可以推算出2025年、2035年我国出口额应分别不低于3.3万亿、4.65万亿美元。[①] 考虑到我国关税水平的下降将有效扩大进口，逐渐缩小贸易顺差，因此我国进口额增速会高于出口额增速，2025年、2035年我国进口额预计分别为3.15万亿、4.76万亿美元。结合未来二十年内对外贸易额的估测，可以推算出未来我国出口份额仍有上升空间，2025年、2035年我国对外贸易占全球比重预计不会低于13%，有希望达到14%～15%甚至更高水平。而如果这一指标过低，将会严重影响“两个一百年”奋斗目标的实现。因此，将12.5%和13%作为预期值是较为合理的。而对于2050年，虽然届时我国对外贸易占全球市场份额可能较峰值有所下降，但测算结果表明我国对外贸易总额仍有很大可能不低于15万亿美元，保持在全球市场份额的12.5%希望仍然很大。

2．服务贸易额占全球服务贸易额的比重

我国服务贸易额目前正处在高速增长时期，2018年前三季度我国服务贸易额同比增长15.2%（以美元计价），而全球服务贸易额一般增速在5%～10%之间，2017年为7.5%。我国服务贸易额增速明显高于全球服务贸易额增速。考虑到未来5～10年间我国经济高质量发展将大力助推服务业发展，因此我国服务贸易额年均增长10%的趋势有望得以延续，据此，2025年我国服务贸易额占全球比重有望超过8%，因此本文将这一指标的预期值设定为8%。随着我国经济发展水平的提高以及服务贸易基数的扩大，2025年之后我国服务贸易额增速将会逐渐下降，但考虑到经济发展阶段的原因，增速仍然有望

---

① 此推算方法如下：基于“两个一百年”奋斗目标，可推算2025年、2035年我国GDP规模，而大多数发达经济体出口占GDP比重在一个稳定范围（15%～25%）。取中间值20%，可得到出口额。具体测算过程在作者主持的商务部课题中有详细分析，此处不赘述。

高于全球平均水平。为此，结合美国当前占全球服务贸易额比重约为 12.6% 的客观现实，将 2035 年、2050 年我国占全球服务贸易额的比重分别设定为 10% 和 11.5%，接近当前美国水平。

3．跨国直接投资存量占全球跨国直接投资存量的比重

随着“一带一路”建设的深入推进和进一步扩大市场准入，从 15 ~ 30 年的长周期看，未来我国跨国直接投资存量规模的增速在全球位列前茅是大概率事件。因此，我国跨国直接投资存量占全球比重有望呈现高速上升态势。鉴于全球对外直接投资存量走势变化波动性较大，本文直接基于当前美国的情况设计预期值。当前美国跨国直接投资存量占比接近 25%，其根源在于拥有大量高水平跨国公司。考虑到跨国公司的培育是一个渐进的过程，我国这一指标很可能将呈现稳定并加速上升趋势，但在 2050 年未必能达到美国水平。据此，将 2025 年、2035 年和 2050 年的目标分别设定为 8%、10% 和 15%。

4．单位出口增加值

本文主要按照当前美国单位出口情况进行推算。若我国基本上达到和美国相似的全球价值链中高端环节，我国单位出口增加值应和美国当前值差别不大。但由于该指标计算机理的原因，农产品单位出口增加值比较高（因为农产品出口基本不需要进口中间产品），而美国农产品相较我国的比较优势在未来三十多年间预计会持续不变。据此，我国单位出口增加值很可能稍低于美国水平，为此将 2025 年、2035 年和 2050 年的单位出口增加值分别设定为 0.75、0.8 和 0.82。

5．全球品牌 500 强企业数量

该指标未来走势很难准确判断，故从我国经济发展需求，以及面临发达

经济体竞争的角度来进行推测。预计随着我国经济质量的持续提升，该指标会有明显改善，预计能够在2050年左右接近美国水平。目前美国这一指标为200多个，我国全球品牌500强企业数量的上升会导致美国的该指标数量下降，因此我国至少应在2050年达到100个，并据此设定2025年为50个，2035年为70个。

6．百强企业TNI指数（跨国化指数）

该指标同样只能根据当前发达经济体的情况进行估测。当前全球最高水平约为0.65，我国与该水平存在较大差距。在我国建成社会主义现代化强国之后，我国百强企业TNI指数将接近世界先进水平。据此，将2025年、2035年和2050年的TNI指数预期值分别设定为0.25、0.35和0.5。

7．服务贸易限制性指数

该指标同样参照欧美发达经济体的水平设定预期值。在我国建成社会主义现代化强国之后，我国的服务贸易开放程度（包括跨境服务、商业存在等）应该达到世界先进水平。为此，参考当前欧美的服务贸易限制性指数，将2025年、2035年和2050年相关指标分别设定为0.3、0.25和0.2。

8．平均最惠国关税水平

和服务贸易限制性指数相似，借鉴美日当前相关指标，将2025年、2035年和2050年相关指标分别设定为6.5%、5%和3.5%。在2050年时，我国平均最惠国关税水平已经和当前美国基本一致，基本实现商品贸易自由化。

9．全球营商环境排名

2019年我国营商环境排名已经显著高于2016年水平，达到全球第31位。

因此，2050 年我国作为现代化强国，营商环境应接近甚至超过美国水准，因此设定目标为位列前 10 位。

10．西部地区开放度

西部地区和东部地区的发展模式在本质上存在差异，西部地区不可能完全成为依靠外需经济发展的高地，因此开放度难以达到金融危机前广东、江苏等地区的高水平。随着基础设施、营商环境的改善，西部地区提升对外开放度仍然有很大的上升空间，每 10 ~ 15 年上升 5 个百分点是有能力做到的。据此，将 2025 年、2035 年和 2050 年的指标分别设定为 10%、15% 和 20%。

分报告一
提升我国利用外资综合质量的对策研究

内容提要：我国利用外资综合质量上升态势明显，但也面临着部分服务业开放水平偏低、外资存量转移过快等风险。其原因在于，在现行管理体制下，外资开展业务面临市场准入、业务准入和项目开工建设核准“三重门”，“玻璃门”“透明门”现象仍然较为明显。同时，生产要素成本上升过快、结构不合理等因素也对提升我国利用外资综合质量形成制约。建议应从外资管理体制改革入手，以解决外资企业业务许可面临的“透明门”现象为重点，完善外资促进政策体系，加强外资安全审查制度建设，在创新维护国家安全体制的前提下有效扩大外资市场准入。

一、提升利用外资综合质量的内涵分析

在我国，外资企业的发展始终伴随改革开放的进程。改革开放初期，我国经济发展面临资金、技术等关键生产要素短缺这一重大短板，利用外资作为引进资金和技术的重要手段，在弥补我国外汇短缺、扩大出口、拉动就业

和促进国内企业技术进步等方面发挥了非常重要的作用。我国加入 WTO 之后，积极把握信息技术革命这一重大机遇，通过吸纳欧美日韩大型跨国公司的先进资本和技术，有力地推动我国深度融入全球分工体系和东亚生产网络，成长为全球第二大贸易国和经济体。2008 年国际金融危机爆发之后，我国增长方式粗放、对外需依赖程度较高、在全球价值链中位势较低等问题日益显现，经济发展战略随之调整，利用外资的目标也必然要随之发生变化。为此，我国政府明确提出要将利用外资的重心由扩大规模转移到提升质量上来，并在“十二五”规划中明确指出“引导外资更多投向现代农业、高新技术、先进制造、节能环保、新能源、现代服务业等领域……引进海外高层次人才和先进技术，鼓励外资企业在华设立研发中心，借鉴国际先进管理理念、制度、经验，积极融入全球创新体系”的新时期利用外资理念。《中华人民共和国国民经济和社会发展第十三个五年规划纲要》（以下简称《“十三五”规划纲要》）进一步将上述理念提炼升华为“提升利用外资综合质量”。《中共中央 国务院关于构建开放型经济新体制的若干意见》则将利用外资的目标定为“稳定外商投资规模和速度，提高引进外资质量”。而党的十九大报告对于利用外资则在上述理论的基础上，更加强调“如何提升利用外资质量”，即“实行高水平的贸易和投资自由化便利化政策，全面实行准入前国民待遇加负面清单管理制度，大幅度放宽市场准入，扩大服务业对外开放，保护外商投资合法权益”。

（一）优化供给结构

整体上，相较于内资企业，外资企业一般具有独特的“所有权优势”，即技术、人才、管理经验、资金上具有明显优势，遵循国际通行的商业规则，能够提供内资企业所不能提供的产品和服务。也就是说，外资企业的供给质量要明显高于内资企业。改革开放40多年来，利用外资的热点产业从初期的家电、纺织逐渐转向IT、生物医药、精密机械等高新技术领域，在我国供给由传统的劳动密集型产品为主向资本密集型和技术密集型产品为主的转变中发挥了重要作用。因此，优化供给结构是提升利用外资综合质量的重要组成部分。

优化外资供给结构的具体做法有：一是依托外资企业独特的人才、技术和管理优势，直接将外资投向发展潜力较大、对我国经济发展转变意义重大的“朝阳行业”，直接创造高端供给；二是通过有效弥补我国当前的高端人才、先进技术等高端生产要素短缺，有效改善我国要素禀赋，从而改变我国生产函数的形式，提升我国的供给质量；三是我国正在由价值链的中低端位势向中高端位势跃升，积极利用外资，特别是利用服务业外资，有效地弥补国内金融、营销、品牌建设、专业服务等高端服务供给不足，激发本土企业特别是服务业企业创新活力，提高国内服务业整体发展水平，从而改善我国整体供给结构。

（二）提升本土企业创新能力

国际学术界普遍认为，引进外资存在以下两方面的技术效应：一是能够打破国内低水平企业对市场的垄断，通过竞争效应促进本土企业加强研发和改进管理，提升劳动生产率；二是由于外资企业的技术和管理经验不可能完全保密，因此本土企业在与外资企业的竞争和合作过程中能够学习到外资企业的先进技术和管理经验，这种效应在外资企业的上下游本土企业合作方体现得尤为明显。虽然对于外资是否一定存在技术溢出效应在学术界还存在争议，但绝大部分的实证研究表明，整体上看，外资企业对各国本土企业的技术溢出效应是较为明显的。从改革开放40多年的实践看，外资企业对我国企业的竞争效应和技术溢出效应是明显存在的，且对上下游企业的技术溢出效应要大于对同行业企业的技术溢出效应，对民营企业的技术溢出效应要大于对国有企业的技术溢出效应。我国企业正是在和微软、三星、沃尔玛、家乐福等外资企业的竞争和合作过程中，逐渐学会了世界主流的经营方式、设计理念，也通过自身的努力消化和吸收，逐渐掌握了先进技术，提升了自主创新能力。因此，提升本土企业创新能力是提升利用外资综合质量的重要目标之一。

近年来，外资企业，特别是发达国家的跨国公司积极推进研发本土化进程，在我国境内设立了大量的研发中心。由于以大型跨国公司为代表的外资企业的研发投入规模巨大，且和国际高水平研发机构有着长期丰富的合作，是全球科技创新和产业化应用的重要来源之一，因此外资企业在未来我国创新驱动战略中仍将发挥重要作用。然而，外资企业对我国本土企业的技术外溢路径较金融危机之前已有明显不同。一方面，外资企业对本土企业的竞争效应将明显强于直接的技术转移。随着本土企业与外资企业技术差距的明显缩小，外资企业对本土企业的技术转移意愿也会下降，本土企业对外资企业直接技术转移的诉求也在下降。但外资企业和本土企业的技术竞争仍然存在，且由于双方发展差距较小，在一个良性的市场环境下，这种竞争机制对本土企业技术进步的促进作用可能会更加突出。另一方面，外资企业和本土企业共同开展研发，依托“互联网 +”进行研发合作成为技术溢出的一个重要方式，最终形成由外资企业、本土企业和研发人员个体组成的扁平化创新网络，共同产出创新成果，促进产业升级和技术进步。

（三）推动区域协调发展

改革开放后的前 30 多年，以长三角、珠三角为代表的东部地区、东部沿海地区在营商环境、体制机制等方面相较于内陆地区有明显的优势，且在纺织、服装、鞋帽等劳动密集型行业有良好的发展基础，也是我国重要的对外开放窗口和对外贸易基地，成为外资的主要流入地。因此，在这一阶段，利用外资更多是为了快速带动东部地区的经济发展，对于中西部地区经济发展的贡献相对较弱。

近年来，我国经济发展中不协调、不可持续的问题日益突出，《“十三五”规划纲要》明确指出，要创新区域发展政策，完善区域发展机制，促进区域协调、协同、共同发展，努力缩小区域发展差距。当前我国东部地区利用外资的传统比较优势已经明显减弱，而中西部地区的基础设施、营商环境已经明显改善，且劳动力、土地等生产要素成本比东部地区具有明显优势，对外资的吸引力日益增强。因此，当前提升利用外资综合质量的内涵也必然包括外资能够有效地发挥中西部地区的特殊比较优势，推动中西部地区和东部地区经济互补发展的内容。

（四）助力形成资源节约型和环境友好型生产方式

在改革开放40多年的发展过程中，由于经济发展面临的资源环境约束尚不十分突出，因此，利用外资的主要目标在于促进经济增长、创造外汇和拉动就业，忽视了外资在促进我国经济绿色发展中的作用。外资在促进我国经济高速增长的过程中，消耗了大量的各类资源，甚至有部分企业造成了严重的环境污染。

随着我国经济进入新常态，我国面临的资源环境约束明显趋紧，绿色发展在我国经济中的地位日益突出。《“十三五”规划纲要》明确指出，绿色是永续发展的必要条件和人民对美好生活追求的重要体现，必须坚定走生产发展、生活富裕、生态良好的文明发展道路，加快建设资源节约型、环境友好型社会，形成人与自然和谐发展的现代化建设新格局。当前，外资企业，特别是欧美大型跨国公司在资源集约利用、环保理念、环境保护技术等领域相较于本土企业具有明显优势，提升利用外资的综合质量，必然要求外资企业能够充分发挥其在形成资源节约型和环境友好型生产方式方面的独特优势，为形成有中国特色的绿色发展方式作出贡献。

二、我国提升利用外资质量存在的问题

（一）我国利用外资规模增速放缓，制造业新增外资流入明显下降

2010 年以来，我国利用外资增速总体放缓。2010 年我国实际利用外商直接投资额为 1 057.35 亿美元，同比增长 17%，此后几年尽管利用外资规模一直保持增长，但增速总体呈下降趋势，2011—2015 年间年平均增速为 2.1%，2015 年，我国实际利用外商直接投资额为 1 262.67 亿美元，同比增长 5.6%。2016 年，我国实际利用外商直接投资额为 1 260.01 亿美元，比 2015 年下降 0.2%。2017 年以来，在我国不断缩减外商投资准入负面清单等政策的作用下，我国利用外资规模仍保持稳定增长态势，但增速整体放缓的大趋势没有改变（见图 2–1）。

从结构上看，金融危机后我国制造业利用外资比重快速降低，制造业新增外资流入规模较小。我国加入 WTO 初期，主要依靠低成本的劳动力和土地等比较优势吸引外资流入，因此以加工组装为代表的制造业成为外资主要流入的行业。2001 年至 2008 年，我国利用外商直接投资总额中，制造业平均占比 65%，是我国吸收外商直接投资最主要的部分。金融危机以后，随着我国经济结构的不断升级以及比较优势的变化，这一比重随着制造业新增外资流入规模的明显减少而出现了下降。2015 年，我国制造业外商直接投资规模为 395 亿美元，较 2011 年下降 24%，占外商直接投资总额的 31%。2016 年，流

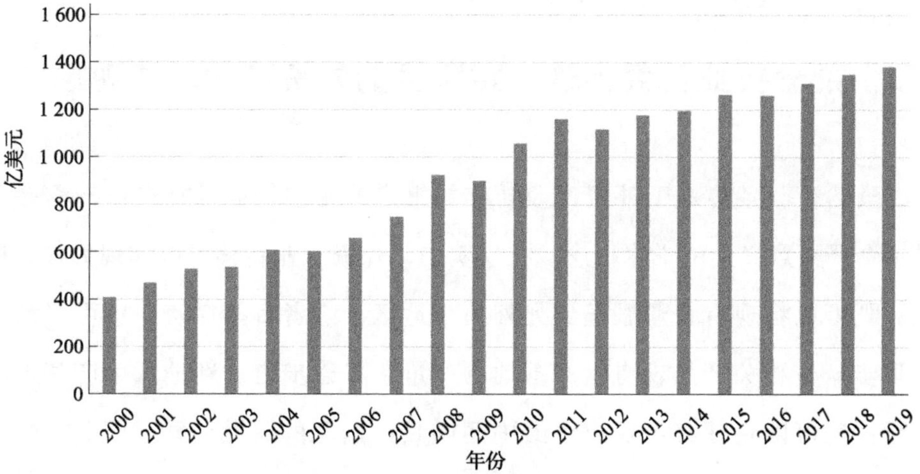

图 2-1　2000—2019 年我国实际利用外商直接投资额变化

资料来源：商务部。

入我国制造业的外商直接投资额为 354.92 亿美元，占流入我国外商直接投资总额的 28.2%，较 2015 年进一步下降。2018 年，流入我国制造业的外商直接投资规模有所增长，为 411 亿美元，占同期流入我国外商直接投资总额的比重回升至 30.5%（见图 2-2）。

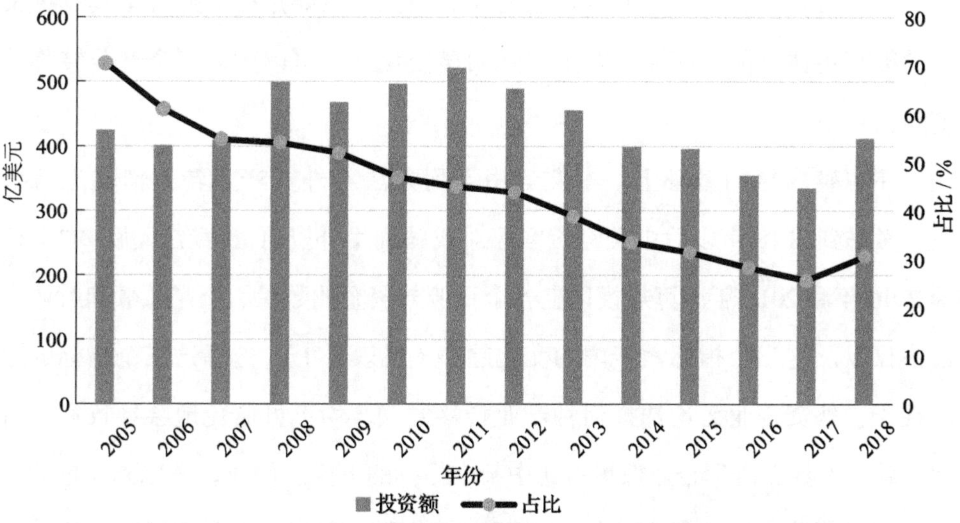

图 2-2　2005—2018 年我国制造业实际利用外商直接投资额变化

资料来源：商务部。

（二）部分行业已经出现一定程度的外资产业转移现象

虽然社会各界对于外资产业转移的报道非常多，但外资产业转移并不是一个严格意义上的学术概念。在现实中，外资产业转移可以体现为多种模式：既可以将现有企业搬迁到另外一个地区，或者直接撤资；也可以维持或逐步减少相关产品现有生产基地的产量，并逐步增加新地区生产基地的产量；还可以将现有企业出售给中国或其他国家的跨国公司。因此，外资产业转移并不一定涉及跨国资本流动，也不一定意味着微观企业法人数量的下降。考虑到相关资料的缺乏，客观地衡量外资产业转移的情况是很困难的。

本文认为，应该从微观主体的视角对外资产业转移进行明确定义。从上文的分析中可以看出，各类外资产业转移具有两个共同的特征：一是完全基于企业主体的自由决策，且决策者是外资企业；二是均导致外资企业的资产和工作人员在区域分布上发生显著变化。因此，只要是由境外资本具有决策权的微观主体产值在区域分布上出现明显变化，均可以归入外资产业转移的范畴。

在明确内涵的基础上，本文运用下列方法对外资产业转移情况进行判断。考虑到2018年以后中美经贸摩擦对我国利用外资可能存在干扰，本文选择2010年和2016年测算规模以上各个行业外资企业数量、资产总额和就业人数占比以及这三个指标六年内的变化趋势（见表2–1）。选择这三个指标的原因在于，外资企业无论选择何种产业转移方式，均不可避免地会导致资产占比、就业人数占比和企业数量占比中某个指标的下降。同时，考虑到比重的下降也有可能是由于内资企业的增长更快所导致，因此本文还选择了外资企业资产、就业人数和数量的走势作为辅助性指标。显然，在这三个指标中，就业人数是误差相对最小的指标，只会受到行业技术进步导致的劳动力替代干扰；而资产和企业数量则会受到行业内部重组、企业附加值提升等多种因素的干扰。因此，本部分更偏重于运用就业人数对外资产业转移的趋势进行宏观判断。

从测算结果中，可以得出以下几点结论。

1．整体上外资存在由我国向境外产业转移态势

从统计数据上看，几乎所有行业的外资企业数量、总资产和就业人数占比均明显下降，且有农副食品加工业，纺织业，纺织服装、鞋、帽制造业等10个行业外资企业就业人数在6年间下降了20%以上。然而，从行业整体发展状况看，只有纺织业就业人数的绝对值出现了明显下降，其他绝大多数行业就业人数均持平或上升，说明绝大多数制造业行业整体上仍然是呈现扩张态势的。因此，可以认为，在国内整体行业保持扩张，就业数量明显增长的情况下，很大一部分行业的外资企业减少了在国内的布局。

2．劳动密集型产业是外资产业转移最为明显的产业

在各个行业中，就业人数占比下降幅度最大的5个行业分别为文教体育用品制造业，家具制造业，通信设备、计算机及其他电子设备制造业，皮革、毛皮、羽毛（绒）及其制品业和纺织服装、鞋、帽制造业。同时，这5个行业中外资企业就业人数也均呈现下降态势。显然，这5个行业中的4个行业属于劳动密集型行业，而通信设备、计算机及其他电子设备制造业中虽然也有集成电路制造等资本技术密集型产业，但有相当一部分是属于笔记本电脑组装、手机组装等位于IT价值链劳动密集型环节的产业，同样带有一定的劳动密集型特征。因此，可以判断劳动密集型产业是外资企业产业转移最为明显的产业。

表 2–1　2010 年和 2016 年规模以上外资企业数量、总资产和就业人数占比及其增速变化

单位：%

行业	规模以上外资企业数量占比		规模以上外资企业总资产占比		规模以上外资企业就业人数占比		2010—2016 年规模以上外资企业数量增速	2010—2016 年规模以上外资企业总资产增速	2010—2016 年规模以上外资企业就业人数增速
	2010 年	2016 年	2010 年	2016 年	2010 年	2016 年			
农副食品加工业	9.58	6.56	28.86	16.67	18.85	12.67	–30.41	17.10	–24.01
食品制造业	17.02	12.74	37.71	30.29	28.88	22.62	–26.06	72.15	–5.75
饮料制造业	13.22	10.96	33.56	23.44	26.10	20.63	–9.38	49.01	–1.15
烟草制品业	1.99	2.34	0.16	0.19	0.38	0.98	0.00	122.76	162.50
纺织业	16.96	11.95	26.52	18.10	25.25	16.92	–58.31	–10.94	–54.84
纺织服装、鞋、帽制造业	31.84	21.00	41.52	28.17	44.87	32.65	–45.09	32.77	–29.92
皮革、毛皮、羽毛（绒）及其制品业	29.08	19.71	51.63	34.95	54.75	41.20	–33.20	28.13	–25.23
木材加工和木竹藤草制品业	8.18	4.33	17.74	9.85	12.39	7.87	–57.53	1.86	–37.83
家具制造业	22.90	13.71	41.00	24.94	40.14	25.04	–41.72	27.96	–31.84
造纸及纸制品业	14.53	13.03	45.47	38.19	24.84	21.37	–42.49	22.81	–30.75

续表

行业	规模以上外资企业数量占比		规模以上外资企业总资产占比		规模以上外资企业就业人数占比		2010—2016年规模以上外资企业数量增速	2010—2016年规模以上外资企业总资产增速	2010—2016年规模以上外资企业就业人数增速
	2010年	2016年	2010年	2016年	2010年	2016年			
印刷业和记录媒介的复制	10.86	10.99	28.24	21.34	25.17	22.47	–17.61	39.56	3.60
文教体育用品制造业	37.91	22.31	55.77	28.48	63.84	40.23	12.95	149.23	14.23
石油加工、炼焦及核燃料加工业	9.47	8.53	14.82	10.43	9.57	8.76	–27.27	19.05	–12.93
化学原料及化学制品制造业	14.58	13.12	28.16	21.70	15.98	14.46	–25.03	51.21	–8.29
医药制造业	16.20	10.99	27.00	20.88	22.07	17.02	–27.28	100.29	5.10
化学纤维制造业	16.55	14.01	34.97	26.89	21.81	20.97	–20.56	30.75	3.65
橡胶和塑料制品业	19.94	16.25	39.07	26.95	37.26	28.32	–42.39	17.00	–34.39
非金属矿物制品业	8.83	5.68	19.58	12.46	14.39	10.52	–35.22	26.67	–22.50
黑色金属冶炼及压延加工业	7.28	6.83	11.10	8.77	8.20	8.21	1.05	9.14	–5.58

续表

行业	规模以上外资企业数量占比		规模以上外资企业总资产占比		规模以上外资企业就业人数占比		2010—2016年规模以上外资企业数量增速	2010—2016年规模以上外资企业总资产增速	2010—2016年规模以上外资企业就业人数增速
	2010年	2016年	2010年	2016年	2010年	2016年			
有色金属冶炼及压延加工业	10.45	8.73	15.75	14.30	11.98	10.79	–28.47	79.66	–8.14
金属制品业	15.33	12.66	30.20	18.57	26.52	21.11	–33.42	24.93	–15.81
通用设备制造业	12.30	14.29	27.19	25.71	19.23	22.42	–30.69	48.41	–2.89
专用设备制造业	17.75	13.66	26.98	19.03	23.30	18.65	–32.52	32.82	–17.98
交通运输设备制造业	17.75	18.46	38.43	33.38	28.75	28.94	–2.42	66.89	16.71
电气机械及器材制造业	19.42	15.57	31.48	21.86	36.94	28.02	–31.25	38.22	–21.94
通信设备、计算机及其他电子设备制造业	45.12	31.57	66.27	49.38	71.94	57.37	–28.22	56.19	–8.14

资料来源：作者测算。

3．造纸、化工、家电行业等部分资本密集型产业出现了一定的产业转移现象

在资本密集型产业中，造纸、化工、家电等行业中外资企业数量、就业人数和总资产的占比均出现明显下降，同时外资企业的数量和就业人数也呈现显著下降态势，特别是造纸行业在2010—2016年间就业人数下降了30%以上，电气机械及器材制造业下降了20%以上，化工行业也下降了约8.3%。但需要注意的是，资本密集型行业中的部分行业和劳动密集型行业情况相似，如家电行业，[①] 主要表现为企业数量和就业人员数相较于内资企业呈现大幅度下降趋势，因此其产业转移态势和劳动密集型行业相似。但也有一些行业和劳动密集型行业存在明显差异，如造纸、化工等行业的就业人数呈现出全行业普遍下降的态势。同时，这些行业中外资企业的总资产增长十分迅速，特别是化工行业总资产增长超过50%，在各行业中名列前茅。这说明这类行业的产业转移可能呈现出双重特征：一是附加值低、污染严重、需要劳动力数量较多的传统小型企业（包括内资和外资企业）在市场机制下被迫转移甚至关停；二是一些投资规模大、技术水平高的企业（同样包括内资和外资企业）则保持快速发展态势。因此，这种产业转移严格意义上应该被看作在外部要素禀赋变化的条件下产生的企业生产方式的调整，主要表现为部分企业的倒闭和另一部分企业的迅速发展。

4．技术密集型产业的转移现象并不明显

在现有的行业分类体系下，很难对各个行业是否能够归入技术密集型行业进行准确判断。在各个行业中，技术密集型的外资企业占比较多的代表行

① 该行业在国民经济统计体系中为电气机械及器材制造业的一部分。

业是化学纤维制造业和交通运输设备制造业。从走势上看，这两个行业外资企业就业人数占比下降并不明显，交通运输设备制造业就业人数占比甚至有所上升；而从行业整体看，这两个行业外资企业的就业人数呈现出增长态势，是少数几个就业人数增长的行业之一。因此，可以判断出这类行业并未呈现出明显的产业转移现象。但需要说明的是，前文所介绍的通信设备、计算机及其他电子设备制造业中也有一部分企业属于技术密集型行业，这类行业也出现了一定的外资撤资现象。

三、我国高质量利用外资需要解决的重要问题

（一）外资管理体制仍有优化空间

在《中华人民共和国外国投资法》以及相关配套文件出台之后，我国已经基本形成了负面清单加准入前国民待遇的外资管理新框架。但当前外资企业在我国开展业务仍然要面临三类“门槛”：一是要符合《市场准入负面清单》中针对所有类型企业的行业准入限制并通过相关行业的特殊许可；二是要符合外资企业特别管理措施的相关规定；三是要通过环评、消防安全检查等一系列新建项目所必需的一般性审查。因此，当前利用外资的短板，并不仅仅在于这三类“门槛”自身改革的进程，更多在于这三类“门槛”改革进程不协调所产生的制度成本。具体而言，包括以下几个方面。

1. 负面清单相较国际高标准仍有改进空间

与利用外资密切相关的负面清单主要有两个：一个是《外商投资准入特别管理措施（负面清单）（2020 年版）》中所提出的特别管理措施；另一个是《市场准入负面清单》（2020 年版），列明了在中华人民共和国境内禁止和限

制投资经营的行业、领域、业务。虽然第二个负面清单是针对所有市场主体而非单独针对外资企业，但其中相当一部分内容在事实上很可能涉及对外资企业的非国民待遇问题。综合这两个负面清单来看，目前我国的负面清单与欧美发达国家的高标准相比仍然存在明显差距。

一是在制造业领域针对外资企业的特别管理措施已经与欧美发达国家基本相当。欧美发达国家在制造业领域基本上已经取消了针对外资企业的特别管理措施。如在美韩 FTA 和韩澳 FTA 中，韩国在工业领域仅仅将生物制品、电力、天然气、印刷四个行业列入负面清单范畴；在美国所签署的绝大部分 FTA 和 BIT（双边投资协定）中，美国仅将核能、矿产这两个领域列入负面清单。而我国在 2018 年 6 月底之前的特别管理措施中，除禁止部分矿产、核能等领域外资进入外，还明确规定汽车、飞机、船舶、电视广播接收设备、出版物印刷等制造业相关领域必须由中方控股，并禁止外资进入中药、宣纸等领域，较发达国家数量仍然较多。2018 年 6 月底之后，我国在制造业领域对外资的开放水平已经基本和发达国家接近，但电视广播接收设备和出版物印刷仍然要求由中方控股，对部分汽车行业也设置了一定的保护期。

二是在服务业领域针对外资企业的特别管理措施仍多于欧美发达国家。我国在服务业领域对外资企业的特别管理措施主要集中于两个方面：一方面是股比限制。按照《外商投资准入特别管理措施（负面清单）（2020 年版）》，我国在医疗、教育、市场调查、文化、电信等领域，或者不允许外资进入，或者必须成立合资企业，或者要求中方必须控股。而绝大多数发达经济体在医疗、教育、文化等领域均基本对外资不设置太多限制。另一方面是经营业务范围限制，这类限制实际上属于服务贸易的范畴。如在保险领域，我国已经彻底取消了对外资企业的股比限制，但仍然不允许外资保险企业经营一些境内未能获批的险种。

三是我国存在诸多对内外资企业都有影响的行业市场准入限制。由于我国整体在环保、安全等领域事中事后监管制度尚未完善，为保护环境、推进结构调整，在大多数制造业领域对污染风险较大、产能过剩的具体技术和领域进行严格限制。如在石化领域，禁止新建150万吨/年以下加氢裂化、80万吨/年以下石脑油裂解制乙烯等数十项生产装置。虽然这类负面清单并不是针对外资企业，也不属于非国民待遇范畴，但由于发达国家并不运用行业准入类负面清单的方式进行管理，而是通过事中事后环保核查、制定行业技术规范等方式进行管理，加之我国各级政府在执法过程中由于执法能力有差异，往往导致内资企业的违法成本低于外资企业，造成了事实上的非国民待遇。因此，这种方式也存在被定义为“负面清单”的风险，导致“负面清单”被技术性拉长。

2. 行业主管部门的业务行政许可也对外资开展业务产生一定影响

与欧美发达国家不同，我国规定企业在开展业务之前，需要向行业主管部门申请业务开展许可。这些业务开展许可往往是出于防范恶性竞争、保证行业技术和管理水平等公共目标，并不仅仅针对外资企业，内资企业开展业务同样需要获得许可。但由于绝大多数许可是基于各个部门制定的规章而设立的，且很多规章并未及时修订，甚至运输、通信等部门针对内外资企业设立不同的规章，往往客观上导致内外资企业获取许可的难度存在差异。如在电信领域，我国虽然允许外资企业以非控股形式进入增值电信和基础电信领域，但对于外资电信企业能够从事的具体业务，则基于《电信业务分类目录》《外商投资电信企业管理规定》以及中国电信业对WTO的承诺减让表实施业务准入许可。目前，由于大数据、云计算等新型电信服务形式未能归入承诺减让表，导致外资企业均无法从事相关业务。再如，在药品和医疗器械注册许可领域，外资企业普遍反映其所使用的药品和医疗器械即使已经通过了美国的FDA（食品药品监督管理局）认证，在申请国内食品医药监督部门注册许可时花费的时间也要明显长于内资企业。在很多制造业领域，外资企业同样面临诸多专业管理部门的准入许可，行业已经被移出负面清单，但仍然无法开展业务的情况仍然偶有发生。

3．投资项目管理体制和市场准入管理体制仍不完全协调

在实际操作中，外商投资企业面临两个层面的核准环节：一个是从企业设立层面进行的核准，主要由商务部门完成；另一个是从项目建设层面进行的核准，主要由发展改革部门会同其他部门完成。这两个层面的核准环节中任何一个存在障碍，事实上都会导致外资企业无法开展业务。目前，这两项体制的改革均取得了显著成效，但彼此之间仍然存在很多不协调之处，具体如下。

一是项目建设层面的核准范围要明显大于企业设立层面。在企业设立层面，《外商投资准入特别管理措施（负面清单）（2020年版）》仅仅规定了33项特别管理措施，除这33种情况之外的外资准入原则上均采取备案制管理。然而，在项目建设层面，《政府核准的投资项目目录》（2016年本）除对存在外资特别管理措施相关领域的项目明确规定了核准权限外，对于水利、能源、交通运输、信息、化工、机械、航空等国民经济关键领域的相当一部分项目仍然列为核准范畴，同时明确表示原则上不得核准钢铁、船舶、电解铝等产能过剩行业的新建项目。这些领域虽然在《外商投资准入特别管理措施（负面清单）（2020年版）》中已经属于备案制，但外资若想进入这些领域，仍然必须完成项目核准工作。虽然项目核准在原则上对内外资企业实行同等待遇，且相关文件已经明确表明将发展规划、产业政策、总量控制目标、技术政策、准入标准、用地政策、环保政策、用海用岛政策、信贷政策等指标作为重要参考依据，但在实际操作中各级政府禁止或允许外资企业新建项目的自由裁量权仍然较大，导致很多

外资企业虽然在企业设立环节已经采取备案制，但项目实际上无法开工建设。

二是项目核准环节未能实现真正意义上的备案制管理。目前中央相关文件已经明确规定，除《政府核准的投资项目目录》（2016年本）外，其他投资项目同样按照备案制管理。然而，由于项目管理涉及的部门较多，所需要的备案材料往往涉及环保、消防、安全、质量检查、土地规划、建筑标准等多个环节，某些行业外资企业的备案材料还要多于本土企业。近年来，中央政府积极推动投资管理体制改革，尽量减少前置核准环节，并推动这些环节能够并行操作，但由于这些环节自身存在技术要求的特殊性，企业仍然反映大部分备案材料只能采取“串联”的方式进行，且在目前的备案管理体制下，缺少任何一个相关材料虽然也可进行备案，但却无法开工建设项目，因此这种备案制和审批制事实上并没有本质差异。由于项目建设是企业运营的基本前提，因此在项目核准环节未能真正实现备案制的前提下，企业设立备案制管理的实际效果被打了折扣，外资企业所面临的审批事项多、审批流程长的问题并未得到根本缓解。

三是项目核准环节尚未形成完善的事中事后监管制度。美国、日本等发达经济体规定在项目开工建设前所需报送的核准材料很少，环保、质量安全、消防安全等均采取在项目完成后由相关部门进行不定期监督检查的事中事后监管模式。目前，我国的环境影响评价法、消防法等法律规定了相关领域必须进行事前核准，即在项目建设前必须出示环评报告、质量安全评价报告等，否则无法开工建设或运营。此外，近年来随着我国对于环境、安全等的重视程度不断提高，相关部门要求这些领域执行更高标准的同时，仍然倾向采用事前监管的手段进行管理，通过增加一些资质认证等核准事项以达到监管目的，而在项目建成后的监督检查工作力度却相对较弱，客观上加大了各类企业，特别是外资企业新建项目核准或备案的难度。

四是自贸试验区等重要平台在这一领域的政策创新力度仍显不足。自贸试验区无论是在市场准入（对外开放），还是在投资准入（投资体制改革）等方面，都承担着改革开放的排头兵作用。但从市场准入看，自贸试验区的负面清单和全国通行的负面清单内容相差很小，所发挥的先行先试作用有限；从投资准入看，自贸试验区虽然在承诺制、证照分离、并联审批等领域均有一定突破，但在根本上无法突破现有法律限制，无法实现将建筑安全评价、消防安全评价、环境安全评价等现有机制转为事中事后监管机制，也无法取消办“证”的事前准入许可。

（二）促进政策有待进一步明确

在实施“两税合一”之后，中央层面对外资企业的促进政策主要是依托《鼓励外商投资产业目录（2020 年版）》等文件，对某些地区、某些领域的外资企业实施所得税等优惠。这类优惠政策的目的是促进区域协调发展和优化产业结构，具有一定的合理性，但在具体操作模式上存在一些不足，具体如下。

1. 区域促进政策的划分过于粗略

中西部地区虽然整体经济发展水平落后于东部地区，但其内部发展程度不尽相同，其中既有江西、四川等经济相对发达的省份，也有云南、西藏、新疆等经济相对落后的省份，各省份之间差距较大。即便在各省份内部，不同地市之间的发展差距也非常大。在当前的区域促进政策下，一些地理位置优越、经济基础较好的城市（如重庆、开封、西安）利用外资规模增长十分迅速，但仍有大量的经济欠发达的城市由于客观条件的原因难以吸引外资，事实上加剧了中西部地区内部的不均衡。

2．行业促进政策的指向过于具体

当前仍有部分行业促进政策立足于各行业主管部门对当前国内行业发展状况的了解以及对未来行业发展状况的预判。目前来看，行业促进政策的内容比较详细，甚至涉及各个领域所具体应用的技术、生产线的工艺，等等。这种倾斜型政策在技术路线相对明确的追赶时期是较为有效的，能够有效地避免走更多的弯路，提高资源整合效率，以求尽快赶上国际先进水平。然而，随着我国和国际先进技术水平差距逐渐缩小，这类行业促进政策的效益有所减弱。而很多看似不属于被认定的优先发展的行业，甚至夕阳行业也可能由于新技术的出现而重新焕发生命力。

（三）高水平平台对高质量利用外资的作用有所减弱

1．平台在体制机制上的相对优势有所下降

国家级经济技术开发区、综合保税区等高水平平台一直是我国外资企业的主要承接地。长期以来，相关平台主要依靠税收、土地、能源等领域的综合优惠政策，以及产业集群优势吸引外资。但新时代我国利用外资的重心转移到塑造营商环境之后，开发区体制机制的相对优势明显下降。对企业而言，营商环境是一个综合概念，主要包括三个方面的关系：一是和各个政府部门的关系，企业从项目开始设计到最终执行，不仅要涉及发改、经信、商务、海关等经济直接相关的部门，更要涉及环保、建筑、消防、安全、质检、公安、民政、社保等一系列和经济并不直接相关的部门。如前所述，当前制约营商环境进一步改善的重要因素并非政府部门不作为、懒政，事实上国家级经济技术开发区相关部门的工作效率和态度在国内是首屈一指的；而是这些

部门必须以遵守大量的法律法规为前提对企业进行服务，而这些法律法规虽然具有内在的合理性（如维护公共安全），但并不一定甚至不是最有利于提升经济效率的。遵纪守法是各部门的职责所在，这就决定了如果开发区被赋予的权限不足，在平台层面能改善营商环境的力度是有限的。二是和银行、保险等金融机构的关系。当前，银行、保险等不同类型的金融机构有其自身的运行规则，开发区在降低区内企业融资成本上能够发挥的作用是有限的，真正解决创新型企业融资难等问题需要金融体系不断完善。三是和市场的关系，包括保护知识产权、维护市场公平竞争，等等。开发区的政策力度主要集中于供给端，而市场则主要处于需求端，开发区在需求端为企业创造良好环境的能力也是有限的。当前，与自贸试验区相比，开发区并不是进行体制机制创新的最前沿区域，所赋予的功能也相对较弱，与其具有的优质产业集群和在我国利用外资的重要地位并不相称。

2. 平台功能定位重复

经济技术开发区、高新技术开发区等的招商引资对象存在一定差别，但由于各类开发区的管理模式、优惠政策以及运作模式具有一定的相似性，因此实际上各个平台的功能定位比较重复，彼此之间往往出现恶性竞争。特别是在一些经济欠发达的省份，一个城市往往申报多类、多个开发区来进行招商引资，但事实上很多开发区在激烈竞争中往往无法吸引足够的项目进驻，甚至造成了严重的土地浪费现象。

3. 平台对非平台的引领作用不显著

开发区内外企业联动发展是发挥开发区这一平台促进当地经济发展和提升招商引资质量的关键所在。然而，由于当前开发区平台实际上存在明显的政策“洼地”效应，开发区内外企业生产成本差距较大，加之各地方政府往往有意无意推动各类企业“入区”，导致事实上区内企业和区外企业合作较少，区内企业往往形成相对独立的产业集群。在调研中也发现，很少有大型外资企业愿意到开发区之外的地区进行投资。

（四）部分生产要素成本有所上升

资本从追逐利润的角度出发，必然会前往生产要素成本较低的地区。客观上说，我国传统的生产要素成本比较优势确实在相对弱化。

从劳动力成本看，与美国等国家相比，中国劳动力成本呈现出“相对增长迅速、绝对增长平稳”的特点。根据德勤发布的《2016全球制造业竞争力指数》报告，在1995—2015年的20年间，中国劳动力成本从0.3美元/小时增加至3.3美元/小时，增长了10倍，远高于美国、日本、德国、韩国、印度等经济体，而劳动力成本的绝对增长为3美元，明显低于韩国、美国、德国等经济体。与发达经济体相比，新兴经济体的制造劳动力成本增长一直较低（见图2–3）。

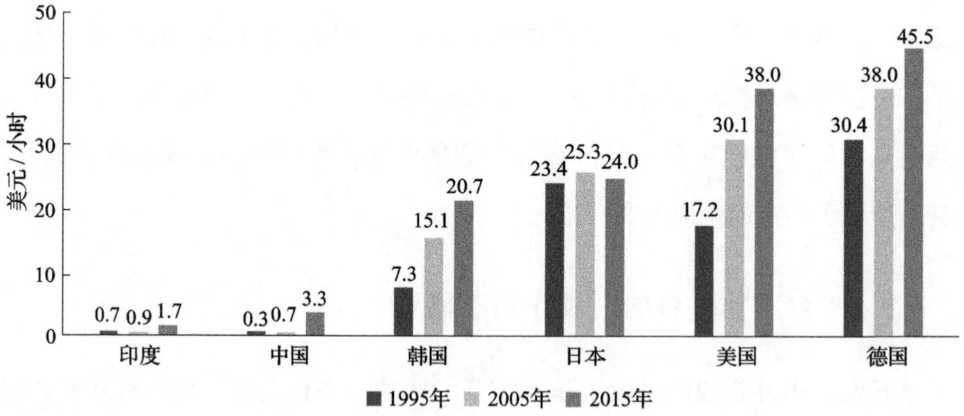

图2–3　部分经济体制造业劳动力成本变化

数据来源：德勤《2016全球制造业竞争力指数》。

如果和周边其他发展中国家对比，我国的劳动力工资水平则完全处于相对劣势，如表 2–2 所示。2012 年我国的劳动力工资水平已经显著超过越南、泰国和印度尼西亚（以下简称印尼）等东南亚经济体，与马来西亚基本相当。2016 年，我国的劳动力工资水平高达约 847.43 美元 / 月，与周边其他发展中国家相比已经完全不占优势。

表 2–2　我国与周边主要发展中国家劳动力工资水平比较

单位：美元 / 月

年份	中国	印度尼西亚	柬埔寨	马来西亚	菲律宾	泰国	越南
2009	393.33	—	82.62	—	185.57	—	30.87
2010	449.76	—	90.11	—	206.99	—	135.31
2011	539.04	—	100.37	591.18	223.18	339.11	152.33
2012	617.43	151.12	120.52	617.07	240.75	359.81	180.41
2013	692.45	150.72	123.88	—	250.69	—	195.82
2014	764.50	143.63	154.88	670.06	251.46	441.88	211.40
2015	830.03	135.78	164.23	591.99	252.78	324.30	236.28
2016	847.43	—	183.56	593.74	257.07	419.81	250.42
2017	—	—	236.48	669.47	250.89	435.07	240.13
2018	—	—	—	765.03	256.11	462.51	255.55
2019	—	—	—	—	283.67	489.57	289.04

资料来源：国际劳工组织数据库（以本国货币计算，折算成美元，汇率来自世界银行）。

除劳动力成本外，我国的土地、能源、税负成本也呈现相对上升趋势。从能源成本来看，根据波士顿咨询公司数据，2014 年中国电力和天然气成本指数在全球 25 个最大的出口经济体中分别位于第 11 位和第 18 位。从 2004 年到 2014 年，中国电力和天然气成本指数分别增长为原来的 1.29 倍和 3.14 倍，增速在全球 25 个最大的出口经济体中分别位于第 10 位和第 5 位，增速处于前列。从税负成本看，世界银行《2018 年全球营商环境报告》表明，

2016年我国企业税费与商业利润之比达到68%，明显高于美国的44%、埃及的43.5%、越南的39.4%、印度的60.6%、印尼的30.6%。特朗普政府通过新税改方案后，美国的税费成本优势更加凸显。

四、从体制机制改革入手提升利用外资综合质量

（一）避免过多使用行政限制手段解决问题

从前文的分析可以看出，外资企业在我国开展业务时所面临的障碍有相当一部分不属于经济原因。如各行业主管部门对外资企业的设立许可多是为了设立行业准入门槛、维护市场秩序，或维护国家安全，例如，环评、安评、建筑质量评价等是为了实现环境保护、公共安全等公共目标；对内外资企业投资项目的诸多统一限制措施（如不允许投资建设钢铁生产线）是为了节能减排等公共目标；在文化、教育、医疗等领域对外资实施准入限制是为了意识形态安全、文化安全、基因安全等非经济目标。然而，对于这些非经济目标，完全不必要通过对外资的许可、准入限制等措施去解决，而可以采用技术标准、环保标准、国家安全审查等管理措施进行处理。如可以明确各个行业的单位产出能耗标准，高于这种能耗标准的项目不能开工建设，并予以严格核查；加强对企业所生产文化产品的审查工作，保证文化产品不会危害文化安全，等等。

（二）尽可能采取事中事后监管制度替代事前核准

从发达国家的经验看，无论是对企业设立、从事业务开展还是投资建设项目，大多数核准环节都可以运用事中事后监管模式进行监督。如事先不对

企业从事业务的资质进行明确核准，但不定期或定期对企业从事的业务进行核查，一旦发现企业有违反法律法规从事业务的行为，立即予以重罚；再如，事先可以不对企业进行第三方环评，但要求企业签署相关承诺书，一旦在事中事后监管时发现企业并未有效遵守承诺，立即予以重罚。如果政府相关政策的透明度足够高，完全可以做到既实现公共目标，又能保证外资企业高效便利化运作。

（三）形成专门针对外资企业合理有效的负面清单

在外资企业看来，负面清单既包括专门针对外商直接投资企业的特别管理措施，也包括各种同时针对内外资企业的管理措施，但事实上内资企业享受差别待遇的特殊准入许可，还包括同时针对内外资企业的各个行业对具体投资项目的技术要求。因此，在对外的负面清单谈判中，对方往往认为我国的负面清单过长，使我国在谈判中处于相对不利地位。建议对各个行业投资的技术要求设定技术、环保、安全等标准以进行管理，不在准入环节设立明确的具体限制（如不允许建设何种生产线），同时积极提高行业主管部门进行业务开展许可的信息透明度，将确需对外资开展业务实施特别管理措施的归入负面清单，其他一律一视同仁。在此基础上，结合现有的外商直接投资管理措施，设定出合理有效的负面清单，并随着开放水平的提升动态调整其内容。

（四）推动外资促进政策从单纯的倾斜型优惠向竞争性促进转变

从未来发展趋势看，运用税收优惠、土地优惠、能源价格优惠等措施吸引外资的空间将会越来越小，也不利于内外资企业进行公平竞争。建议在中央政府层面彻底取消对外资的税收优惠政策，在地方层面，适度允许地方政府运用一定的土地、能源价格等优惠政策，但这种优惠政策应和外资企业的研发投入强度、承担社会责任等公共目标相结合。同时，应积极引导各级政府实施更多的优化营商环境、提供良好的信息服务、改善基础设施等竞争性的促进政策，有效推动内外资企业公平竞争。

（五）整合和优化外商直接投资管理平台

鉴于现有各类开发区功能重叠严重，且存在一定的恶性竞争现象，建议对各类开发区进行统一整合管理。首先，将经济技术开发区、高新技术开发区等现有开发区进行全面归并，规范所有开发区所制定的优惠政策；其次，积极推进开发区管理体制改革，全面实施政企分离的开发区管理模式；最后，以法律形式明确各级政府赋予开发区相应政策的权限，允许不同地区、不同层级的政府基于经济发展的诉求进行政策创新。

基于前文的分析，外资体制机制改革的路线图如表 2–3 所示。

表 2–3　外资体制机制改革的路线图

体制机制	具体措施			
管理体制	进一步扩大开放，实现负面清单加准入前国民待遇的管理制度，解决“三重门”的“第一重门”问题	除涉及基因、珍稀动植物、国家级重要战略资源之外的制造业领域对外资企业实现全面国民待遇；进一步降低咨询、法律等服务业的隐性市场准入壁垒；适度减少对教育、医疗、健康、养老等领域的准入限制	在准入环节对外资企业进入教育、医疗等领域实施国民待遇，并对内外资机构建立统一的监管规则；扩大通信、文化创意相关行业的开放水平，逐步完善符合中国特色社会主义文化精神的文化产业规范监管体系	负面清单的长度和日本、韩国基本相当

续表

体制机制	具体措施			
管理体制	积极推进事中事后核准机制	全面推广上海自贸区的“证照分离”改革、出台商务部门针对外资管理的事中事后核准细则	商务部门和其他部门在事中事后监管方面的协调性明显增强，商务部门针对外资企业的事中事后监管机制完全规范化	形成各部门统一、高效、透明的事中事后监管机制
	推进外资管理体制改革和其他领域体制改革的协调，解决“三重门”的“第二、第三重门”问题	和各行业主管部门加强合作，将行业主管部门对外资企业可能存在非国民待遇的单独法律文件归并到外资管理体制进行管理	结合事中事后管理体制的进程，加强部门协调，逐步减少部门对内外资企业开展业务的准入许可	在“第二、第三重门”方面和国际规则基本接轨
促进政策	推进倾斜型促进政策向竞争型促进政策转变	明确各级政府在实施外资促进政策方面的权限	出台外资促进法，逐步取消除为公共目标外的倾斜型外资促进政策（如税收优惠待遇）	形成以竞争型促进政策为主的促进政策体系
服务平台	整合开发区等服务平台	实现各类开发区国家相关政策统一化，继续推进开发区政企分离试点	形成统一的开发区管理体制，并以法律形式赋予各个开发区一定的自主权	形成高效的服务平台体系

资料来源：作者整理。

（执笔人：李大伟　杨长湧）

参考文献

［1］李大伟 . 我国编制市场准入负面清单的若干关键问题及对策［J］. 中国发展观察，2016（3）：41–43.

［2］李大伟 . 美国双边投资协议“负面清单”与中美双边投资协议谈判

策略［J］. 对外经贸实务，2015（11）：4–8.

［3］张相文，向鹏飞 . 负面清单：中国对外开放的新挑战［J］. 国际贸易，2013（11）：19–22.

［4］中国宏观经济研究院对外经济研究所课题组，杨长湧，李大伟 . 赢得全球营商环境竞争新优势［N］. 经济日报，2017–08–25（14）.

［5］聂平香，戴丽华 . 美国负面清单管理模式探析及对我国的借鉴［J］. 国际贸易，2014（4）：33–36.

［6］孙元欣 . 外资负面清单管理的国际镜鉴：上海自贸区例证［J］. 改革，2014（10）：37–45.

分报告二
创新国际产能合作模式的对策研究

内容提要：新时代背景下，我国开放型经济发展的内外环境正面临新的调整，促进国际产能合作面临新的任务。当前及未来时期，国际产能合作要进一步明确方向与思路，形成与时代背景及基础条件更为协调、更加稳妥、更高质量的产能合作新模式。本文系统总结了创新国际产能合作的时代背景与发展条件，探讨了“新雁阵”模式的由来与演进及在新时期对我国的适用性，阐述了我国创新国际产能合作的模式及其内涵特征。在此基础上，提出在世界经济格局进一步调整、中美贸易冲突等新的外部环境下，我国要进一步重视及加强与“一带一路”沿线国家的深入合作，推进以第三方合作为重点的走出去新模式，更加重视国际分工利益格局的平衡演进等，着力通过创新路径与模式，积极构建国际产能合作长效机制。

一、新时代创新国际产能合作的背景与基础条件

（一）时代背景

从国际方面看，和平与发展虽然仍是时代主题，但近年国际环境新的不确定性、冲突性因素有所增多。反全球化思潮涌动，贸易保护主义抬头，以WTO为代表的多边贸易体制及以《巴黎协定》为代表的多边协调机制遭遇挑战。世界多极化、经济全球化、文化多样化、社会信息化深入发展正面临新的波折。虽然部分国家经济复苏进程有所加快，但国际金融危机的冲击和深层次影响依然存在，各种不确定性因素对经济中长期前景的不利影响并未消除。

1. 世界经济增长动能依然不稳固，国际长期资本流动趋势面临调整重塑

近年来，世界经济复苏回暖态势持续，但基础仍不稳固，从长期趋势看依然处于弱增长周期。以美欧为代表的发达经济体加快外资政策调整，投资保护主义升温，以及地缘政治冲突和局部地区持续动荡，跨国公司投资信心大幅下降，全球跨境直接投资增幅明显回落，2017年全球外国直接投资（FDI）下降23%，为1.43万亿美元，其中跨境并购大幅下降22%，与全球GDP及贸易增长加快形成鲜明对比。

在经济弱复苏的大背景下，发达国家积极发展实体经济，增强复苏动能，发展中国家大力推进基础设施建设，储备长期发展条件，对国际资本的诉求均在增长。近年来，以中国为代表的发展中国家对外投资进程明显加快，发达国家与发展中国家的投资比重已趋向平衡，国际分工及产业转移格局面

临大规模调整与重塑。加之美国等经济体积极推行相关政策倡导“制造业回流”，引导国际资本回归，导致大型跨国公司在全球范围内部署产业链的趋势明显转弱。特别是在美国加息缩表[①]持续推进，欧元区货币政策转向，日本退出量化宽松货币政策等一系列举措影响下，国际资本向发达国家的回流进程正在加快。而与此同时，新兴经济体和发展中国家对资金、技术、管理和高端制造装备等方面的需求比较强劲、潜力巨大，各国政府吸引和利用外资的意愿强烈。

2．发达国家与发展中国家经济形势与实力对比出现新动向，我国对外竞争互补格局进一步复杂化

金融危机以来，以金砖国家为代表的新兴经济体在全球经济中快速崛起，发展中经济体与发达经济体的经济体量差异日益缩小。但值得注意的是，过去十余年西方发达国家在弥合危机影响中也在不断蓄力，通过频推财政货币政策提振市场，多举措提振制造业、规范金融虚拟经济，加快产业结构再调整。近年来，各国已普遍进入持续复苏通道，制造业价值链高端优势持续巩固，中期前景日渐稳健。而与此同时，新兴经济体普遍面临经济动能减弱、债务风险上升、本币贬值引发金融资本市场动荡及资本外流的局面，经济增速普遍有所下滑。当前发达国家与新兴市场及发展中国家的实力对比或将进入新一轮调整周期，对其可能产生的影响及未来发展趋势应加以关注。在这一背景下，我国与发达经济体、新兴市场和发展中国家已由单向竞争互补关系，发展成为更为复杂的“双竞争双互补”关系，即我国拥有面向发达经济体开放与面向新兴市场和发展中国家开放并重、不断拓展对外发展战略空间

---

① 加息是指中央银行提高利息的行为，这种行为会使市场上的利息增加；缩表是指缩减资产负债表的行为，这种行为会使银行的贷款和负债减少。

的新机遇，但也面临着“上压下挤”[①]的双重压力。

3．新兴市场国家基建及融资缺口巨大，产能转移和基建投资需求快速提升

近年来，印度、印尼、越南、哥伦比亚、尼日利亚、肯尼亚等新兴市场国家纷纷借鉴中国等国家的强国经验，充分发挥其劳动力资源丰富、制造业基础良好的比较优势，大力加强基础设施建设，积极推进工业化和城镇化进程，从而有效地推动了本国经济较快增长。据 IMF 预计，未来全球新兴市场国家的工业化和城镇化进程仍将继续快速推进，按购买力平价计算，到 2025 年新兴市场国家经济总量占全球 GDP 的比重将进一步攀升至 64% 以上。联合国预计，到 2050 年全球城镇人口将新增 25 亿，而其中绝大部分将主要来自亚洲和非洲地区的发展中国家。近年来，一些新兴经济体不断扩大对外开放，鼓励支持引进外资，如印度的“莫迪新政”和印尼的“海上战略支点”计划等，都是通过承接钢铁、石化、纺织等传统产业转移以弥补国内建设资金短缺，这已成为国家发展战略的重要组成部分。在相关优惠政策的支持下，大多数新兴经济体已经成为国际产业转移的重要目的地。

4．新一轮科技革命蓄势待发，有利于新兴经济体利用后发优势，提升产业价值链位势

当前，人工智能、大数据、智能制造、云计算、新能源、新材料、高端制造、“互联网 +”、生物技术、海洋技术、空间技术等新技术新产业快速发展，新一轮科技革命蓄势待发，各国纷纷出台战略规划与政策，抢占科技变革和新兴产业发展的制高点。特别是在各种新技术影响下，由个人和中小型

① “上压”是指发达国家高端产业，“下挤”是指发展中国家中低端产业。

企业构成的网络化、分散化和彼此之间较为平等的新型国际分工方式正在迅速发展，成为传统的水平型分工、垂直专门化分工等合作方式的重要补充。这有利于显著降低新兴市场国家参与全球产业价值链合作的“门槛”，承接产业转移的方式也将更为多样化，也为我国企业开展更为有效的国际产能合作创造了机遇和条件。

我国经济发展已进入新时代，经济已由高速增长阶段转向高质量发展阶段。一方面，我国经济实力、科技实力、国防实力、综合国力进入世界前列，社会主要矛盾已经转化为人民日益增长的美好生活需要和不平衡不充分的发展之间的矛盾；另一方面，经济结构不合理、低端产能过剩、资源环境约束趋紧、人口红利减少、经济发展的后发优势递减等问题凸显，迫切需要采取切实可行的措施解决突出问题，按照高质量发展的要求，推动经济转型升级、持续健康发展。

5. 传统要素禀赋优势发生显著变化，我国对外输出产能、装备、技术和资本的动力进一步增强

改革开放之初，我国经济总量较小、基础薄弱，但经济发展空间大、要素成本低、后发优势明显，具备实现高速增长的客观条件与环境。通过及时有效地利用这些有利因素，我国经济长期保持两位数的增长速度，取得了巨大发展成就，已发展成为世界第二大经济体。时至今日，我国企业在资金、技术、管理等方面已具备较强实力，国际市场竞争力不断提升，在保持全球重要投资目的国的同时，走出去意愿也在明显加强。自 2015 年以来，我国已成为直接资本的净输出国。2017 年，受到内外投资监管强化影响，对外直接投资规模大幅下滑，净对外直接投资再次降为负值，这对我国未来的直接资本双向流动趋势具有一定启示。

多种迹象表明，在双向直接投资、特别是利用外资经历多年高速增长

后（1992 年以来年均增速达 10%），我国已进入投资发展新阶段。2015 年和 2016 年对外直接投资规模连续两年超过实际利用外资规模，实现国际收支金融账户下的长期资本净输出（见图 3-1）。投资发展周期理论认为，一国由净受资国转变为净投资国，是伴随经济发展而出现的普遍现象，在这一过程中，直接资本的流动将由单向存流量扩张进入存量趋稳、结构升级的新阶段，而部分存量外资的撤离及转移即是常见的具体表现之一。因此，站在投资发展的长周期视角下，受总体市场环境及经济产业结构转型的推动，我国对外资的利用已进入全面调整阶段，这是近年来我国部分领域外资撤离有所增加、外资流向结构发生改变的重要原因。

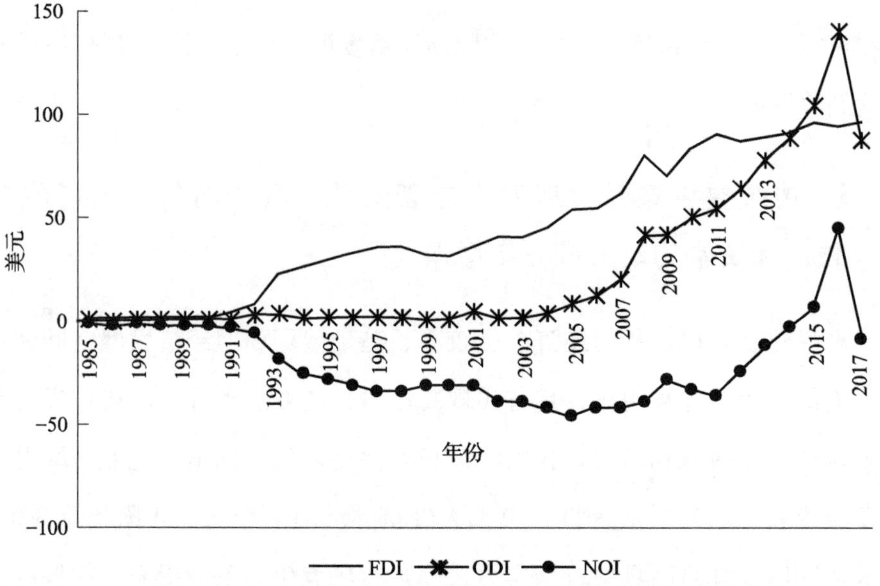

图 3-1　1985—2017 年中国人均 FDI、ODI 及 NOI 变化趋势[①]

资料来源：UNCTAD 数据库。

① FDI 为我国年度实际利用外资规模，ODI 为我国对外直接投资流量规模，NOI 为我国净对外直接投资流量规模，NOI=ODI-FDI。

6. 部分传统行业产能严重过剩，我国对外贸易出口面临多重挑战

长期以来，我国经济体系中投资和消费之间存在严重失衡。据统计，1981—2014 年，我国固定资产投资名义值年均增速高达 20.96%，较名义 GDP 年均增速高出 5 个百分点以上。长期高增长的固定资产投资，在对我国上升为全球第二大经济体作出重大贡献的同时，也导致钢铁、建材、有色等传统产业规模的盲目发展，导致严重的结构性产能过剩。当前，新兴市场国家正在积极推进工业化和城镇化进程，在资源类产品和产业及装备制造方面存在日益增长的巨大市场需求，这为我国开展国际产能和装备制造合作提供了广阔的空间。但由于资源型行业在各国均属支柱产业，出于保护本国产业发展、拉动就业、创造税收等方面的考虑，我国资源型产品一直受贸易保护主义影响比较严重。特别是 2018 年以来，美国频繁在贸易问题上对我国发难，两国贸易战愈演愈烈，国际范围内的贸易和投资保护主义也明显升温。针对当前国际贸易摩擦的新动向新特点，我们必须大力创新合作模式，在积极对外输出富余优势产能的同时，更加注重实现我国与合作方互利共赢、共同发展。

7. 企业国际竞争力增强，全球范围内配置资源的内在诉求持续上升

与巴西、土耳其、印度、俄罗斯等大多数新兴经济体相比，我国企业整体国际竞争力具有明显优势。在 2018 年美国的《财富》杂志评选的世界 500 强企业中，我国上榜企业已达 120 家，在数量上几乎追平美国（126 家），而巴西、土耳其等国仅有为数不多的几家企业榜上有名。而且，我国这些大型企业涵盖了能源、IT、机械、化工、金融等绝大多数行业领域。

跨国公司相关理论表明，随着企业自身独特竞争优势（又称所有权优势）的与日俱增，企业通过对外投资开拓海外市场、降低交易成本以及在全球范

围内配置资源的能力和意愿均会不断上升。近年来，我国企业通过绿地投资或并购方式，在境外设立资源深加工基地、研发中心、加工组装基地以及区域经营总部的行为越来越引人注目。比如，中石油、中石化等大型央企以及华为、三一重工、联想、红豆等众多民营企业均已初步形成了全球性的营销生产网络。

（二）新时代创新国际产能合作的重要意义

国际产能合作是我国政府扩大对外投资与对外输出优势产能的一项重大倡议。在新时代背景下，进一步创新和优化国际产能合作的方式和模式，对加快培育优质跨国企业、加强与世界不同发展阶段国家的发展战略对接和产业互补衔接、深入推动全球产业链高中低端深度融合、不断增强我国对“一带一路”沿线重点国家和地区经济辐射力和影响力具有重要意义。

一是有利于加快培育一批具备全球竞争力的优质跨国企业。走出去战略提出以来，中资企业的海外资产规模与海外经营能力得到长足发展，成为国内资本、技术、管理等综合能力输出的重要载体。通过开展国际产能合作，中资企业有效拓展了海外市场空间，提高了产能利用效率，实现了资源在更大范围内的优化配置，对于高效配置劳动力与技术资产，加强与发展中国家深度合作发挥了不可替代的作用。与此同时，企业走出去也形成了与发达国家间更紧密的梯度合作模式，有利于企业适应和制定全球性商业规则和技术标准，合理布局全球加工生产基地、研发中心和营销网络等。在取得重要成绩的同时，中资企业较发达国家，尤其是美、欧、日等企业相比在走出去和对外合作的经验与能力方面仍存在明显差距。随着大型央企及国企的规模扩张，我国进入全球500强企业数量在快速增长，逐渐与美国齐平，但若参考品牌价值、企业国际化经验、盈利能力等，仍与美国存在明显差距。因此，推进国际产能合作模式创新，对于中资跨国企业加快适应国际市场环境，培育更强的国际品牌竞争力具有重要意义，也有利于培育一批更具国际影响力的、更受认可的优质跨国企业。

二是有利于形成以我国为领头羊的区域国际分工体系。从全球价值链视角看，美国、欧洲发达经济体仍处于全球价值链条的最高端，日本、韩国处于次高端，而新兴经济体和广大发展中国家参与全球分工的程度相对较低，且大多处于能源资源供应和最终产品加工组装等中低端环节。伴随新一轮科技革命孕育新突破和新兴产业加速发展，网格化、相对平等的国际分工体系正在加速演进，取代传统的垂直专门化国际分工体系或将成为可能。在传统国际分工体系下，我国正处在由中低端的最终产品加工组装环节迈向中高端的研发和高附加值零部件制造环节的过程中，虽然在全球价值链中的地位还远不及一些主要发达经济体，但却完全可以担当起新兴经济体和广大发展中国家的"领头羊"。未来，通过开展国际产能合作将富余优势产能对外转移，逐步建立起覆盖中亚、南亚、东南亚、北非、中东欧区域的跨国生产和贸易网络，并推动国家间产能输出和产业递次升级，将有利于提升我国在全球价值链中的位势，为构建以我国为领头羊的新型区域国际分工体系奠定坚实的基础。

三是有利于打造互利共赢的命运共同体。面对国际经济格局深刻调整、区域经济一体化蓬勃发展、发达经济体试图重塑国际经贸规则的重大变化，以及实现我国"两个一百年"奋斗目标和中华民族伟大复兴的重大历史任务，党中央从统筹国内国际两个大局、打造人类命运共同体的战略高度出发，及时果断地提出"一带一路"倡议，首次提出共商共建共享原则，以加强政策沟通、设施联通、贸易畅通、资金流通、民心相通"五通"为重要内容和有力抓手，积极同沿线国家对接，不断扩大利益契合点和合作交汇点，从更大范围、更高水平、更深层次全面开展全球性区域合作。作为实施"一带一路"倡议的重要平台，通过开展国际产能合作将能够更好地发挥我国和相关国家各自比较优势，有效促进要素有序流动、资源高效配置、市场深度融合，不仅能助力国内产业转型升级和迈向全球产业中高端，积极参与抢占新一轮产业竞争制高点，规避日益严重的贸易保护主义，寻找贸易、投资增长的突破口，而且能让相关国家搭上我国经济发展的“便车”和“快车”，寻求合作发展的最大公约数，共同打造利益共同体、责任共同体乃至命运共同体。

（三）新时代创新国际产能合作模式的基本条件

1. 从优势上看，我国在产业体系、政策环境以及合作平台建设等方面已经具备良好的条件，为我国开展国际合作提供了重要基础

我国已建立起较为完整的国民经济产业体系，部分企业在资本及技术等层面已具备了国际一流竞争实力，通过走出去在全球范围内优化资源配置的意愿较强，在钢铁、有色、建材、铁路、电力、化工、轻纺、汽车、通信、工程机械、船舶和海洋工程等众多行业拥有富余优势产能。近年来，在共建“一带一路”的有力推动下，我国与沿线发展中国家积极推进政策对接，利益契合不断扩大，形成了良好的政策环境。例如，俄罗斯的《2020 年前俄罗斯联邦社会经济长期发展构想》、印度尼西亚在未来 15 年（2011—2025 年）加速与扩大全国经济建设蓝图的三大纲领、巴基斯坦的《2030 年远景规划》，等等。目前，我国已经推动“一带一路”倡议与俄罗斯的欧亚经济联盟、蒙古国的“草原之路”以及哈萨克斯坦的“光明之路”等国家发展战略的对接，并且已有 100 多个国家和国际组织参与其中。与此同时，我国目前已初步形成了服务国际产能合作的多个机制平台，亚投行、丝路基金和金砖国家开发银行等的金融服务支持作用不断彰显。

2015 年 5 月，我国正式发布《国务院关于推进国际产能和装备制造合作的指导意见》。这既是我国政府对内的工作部署，也是对外的政策宣示。除了发挥现有机制平台的作用外，我国倡导创立的亚投行、丝路基金和金砖国家开发银行以及各种双多边合作基金等机制平台，将不同程度地满足双多边产能合作的融资需求。从长期看，人民币国际化进程加快，跨境人民币结算、人民币直接投资和香港人民币离岸金融市场大发展，也将为国际产能合作提供重要助力。

2．从劣势上看，我国依然存在产业自主创新能力不足、对外产能合作的基础支撑有待完善、外部环境风险加剧等一系列长短期问题

改革开放以来，我国产业体系快速壮大健全，取得了举世瞩目的发展成就。但也应看到，我国制造业产业发展依然不够完善，企业整体的实力和国际竞争力仍有很大提升空间，特别是在制造业高端、高附加值等领域，尚没有掌握核心技术、品牌及营销渠道，较发达国家仍有明显差距。与此同时，伴随近年来中资企业走出去步伐加快，对外投资合作规模扩张，但在基础设施等领域的合作面临资金供应和盈利模式双重困境，面临着一定的海外中资安全保障压力。由于大多数基础设施项目是战略性项目，很多国家都限制外资和私人资本进入，加之缺乏好的盈利模式，导致这类项目“融资难”问题比较突出。因此，如何有效建立起国际产能合作的资金供应机制和盈利模式仍将是一个不可回避的现实问题。此外，近年来国际范围内的政治经济形势正在发生一系列深刻调整，中国推进国际产能合作的外部环境有所改变，反全球化思潮、贸易及投资保护主义不断强化，企业走出去面临更高的成本与风险因素，中资企业海外发展面临发达国家投资限制与发展中国家安全风险提升的共同制约，企业走出去长效机制亟待重新调整完善。

二、国际产能合作模式探讨及其内涵特征

（一）“雁行”模式的由来及“新雁阵模式”的提出与探讨

1.“雁行”模式的由来与演进

“雁行模式”（Geese Flying Pattern）是由日本学者赤松要在其《我国经济发展的综合原理》（1932年）中首先提出的，主要用以说明日本棉纺工业成长模式。赤松要认为，日本的产业通常经历进口、当地生产、开拓出口、出口增长四个阶段并呈周期循环。某一产业随着进口的不断增加，以及国内生产和出口的形成，其图形就如三只大雁展翅翱翔。人们常以此形象地表述后进国家工业化、重工业化和高加工度发展过程，并称之为“雁行产业发展形态”。在一国范围内，“雁行产业发展形态”首先是在低附加值的消费品产业中出现，然后在生产资料产业中出现，继而在整个制造业结构调整中呈现雁行变化格局。

20世纪70年代，日本一桥大学教授小岛清深入分析了战后日本企业对外直接投资与美国跨国公司对外直接投资之间的不同特征，提出了适合日本国情的对外直接投资理论即“比较优势论”，从而将“雁行模式”理论推到新的理论高度。小岛清认为，对外直接投资应从本国（投资国）已经处于或即将陷入比较劣势的产业即边际产业依次进行。小岛清的这一理论又称“边际产业扩张理论”。

20世纪70年代至80年代，日本对亚洲地区的直接投资一直沿着“日本→亚洲四小龙→东盟及中国东部沿海地区”垂直梯度展开。在这种国际产业转移的格局中，日本被视为“领头雁”或“雁首”，亚洲四小龙被视作“雁

翼”，是雁阵中的主要承接者，它们积极利用日本的资金、技术、市场来发展本国或本地区资本和技术密集型产业，同时将本国或本地区失去竞争力的劳动密集型产业转移到处于“雁尾”的东盟及中国东部沿海地区。

到20世纪90年代，日本雁行模式日渐式微。其主要原因是，一方面，日本产业升级趋缓，产业创新动力不足，致使“雁首”效应逐渐减弱；而“亚洲四小龙”产业呈现加速发展的势头，进而成为推动中国和东盟产业转型升级的生力军。另一方面，爆发于1997年的亚洲金融危机导致东南亚国家产业发展明显受阻，东盟国家间区域合作意愿随之不断上升；而这一时期中国产业也迅速发展壮大，国际市场竞争力显著增强。正是基于这一现实背景，2001年5月，日本经济产业省在其年度《通商白皮书》中首次明确指出，以日本为领头雁的东亚经济“雁行形态发展时代”已结束，取而代之的是“以东亚为舞台的大竞争时代”。

2.“新雁阵”模式的提出

国际金融危机爆发后，我国对外投资持续快速增长，特别是在提出“一带一路”倡议以后，我国与周边国家之间的双边产能合作发展迅猛，合作领域和层次不断拓展，合作机制日趋强化。在此背景下，一些国内专家学者也相应提出了“新雁阵”模式，以此来描述和反映我国与周边及亚欧国家经贸投资合作的新格局。

比如，有专家学者在对我国与“一带一路”沿线国家工业化发展水平进行对比分析的基础上，提出了我国与沿线国家的“新雁阵”合作模式，认为“一带一路”沿线国家间的工业化水平差距较大，几乎涵盖工业化进程的各个阶段，我国与这些国家的产业对接潜力巨大，可以寻找不同的角色定位，共同培育以“互补合作”为主导的产能合作“新雁阵”模式。此外，还有专家提出了“领头龙”的概念，以此来表述我国在世界经济增长和制造业转移过程中的带头作用，认为中国进行产业升级将为其他发展中国家进入劳动密集型产业留出空间。随着中国企业向高附加值产业升级，将会把现有生产转移到其他工资成本相对较低的国家，由此推动自身成为其他发展中国家经济和产业发展的“领头龙”。

3.“新雁阵”模式对我国适用性的探讨

采用“领头龙”模式和“新雁阵”模式来描述和反映当前和今后一个时期我国在开展国际产能合作过程中的地位和作用似有欠妥。就“领头龙”模式而言，由于“龙”在西方文化中带有邪恶色彩，用“领头龙”表述我国在发展中国家工业化过程中的主导地位和带动作用容易引起误解，甚至会引起较大的抵触情绪。而就“新雁阵”模式来说，这一表述也显得不够准确，尚不能完整地反映我国开展国际产能合作的深刻内涵和基本要义。一方面，目前学术界对“新雁阵”模式的表述还比较笼统，缺乏清晰的内涵界定，同时对我国开展国际产能合作的“新雁阵”模式和日本主导的“雁阵”模式之间的特征差异也未能系统梳理和厘清，以至于给人的感觉是一种简单的沿袭或套用。另一方面，我国目前开展国际产能合作的国际环境、所处的发展阶段、拥有的资源要素禀赋优势以及对当今国际产业分工体系演进的推动和影响等，与20世纪80年代的日本已迥然不同。这就决定了我国开展国际产能合作的模式和思路不能简单沿袭或套用日本当年带动“亚洲四小龙”和新兴市场经济体依次起飞的“雁行”模式。从一定意义上讲，目前我国产业体系整体水平还不高，在国际产能合作过程中可能更多还只是发挥着一种承上启下、协同带动、优势互补的作用。因此，其合作模式和合作思路应当有所突破和创新。

（二）国际产能合作“领头羊”模式的内涵特征

我们认为，就国际产能合作而言，我国应当形成具有中国特色的“领头羊”模式。该模式主要描述随着我国资源要素条件变化以及资本和技术优势聚集，逐步推动与“一带一路”沿线国家乃至全球各主要区域经济体进行产业转移和产能合作，并起到一定的引领作用，进而培育形成市场新需求和发展新动力的一种趋势性全球经济现象。其主要内涵特征如下。

1．立足当前国内外环境及产业基础条件，我国可适当发挥好新兴经济体和广大发展中国家的“领头羊”角色定位

在当前世界经济面临深度调整、发达国家与发展中国家经济形势及实力对比出现新趋势、世界经济逆全球化及保护主义复燃的一系列新背景下，我国推进国际产能合作的外部环境日趋复杂严峻。随着全球产业分工及供应链体系面临新的趋势调整，我国与发达国家、新兴经济体及发展中国家的合作竞争关系的不确定性也在不断提升。因此，当前时期我国推进国际产能合作，更要注重走出去的方式方法与步骤，不宜过度追求规模数量，要注重平衡高质量推进。作为世界制造业中心，不仅要着力促进国内产业转型升级和迈向全球中高端水平，也要有利于国内经济转型及市场预期稳定，有利于发展中国家经济增长和世界经济复苏稳固。不示强、不激进，发挥与我国实际发展水平相适应的适度引领作用。在此过程中，通过高质量推动产能、装备、技术、服务、品牌走出去，我国可以充分发挥重要的带动和引领作用，而成为新兴经济体和广大发展中国家的领头羊。

2．注重将国际产能合作与经济高质量发展相结合，积极推动国内富余优势产能对外转移，实现内外共赢

我国开展国际产能合作，既不是推动国内传统技术含量低、附加值低的劳动密集型产业对外转移，也不是推动国内高耗能、高污染、高排放的资源密集型产业对外转移，这些低端产能主要是通过国内“去产能”和淘汰“僵尸”企业加以处置和消化解决。相反地，我国推动的是国内富余优势产能和先进装备与技术及充裕资本共同对外转移或输出，并主要集中于一些传统产业领域和部分新兴产业领域。如劳动密集型产业和钢铁、冶金、建材和石化等重化工领域，以及工程机械设备、轨道交通设备、汽车、航天航空、通信等领域。这种合作理念和实践与发达国家推行的国际产业转移有着明显的不同。

3．推动国际产能合作要注重维护东道国利益，做好短期盈利与长期战略目标的有机结合

历史上，发达国家跨国公司推进产业转移过程中，通常从其全球战略部署出发，以实现全球范围内资源要素高效配置和追逐利润最大化为目标，很少考虑东道国自身产业发展及其调整布局的需要，使东道国承担了环境、能源等多方面外部成本。我国在新时期创新产能合作模式过程中，要积极倡导共商共建共享原则，注重加强与东道国发展战略对接和产业互补衔接，尊重和照顾各方切身利益诉求，通过签署双边国际产能合作协议共同加以推进。对于企业开展产能合作的绩效考察，既要看重中资安全运营及盈利状况，也要重视大型项目的长期战略价值，科学评价企业走出去长短期受益情况。

4．国际产能合作中我国既注重加强与新兴经济体和广大发展中国家的务实合作，也注重加强与发达经济体的全方位高水平合作

一方面，积极推动与新兴经济体和广大发展中国家开展产能务实合作，有效发挥自身承上启下、协同带动、优势互补这一独特而重要的作用，不断推动双边产能合作上规模、上水平。另一方面，以绿地投资、并购等形式同美日欧等发达经济体进行全方位、高水平的双边重点产能合作，着力培育和提升我国产业合作竞争新优势。同时，还可与发达经济体联合开展第三方合作，共同开发第三方市场。比如，可围绕能源化工、基础设施、汽车、工程机械、船舶和海洋工程装备等重点领域，加强与美日欧等发达国家在“一带一路”沿线国家以及非洲、拉美地区的广大发展中国家开展双边重点产能合作。

三、新时代创新国际产能合作的总体思路、重点任务与对策建议

（一）总体思路

在当前中美贸易摩擦不断、国际范围贸易投资保护主义风险提升的时代背景下，我国应以推进“一带一路”建设为重点，大力加强与沿线国家的互利合作，积极拓展多元化市场空间，发挥适度引领，通过“一核两轴三片区”的空间布局和总体思路，逐步形成“核心驱动、轴线联动、片区拉动”的动力模式。

“一核”覆盖周边重点国家，是我国优先开展国际产能合作的国家，主要包括俄罗斯、巴基斯坦、缅甸、越南、柬埔寨、老挝、泰国、哈萨克斯坦等

周边经济体。这是我国推进国际产能合作的核心区域。

“两轴”覆盖中亚、中东欧、南亚、西亚、北非等参与“一带一路”沿线重点地区，是我国重点开展国际产能合作的对象。主要包括“带轴”和“路轴”两大轴线，其中“带轴”上主要有蒙古国、土库曼斯坦、乌兹别克斯坦、伊朗、土耳其、乌克兰、白俄罗斯、波兰、捷克、塞尔维亚等为主要支点的国家；“路轴”上主要有马来西亚、印度尼西亚、新加坡、印度、斯里兰卡、阿拉伯联合酋长国、埃及等为主要支点的国家。这些区域是我国开展国际产能合作的支撑区域。

“三片区”覆盖参与“一带一路”沿线以外的国家和地区，主要包括西欧和非洲部分片区、美洲和拉美片区、日韩和澳洲片区为主体的板块型经济片区。这是我国开展国际产能合作的拓展延伸区域。

当前和今后一个时期，在积极推进以我国主导的国际产能合作过程中，一方面，要充分发挥核心区域的模式构建和秩序创设功能，着力打造我国参与国际产能合作的“领头羊”模式主体构架，努力开创以我国为主导的国际产能合作新格局。另一方面，要有效发挥轴线国家产能合作的支撑功能，着力推动国际产能合作与“一带一路”建设无缝衔接，有效构筑国际产能合作和对外经贸投资合作的重点支撑平台。与此同时，要注重发挥三大片区的国际产能合作的拓展延伸和牵引拉动功能，积极与发达经济体开展第三方合作，不断彰显新时期我国在开展国际产能合作过程中的主导地位和领头羊角色。

（二）重点任务

1. 因国、因域、因产施策，多元平衡推进对外产能合作重点领域

推动能源资源产业合作。加大对哈萨克斯坦、俄罗斯、伊朗等国资源的

引进和合作开发力度，重点推动天然气、石油、页岩气、煤炭、有色金属等资源的投资合作，鼓励企业以成套设备出口、投资、收购、承包工程等方式建设炼铁、炼钢、钢材等生产基地。在市场需求大且资源条件好的国家开展能源资源上下游精深加工，延伸产业链。鼓励具有产业优势的光伏、风电、生物质能、智能电网等产业走出去，加强在周边新兴大国以及“一带一路”沿线国家布局新能源研发和产业基地。

推动劳动密集型产业合作。发挥我国轻工纺织业国际竞争力较强的优势，在劳动力资源丰富、生产力成本低、规模效益高、建设周期短且靠近目标市场的周边新兴大国和“一带一路”沿线国家，依托当地畜牧业和农产品等资源建立加工厂，重点投资化纤、棉纺织、毛纺织、丝绸、纺织品以及印染业等轻纺行业项目。在柬埔寨西哈努克港经济特区、巴基斯坦海尔－鲁巴经济区、越南龙江工业园、中俄（滨海边疆区）现代农业产业合作区、泰国泰中罗勇工业园等生产经营条件较好的境外经贸合作区，形成上下游配套、集群式发展的轻纺产品加工基地。

推动资本密集型产业合作。加大对周边新兴大国和“一带一路”沿线国家资源的开发利用和合作力度，推动石油、化工、冶金、机械制造等重点行业的企业走出去开展产能合作，建立产业园区或开办工厂。在市场需求大、资源条件好且配套能力强的重点国家建设钢铁生产基地。结合东道国资源分布，开展铜、铅、锌、铝等有色金属冶炼和深加工，有序建设石化、化肥、煤化工等生产线及开展上下游精加工，不断提升资本密集型产业的国际市场占有率。

推动技术密集型产业合作。扩大与周边新兴大国和“一带一路”沿线国家在高铁、核电、航空航天等领域的务实合作。对于投资需求大、营商环境好、规模效益优的国家，加强技术密集型产业的全产业链合作，按照“产品→标准→技术→资本→服务”走出去的实施路径，构建“以我为主”的产业生态链。大力创新投融资方式，根据周边国家和“一带一路”沿线国家经济社会发展的实际情况，选取 TKP（交钥匙）、BT（建设—经营）、BOT（建设—经营—转让）、BOOT（建设—拥有—经营—转让）等方式进行扩融资，对于能源自然资源丰富但资金实力相对薄弱的国家，可探索推行“高铁”（或核电、航空航天等）换“资源”的灵活方式加以推动。在基础设施相对落后的周边国家和“一带一路”沿线国家共建物流园区，积极发展物流产业，加快构建“三大通道”，即便捷高效的路上运输大通道、安全经济的海上运输大通道、快捷畅达的空中运输大通道。

2. 密切结合外部环境变化，务实高效推进产能合作模式调整完善

推动第三方市场合作。在中美贸易摩擦不断、反全球化及贸易投资保护主义重燃、发达国家与发展中国家对中国企业走出去顾虑限制有所上升的总体外部环境下，我国应进一步强调新时期推进国际产能合作的开放和包容原则，不学习复制西方国家早期的产能输出狼性模式，彰显领头羊的合作精神，特别要重视在推进“一带一路”建设中与欧美日等发达国家企业开展第三方合作。要切实遵循互利、合作、开放、包容的原则，按照国际法、国际惯例、商业原则的基本要求，结合各自产业互补优势，鼓励和支持企业组建联合生产、联合体投标、联合投资等新型合作模式开展第三方市场合作。将能源化工、基础设施、装备制造等行业作为第三方市场优先合作领域，加强上下游整合力度，开展全产业链深度合作，助推产业合作迈上中高端层次，实现互利三赢。发展联合融资、平行贷款、股权投资及风险参与等方式，积极利用亚投行、丝路基金等多边金融开发机构以及合作基金支持方式等多个渠道向第三方市场合作提供融资支持。

推动科技领域合作。始终将科技领域合作作为推进国际产能合作的重点

任务之一，但在具体操作和方式方法上要注重妥善与合规，将知识产权保护与合规经营作为与他国科技合作的前提内容，维护和树立中国互惠互利等价有偿的科技合作原则。在此基础上，加快推进与各领域技术先进国家和地区开展合作，抢抓新技术后发优势，顺应科技要素流动的新趋势，创新科技合作新机制，通过与发达国家进行合作研究、委托研发和联合开发等方式，加快实现重大关键技术突破。加强信息通信、装备制造、电子信息等重点领域合作，推进先进技术及科技成果的引进、输出和转化。坚持科技需求和市场需求导向，积极与发达国家共建和联建工程研究中心、产业技术研究院、企业技术中心、实验室等研发机构，注重推进“产学研”有机融合。加强与欧美等世界著名大学和科研机构的沟通，促进各方资源、人才、技术、信息的交流与合作。

3．注重产能合作推进方式步骤，进一步提升巩固与发展中国家的互信互利合作关系

中美贸易冲突持续、美欧推进投资限制，当前时期我国与发达国家的经济合作正面临全面收缩风险，在此背景下，积极拓展发展中国家的多元贸易投资市场非常重要也很必要，同时也意味着主动有效维护与发展中国家的互信友好合作关系重要且必要。在推进产能合作过程中，要重视和关注东道国的发展政策取向与利益诉求，客观看待国际产业价值链的演进规律。同时要进一步提升中资企业海外形象，注重维护与东道国政界、行业及当地社群的友好关系，积极发挥社会及公益支撑，尊重当地文化宗教习俗，保障劳工权益。在工作推进中注重经验总结及共享，规范中资主体关系，杜绝内部恶性竞争行为，树立中方企业人员专业、高效、稳定、友善的整体风貌。

（三）政策建议

1．进一步注重发挥高层引领作用、完善平台建设，构建国际产能合作新模式的良好政策环境与合作空间

新时期推进国际产能合作新模式，要积极发挥高层外交的统领作用，在“一带一路”峰会、中非论坛、中阿论坛、欧亚峰会等会晤机制下，进一步推进以高层会商为引领的政策沟通与对接，不断完善平台建设，力求增信释疑，求同存异，形成共识，寻求合作利益的最大公约数。各国之间开展的高层外交是经济外交的重要抓手，对于加强政治互信、平息合作纷争以及深化双边合作关系具有极其重要的意义。加快建立涵盖政府、企业、中介、行业组织、NGO等多层级、多维度的立体式合作机制，为开展经贸投资合作保驾护航。积极与相关国家商签双边投资协定，有效维护海外利益。加快推进自由贸易区建设，在有效对接国际通行规则的基础上，充分发挥贸易监管制度、投资管理模式、金融创新制度以及政府事中事后监管制度等方面的示范引领作用，使资本、技术、标准、服务、商品、人员等走出去加速形成“正溢出效应”，为深入推进国际产能合作提供重要的机制支撑。

2．适应内外环境变化趋势，优化工作步骤与推进力度，实现国际产能合作向高质量转变

要注重方案顶层设计的高标准。要以党的十九大精神为指引，牢固树立新发展理念，加强规划引导、推进业务创新、强化监管服务、加大政策支持、营造良好环境、积极防范风险，引导对外投资合作实现健康规范发展。推进国际产能合作要坚持高标准、高效率和高要求，通过编制规划来摸清合作需

求潜力，明确具体合作目标，统筹考虑双边合作的基础、平台、优势产业、投资项目以及政策保障等重点问题，使顶层设计在具体实施过程中能够有效发挥引领、导向和约束作用。要注重经济综合治理的高标准。首先，积极构建符合国际规范的高标准融资体系，逐步建立和完善包括政策性金融、商业资本和政府补贴等在内的综合性产业走出去金融支持体系。其次，促进贸易投资便利化，积极与合作对象国商签既符合各自需要、又发挥促进带动作用的高水平双边投资协定和自由贸易协定，为不断深化双边产能合作提供稳定且可预期的政策环境。最后，加强国际产能合作和国内产业转型升级的协同推进，着力推动我国产业向全球中高端迈进，逐步培育和提升我国在全球范围配置资源要素的经济治理能力。要注重政策措施保障的高标准。在推进国际产能合作过程中，合作的具体模式不仅要符合各自发展实际需要，也要符合国际惯例和规范，以确保合作利益的共享性和合理性。在坚持产能合作模式高标准的同时，要积极推动相关合作规则、合作平台以及合作体系的换挡升级，不断增强宏观政策和微观政策的叠加效应，力争使相关配套政策体系对国际产能合作的支持保障作用实现最大化。

3．统筹利用自由贸易区等有效开放平台，切实做好新时期国际产能合作大文章

要充分发挥自由贸易区的基础引领作用。一方面，落实好已生效的自贸协定，帮助我国企业在走出去过程中更好地享用相关自贸协定优惠政策，有效促进对外贸易和对外投资合作。另一方面，积极加快自贸区建设步伐，逐步建立与国际经贸投资高标准相适应的体制机制，不断推进体制机制创新，推进放管服改革及营商环境提升，为开展国际产能合作创造有利的内外部环境。要进一步充分发挥双边投资协定的助推作用。积极与相关国家商签双边投资协定，促进投资便利化水平，着力降低企业开展境外投资的风险和成本。

4．构建完善中资海外风险防范体系，推进海外项目资产监管的“长臂原则”

在不断完善《境外投资管理办法》基础上，研究走出去主管部门统一归口可行性，加快由国务院或国务院指定投资管理部门出台《境外投资条例》，将此前的部门规章上升为政策法规，并研究制定对外直接投资法，进一步将对外投资管理体制建设上升至法律层面，尽快构建统一、完善、有效的走出去政策法规体系，加强保障企业对外直接投资主体地位，构筑走出去政策促进、服务保障和风险防控体系。相关主管部门要加强合规经营监管体系建设，完善事前、事中、事后各阶段的合规经营监管制度，进一步进化完善投资真实性核查以及海外项目腐败监管机制建设。尽快出台类似美国《反海外腐败法》、英国《反贿赂法》等企业海外分支机构反腐败法规，落实对走出去企业海外分支机构监管的“长臂原则”。还应进一步发挥信息发布及综合服务职能，加强对走出去企业的风险提示与业务培训，帮助企业了解投资目的国的法律法规及市场环境，提升企业合规经营的主动性。

5．加快培育国际产能合作高端人才，全面提升我国在全球范围配置资源要素的能力和水平

面对当前国际化人才严重匮乏的现实，应当通过专业培训、联合办学及实岗锻炼等多种方式，加快培养既懂国际市场、又懂国际法律的跨国经营管理人才和专业技术人才。同时，加大高层次人才引进力度，逐步放宽人才准入限制，积极实施人才柔性引进办法，不断加强人才载体建设，以优势企业、优势管理、优势技术和优势产品吸引国际高端人才加盟。尽快建立“国际产能合作跨国专家库”，为企业走出去开展并购、重组以及战略合作提供一揽子智力支持。在深入推进国际产能合作的过程中，要进一步强化走出去企业履

行社会责任的自觉性和主动性。一是做好各项宣传工作，严格遵守东道国的法律法规，妥善处理不同社会主体的利益关系，积极关注东道国的社会公益、税收、环保等事业，不断增强自身履行当地社会责任的意识和能力。二是充分尊重当地宗教文化的多样性，注重强化与当地NGO、社区、工会等组织的沟通联系，力争获得各方最大认同。三是适度推进本土化政策，在条件允许的范围内，积极承担东道国就业、纳税及维持社会稳定等社会责任。四是引导境外企业建立和完善社会责任报告制度，定期公布境外履行社会责任的进展和措施，充分了解利益相关方的意见和建议，并对其关切问题作出及时回应。

（执笔人：苑生龙）

分报告三
加大西部地区开放力度的对策研究

内容提要： 加大西部地区开放力度，是党的十九大作出的重大战略决策，是新时代推动形成全面开放新格局的重要内容，也是着力解决发展不平衡不充分问题、促进区域协调发展的重要途径。本文在分析西部地区主要开放指标变化的基础上，总结了西部地区对外开放的特点及问题，提出西部地区开放程度总体不高主要是由于本地开放主体培育严重不足、开放平台和基础设施建设缺乏且服务水平低、开放相关体制机制建设滞后以及开放相关的物流、劳动力、产业配套和政策成本较高等原因所致。本文认为，西部地区应打造与国际接轨的高标准开放平台，建设内联外通的国际大通道，培育国际化的营商环境，加强开放体制机制创新，以更大的力度、更有力的举措，推动在更高层次、更宽领域、更大范围的开放。

向西开放战略是我国实现全方位对外开放的重要战略举措。党的十九大报告和2018年中央经济工作会议都将加大西部地区开放力度提升到了前所未有的高度。这标志着西部地区已经由过去以开发为主进入开发与开放并重的新时期和以高水平开放推动高质量发展的新阶段。

一、西部地区开放程度总体评价及比较研究

（一）西部地区主要开放指标变化情况

1．对外贸易总额占全国的比重略有提升，外贸依存度处于较低水平

2000—2018 年，西部地区对外贸易总额占全国的比重呈现先上升后略有下降的趋势，由 3.6% 提高至 2014 年最高的 7.8% 然后下降至 6.9%。2013 年“一带一路”建设实施以来，西部地区对外贸易总额占全国的比重仅提升 0.2 个百分点。如图 4-1 所示，2000—2018 年，西部地区外贸依存度由 0.082 上升至 0.128，但仍远低于全国平均水平（0.332），西部地区外贸依存度变

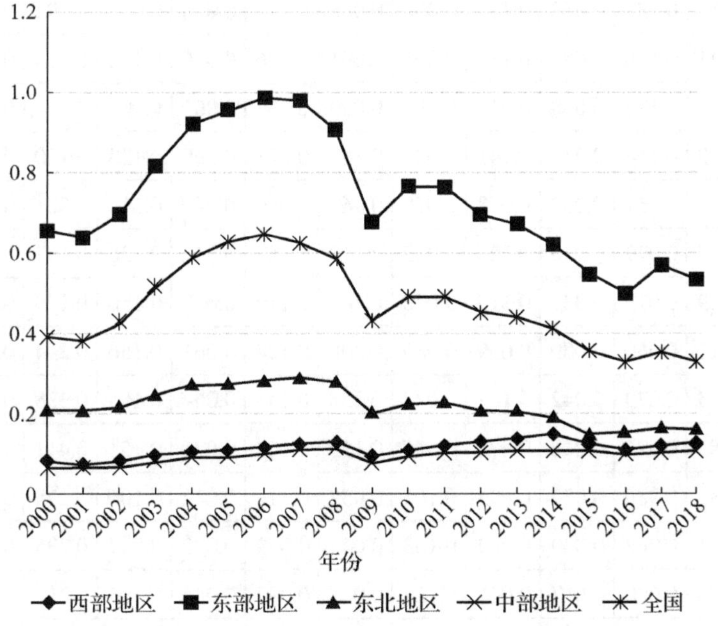

图 4-1　2000—2018 年我国四大板块对外贸易依存度变化

化趋势与对外贸易总额占全国的比重变化趋势相似，自2014年达到最高点（0.149）后逐渐回落。

如表4-1所示，从西部各省份外贸依存度变化情况来看，2011年之前，新疆外贸依存度在西部各省份中排名第一（2001年排名第二），2008年达到最高的38.8%。2012年开始，重庆外贸依存度逐渐超过新疆，位居西部地区第一。2018年，西部地区外贸依存度排在前四位的省份依次是重庆（24.2%）、广西（20.9%）、陕西（14.7%）、四川（13.9%）。

表4-1 2000—2018年西部地区各省份外贸依存度变化情况

年份	新疆	宁夏	青海	甘肃	陕西	西藏	云南	贵州	四川	重庆	广西	内蒙古
2000	0.137	0.124	0.050	0.045	0.098	0.092	0.075	0.053	0.054	0.083	0.081	0.141
2001	0.098	0.131	0.057	0.057	0.085	0.055	0.077	0.047	0.060	0.077	0.065	0.098
2002	0.138	0.097	0.048	0.059	0.082	0.067	0.080	0.046	0.078	0.066	0.080	0.104
2003	0.209	0.121	0.072	0.078	0.089	0.071	0.086	0.057	0.087	0.084	0.093	0.098
2004	0.211	0.140	0.102	0.086	0.095	0.075	0.100	0.075	0.089	0.105	0.103	0.101
2005	0.252	0.131	0.063	0.113	0.096	0.068	0.113	0.058	0.089	0.102	0.108	0.103
2006	0.241	0.160	0.081	0.136	0.091	0.091	0.126	0.056	0.102	0.113	0.113	0.097
2007	0.304	0.134	0.060	0.159	0.093	0.090	0.144	0.061	0.106	0.124	0.124	0.094
2008	0.388	0.114	0.049	0.141	0.083	0.142	0.123	0.069	0.128	0.120	0.138	0.077
2009	0.223	0.061	0.037	0.078	0.070	0.062	0.089	0.040	0.117	0.081	0.126	0.048
2010	0.215	0.079	0.040	0.123	0.082	0.112	0.127	0.047	0.130	0.107	0.127	0.051
2011	0.229	0.072	0.037	0.115	0.078	0.148	0.119	0.057	0.150	0.193	0.132	0.055
2012	0.211	0.060	0.039	0.099	0.065	0.308	0.128	0.061	0.156	0.294	0.143	0.045
2013	0.205	0.079	0.042	0.102	0.078	0.256	0.135	0.064	0.154	0.338	0.143	0.045
2014	0.183	0.121	0.046	0.078	0.095	0.150	0.142	0.071	0.151	0.411	0.159	0.050
2015	0.131	0.080	0.050	0.073	0.105	0.055	0.112	0.072	0.106	0.295	0.189	0.044
2016	0.121	0.068	0.039	0.063	0.103	0.045	0.089	0.032	0.099	0.235	0.173	0.043
2017	0.128	0.090	0.017	0.071	0.124	0.045	0.095	0.041	0.125	0.231	0.190	0.059
2018	0.104	0.071	0.017	0.049	0.147	0.031	0.094	0.033	0.139	0.242	0.209	0.064

2．实际利用外资额占全国的比重有所上升，2011 年之后外资依存度呈下降趋势

如图 4–2 所示，2000—2018 年西部地区外资依存度略有上升，但呈下降趋势，下降了 34%。如图 4–3 所示，2000—2018 年西部地区实际利用外商直接投资额占全国的比重由 4.68% 上升至 9.87%，2011 年为近年来最高的水平（12.16%）。从西部各省份实际利用外商直接投资额变化上看，四川、陕西实际利用外商直接投资额在 2005 年之后快速增长，2018 年分别位居西部地区前两位，贵州实际利用外商直接投资额在 2010 年之后快速增长，2017 年达到 38.9 亿美元，位居西部地区第三位，而内蒙古、重庆利用外资额则在 30 亿美元左右徘徊。

同时，西部地区外资开放度与外贸开放度似乎存在某种程度的替代性。例如新疆的外贸开放度在西部地区处于领先水平，但其外资开放度却在近十

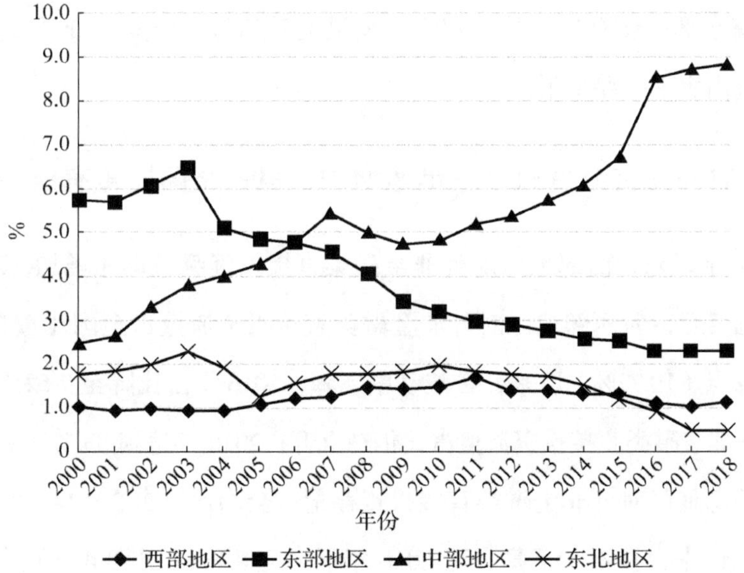

图 4–2　2000—2018 年我国四大板块外资依存度变化

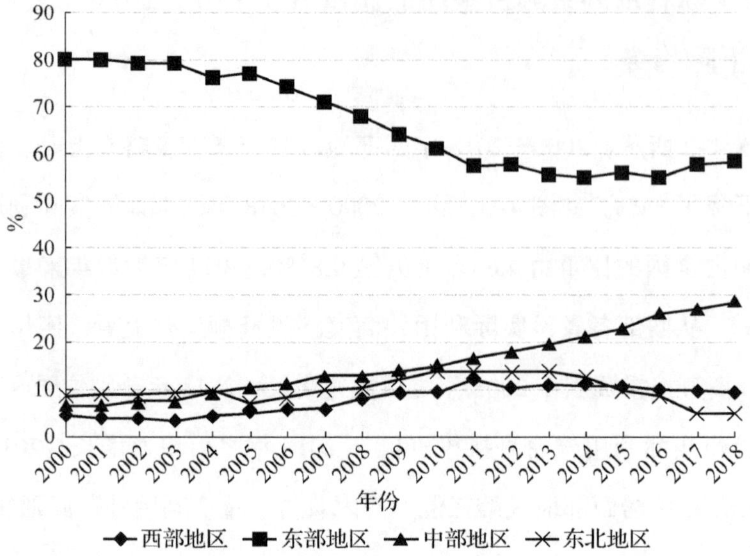

图 4-3 2000—2018 年我国四大板块实际利用外商直接投资额占比变化

几年来处于西部地区最低水平；而青海则相反，其外贸开放度在西部地区是最低的省份之一，但其外资开放度却有 7 年时间（2001—2007 年）处于西部地区最高水平；还有广西的外贸开放度呈上升趋势，但其外资开放度却从西部地区最高水平一路下滑。

3．对外投资流量和存量迅速增加，但占全国比重有所下降

2004 年以来，西部地区对外非金融类直接投资流量迅速增加，2016 年达到 115 亿美元，但西部地区对外非金融类直接投资流量占全国比重自 2008 年达到最高点（19.77%）以来，在波动中下降，2016 年占比降至 7.62%，而东部地区对外非金融类直接投资流量占比仍在上升，2016 年达到 83.5%（见图 4-4）。同时，西部地区对外非金融类直接投资存量占全国比重自 2012 年达到最高点（12.3%）以来也在不断下降，至 2016 年下降至 8.1%（见图 4-5），投资存量为 424 亿美元。

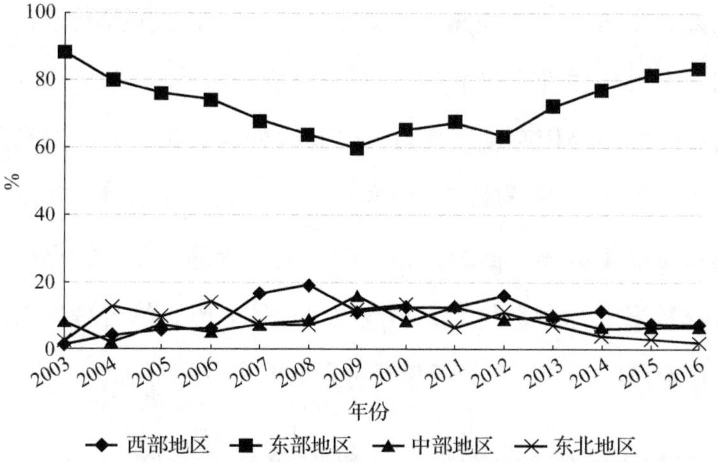

图 4-4　2003—2016 年我国四大板块对外非金融类直接投资流量占比变化

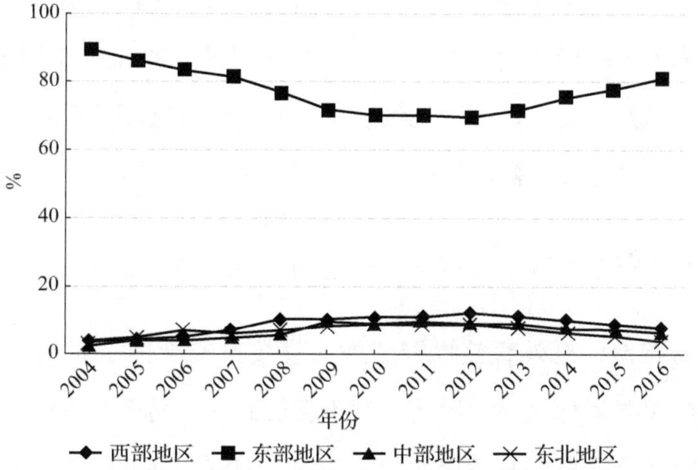

图 4-5　2003—2016 年我国四大板块对外非金融类直接投资存量占比变化

（二）西部地区开放程度总体评价

对外开放度是衡量一个国家经济对外开放程度、体现一国或地区开放型经济发展规模和水平的重要指标，同时也反映了一国经济进入国际经济的方式、程度和进入成本。由于对外开放度的内涵界定不同，测度时会产生较大差异。因此，学者们从不同角度界定对外开放度得到的评价结果各不相同。最常见的观点是将对外开放度与贸易依存度等同，认为一个经济体的开放程度可以用单一的贸易依存度来衡量。也有部分学者认为应以贸易开放度为核心指标，不断加入投资开放度、社会开放度、文化开放度、年度贸易自由化指数、道格拉斯指数等方面的指标，利用两个指标、三个指标或构建多指标综合评价体系来进行衡量。本文在选取指标体系时，综合考虑数据的可得性和可比性，选择以下指标作为衡量经济开放的主要指标。

1. 衡量货物流动的指标——绝对贸易开放度

商品贸易一直是我国各地区参与全球分工和国际合作最重要的方式。从国家层面来看，一般用商品贸易额占 GDP 的比重来衡量一个国家的开放度，本文称为贸易开放度。该指标也可以用于衡量省份层面的对外开放水平，测算方法为（某省份出口额 + 某省份进口额）/ 某省份 GDP。

2. 衡量资金流动的指标——绝对投资开放度

和贸易相似，对外直接投资和外商直接投资同样是表现一个地区对外开放水平的重要指标之一。因此，对于省份而言，同样可以借鉴贸易开放度的测算方法，设计投资开放度的相关指标。测算方法同样为（外商直接投资额 + 非金融类对外直接投资流量）/ 当年 GDP。

需要说明的是，省级商务部门所统计的外商直接投资和外汇管理部门所统计的外商直接投资口径存在很大差异。前者包括了国内外资企业在各省内部的新增投资。本文基本上按照各省商务部门的统计口径予以计算。

3. 衡量人员流动的指标——对外交流开放度

在本质上，人员流动是双向的，应当包括我国居民的国际旅游、双向的国际教育交流和民间外交等方面。然而，一方面由于数据获得的困难，另一方面本文目的主要是进行地区比较。因此选取各省国际旅游外汇收入与国内生产总值的比重作为衡量对外交流开放度的指标。测算方法为国际旅游外汇收入 / 当年 GDP。

在计算对外开放度总指标时，根据重要性程度，本文对外贸开放度、外资开放度和对外交流开放度赋予 4：4：2 的权重，以加权平均值作为各省对外开放度的衡量指标。

4．评价结果

根据以上方法计算出西部地区对外开放度如图 4–6 所示。2003—2018 年，西部地区对外开放度先由 4.3% 上升至 2014 年最高的 6.7%，再下降至 2018 年的 5.4%，西部地区与中部地区的对外开放度在 2014 年之后差距逐渐拉大，东部地区自 2006 年以来对外开放度则总体上呈下降趋势。

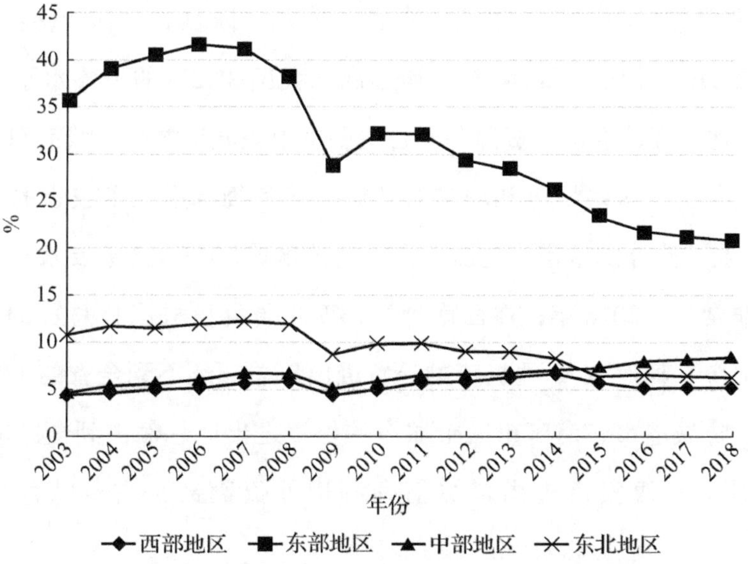

图 4–6　2003—2018 年我国四大板块对外开放度变化

二、西部地区对外开放的特点、问题及原因

近年来，西部地区开放水平有所提升，开放设施和开放环境有所改善。但总体来看，西部地区仍然是我国区域开放布局中的“短板”，具体表现在开放程度总体偏低，开放要素和资源区域分布极不均衡，外贸结构不优，利用外资规模较小，走出去对外投资还处于起步阶段等。

（一）西部地区对外开放的特点及问题

1．开放程度总体偏低，开放要素和资源区域分布极不均衡

2017 年，西部地区占全国 70.7% 的国土面积、28% 的人口、20.7% 的经济总量，但仅拥有全国 6.8% 的对外贸易额、10% 的利用外资额和 7.7% 的对外投资额。2018 年，重庆、广西、四川、陕西的外贸依存度分别为 24.2%、20.9%、13.9% 和 14.7%，均远低于我国 33.2% 的平均水平。西部特别是西北地区开放要素、资源和平台主要集中在城市群核心城市和省会城市一些“点”上，这些地区和城市对开放要素和资源形成了较强的“虹吸效应”，导致其他外围城市、地级市和沿边地区难以获取开放要素和资源，开放程度非常低。2018 年，在西南地区，四川省外贸进出口总额的 84.8% 集中在成都市，其他 20 个地级市的外贸进出口总额还不到全省的 15%。广西崇左市、防城港市、南宁市三个城市的外贸进出口总额占到全区的 72.1%。在西北地区，西安市进出口总值和利用外资额甚至占到陕西省的 90% 以上。

2. 外贸结构由以资源密集型产品为主向劳动密集型产品为主转变，机器电气设备类出口增长较快但并不具备明显国际竞争力

2008 年金融危机前，西部地区首要出口产品为贱金属制品，机器电气设备类产品出口比重在 14% 左右。贺灿飞（2016 年）等研究表明，2007 年，西部地区的优势出口产品主要集中在动植物及其产品、食品饮料与烟酒、化工产品、木制品、纺织原料与制品和一般机械器具及零件（低技术），多数属于资源密集型产品，少部分为劳动密集型产品，到 2013 年则主要集中在鞋帽伞杖、家具等杂项制品、皮革制品、纺织制品、塑料制品、陶瓷与玻璃制品和金属制品等，均属于劳动密集型产品，体现了西部地区产品出口结构由资源密集型向劳动密集型转变的趋势。金融危机以后，西部地区的出口结构逐渐优化，机器电气设备等资本和技术密集型产品的出口增长很快。2012 年，机器电气设备类产品出口比重已增至 41.2%，成为西部地区的主导出口产品。纺织原料及制品、化工制品和贱金属制品紧随其后，这三类劳动密集型和资源密集型产品共占西部地区出口总额的 27.2%。而西部地区 98 种产品的 RCA（显示性比较优势）指数显示，机器电气设备类的 RCA 指数为 0.9 ~ 1.3，在国际市场上并不具备明显比较优势。西部地区在国际市场上具有较强竞争优势的产品多为资源密集型产品和劳动密集型产品。

从进口产品结构变化上看，西部地区的进口结构比出口结构更为集中，矿产品和机器电气设备是前两大进口产品，占西部地区总进口额的 74.3%。其中，矿产品一直是西部地区进口规模最大的产品。西部地区优势进口产品虽然也由资源密集型产品向劳动密集型产品转变，但自 2013 年以来，电器与通信设备、一般机械器具及零件（高技术）、交通工具和光学仪器等部分资本与技术密集型进口产品已开始具有比较优势。

3．不同地区利用外资增长极不均衡，外商投资类型较为单一，来自发达国家的外资占比不高

2018 年，西部地区不同省份利用外资增长极不均衡。重庆、四川、贵州和陕西四个省份利用外资呈现快速增长的趋势。重庆实际利用外资已连续 8 年突破 100 亿美元，世界 500 强落户达到 287 家。陕西 2018 年全年新设外商投资企业 283 家，同比增长 39.4%；实际利用外资 68.48 亿美元，同比增长 16.2%。四川 2018 年全年实际利用外资 754.3 亿元，比上年增长 28.7%。新批（备案）外商直接投资企业 607 家，累计批准（备案）12 308 家。贵州实际利用外资总额为 44.86 亿美元，同比增长 15.3%。但是，广西、云南、甘肃、青海、宁夏、新疆、西藏等西部地区其他省份利用外资规模还相对较小。

从外资投向行业分布上看，西部地区实际利用的外商直接投资有 50% 以上投向了第二产业，近年来，外商投资第三产业的比重有所上升。目前，我国西部地区利用外资的方式主要集中于中外合资、中外合作、外商独资三种比较单一的形式。自 2000 年以来，西部地区运用其他形式（不包括中外合资、中外合作、外商独资）利用外资的占比一直不高。目前，西部地区的外商投资主体主要是中国香港特别行政区、韩国、日本，以及东盟自贸区的一些亚洲成员，而缺少一些发达国家（比如美国、法国等）的大型跨国公司投资，尽管有一些发达国家的投资，但是投资额度较小。

4．走出去对外投资还处于起步阶段，在“一带一路”沿线国家对外直接投资和工程承包的占比提高，对外投资行业结构差别较大

目前，西部地区走出去对外投资还处于起步阶段，2016 年，西部地区对外直接投资流量为 115 亿美元，远低于东部地区的 1 256 亿美元。从西部地区对“一带一路”沿线国家投资情况来看，2016 年，东部沿海地区 10 个省份

对“一带一路”沿线国家非金融类直接投资额占我国对沿线国家非金融类直接投资额的比重为 67.6%，西部地区 12 个省份所占比重仅为 17.8%（如图 4–7 所示）。西部许多省份在“一带一路”沿线国家投资增长较快，占其对外投资总额的比重也在不断提高。西部地区在“一带一路”沿线国家对外承包工程完成营业额和新增营业额占各省对外承包工程比重也在不断提升。截至 2016 年，陕西已在“一带一路”沿线 26 个国家累计投资 12.8 亿美元，占全省对外投资总额的 34%，重庆在沿线国家投资额占其投资总额的比重达到 57.3%。新疆近 80% 的企业投资主要集中在亚洲，尤其是中亚五国，在中亚五国的投资额约占其总投资额的 75%。四川对外承包工程新签合同额的 4/5 布局在“一带一路”沿线国家。

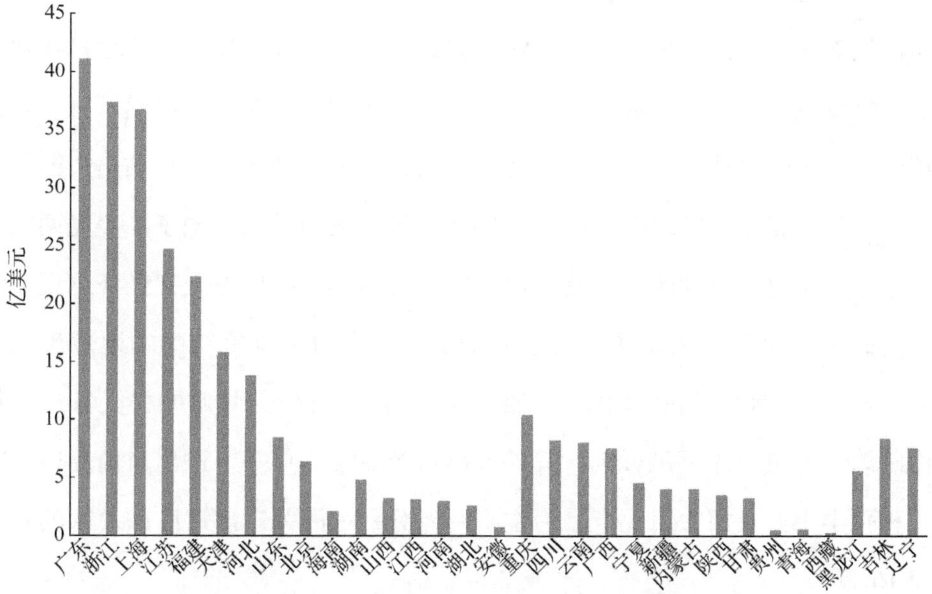

图 4–7　2016 年各省份在“一带一路”沿线国家非金融类直接投资额比较

资料来源：根据相关资料研究整理。

同时，不同省份对外投资行业结构差别较大，这与各省优势产业密切相关。2018 年，重庆对外实际投资规模前三位的行业分别为互联网和相关服务业、软件和信息技术服务业、土木工程建筑业。新疆投资相对集中在能源资源勘探开发、园区建设、化工、电力、建材、农业等领域，即企业主要依托境外资源进行投资。

（二）成因分析

西部地区开放水平不高的原因主要集中在以下几个方面。

1．本地开放主体培育严重不足，难以支撑贸易扩量升级和走出去参与“一带一路”建设

一个地区的外贸结构是自身产业结构的外在体现。重庆、成都、西安、广西虽然吸引了加工贸易外资企业的快速集聚，但本土外贸企业培育依然不足，外贸主体集中在少数几个跨国公司，外向型产业支撑力依然不强。2018年，陕西一般贸易进出口额仅占全省的22%左右，地区品牌产品出口严重不足，国有企业进出口额仅占全省的8.6%，而西安市的三星电子、美光两家企业进出口总值就占到陕西省进出口总值的近70%。四川占全省经济总量40%以上的国有企业进出口额只占全省的10%。广西出口货物中本地货源仅占45.4%，出口增量只占GDP增量的25.4%。内陆省份如甘肃同样受其产业结构制约和外贸主体不足影响，其外贸出口产品结构单一，进出口商品以矿产品和化学工业及相关工业产品为主，两者分别占海关进出口商品总额的40%和15%。

同时，西部沿边省份由于吸引加工贸易产业集聚难度较大，以致工业转型升级缓慢，与毗邻国家外贸缺乏互补性，外贸规模增长受限，仅靠自身力量难以形成面向周边毗邻国家和地区的辐射中心。如图4–8所示，2003年至2018年的16年间，新疆与巴基斯坦边境贸易总额在中巴贸易总额中的占比由

10.5% 下降至 1.34%，远远低于中巴贸易总体水平。新疆与巴基斯坦产业同构程度较高，使得新疆与巴基斯坦的贸易互补性弱。纱线和机电产品是新疆对巴基斯坦的主要出口商品，而我国从巴基斯坦进口的棉纱线金额占从巴基斯坦进口总额的 50% 以上。农产品是新疆对巴基斯坦的主要进口商品，但新疆本身也是农业区，自身也有农产品出口需求。巴基斯坦所需要的进口商品主要以制造业产品为主，但新疆制造业较为落后，在很大程度上难以提供巴基斯坦所需的制造业产品。如图 4-9 所示，2006—2018 年，广西与东盟贸易额

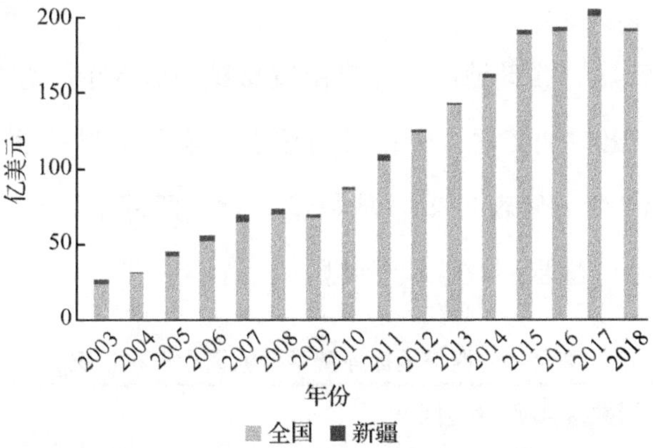

图 4-8　2003—2018 年新疆与巴基斯坦贸易额和我国与巴基斯坦贸易额变化

资料来源：新疆历年统计年鉴。

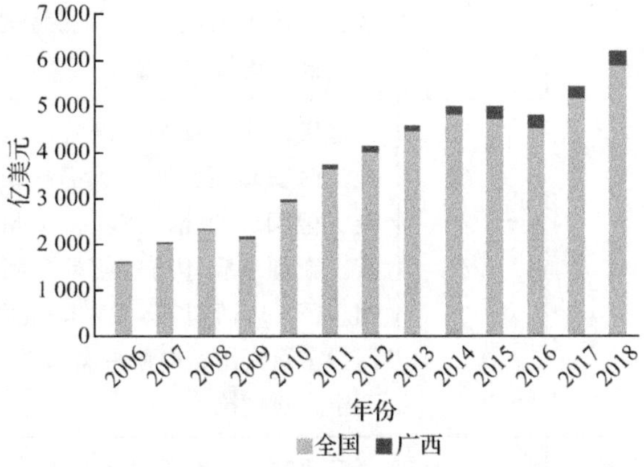

图 4-9　2006—2018 年广西与东盟贸易额和我国与东盟贸易额变化

资料来源：广西历年统计年鉴。

占我国与东盟贸易额比重由1.14%上升至5.31%，总规模跻身全国各省份排名前十位，但与广东、上海、江苏等其他发达省份相比仍差距较大，而云南与东盟贸易额仅占我国与东盟贸易额的2.54%。云南对东盟出口的各类产品中，农林牧渔产品出口对云南经济贡献和就业贡献的作用都是很大的，反映出云南省制造业生产和出口都相对薄弱。

2．开放平台非常缺乏，开放型基础设施运力趋于饱和且服务质量不优

截至2018年底，西部地区拥有自由贸易试验区5个，综合保税区28个，保税港区2个，出口加工区4个，沿边重点开发开放试验区6个，边境/跨境经济合作区14个（见表4–2）。从数量上看，西部地区外贸开放平台已形成一定规模，但其发展还存在以下问题。

表4–2　西部地区外贸平台数量和分布情况

外贸平台	全国数量（个）	西部地区数量（个）	名　　称
自由贸易试验区	18	5	中国（重庆）自由贸易试验区、中国（四川）自由贸易试验区、中国（陕西）自由贸易试验区、中国（云南）自由贸易试验区、中国（广西）自由贸易试验区
综合保税区	100	28	重庆西永、江津、涪陵，西安、西安航空基地、西安高新，四川成都高新、成都国际铁路港、德阳、泸州、宜宾，贵州遵义、贵阳、贵安，新疆乌鲁木齐、喀什、阿拉山口，甘肃兰州新区，广西南宁、凭祥、北海，云南昆明、红河，宁夏银川，内蒙古满洲里、鄂尔多斯，青海西宁，西藏拉萨
保税港区	14	2	广西钦州、重庆两路寸滩
出口加工区	27	4	呼和浩特、北海、绵阳、陕西西安

续表

外贸平台	全国数量（个）	西部地区数量（个）	名　　称
沿边重点开发开放试验区	7	6	广西东兴、凭祥，云南瑞丽、勐腊（磨憨），内蒙古满洲里、二连浩特
边境/跨境经济合作区	19	14	内蒙古满洲里、二连浩特，广西东兴、凭祥，云南临沧、河口、瑞丽、畹町、磨憨－磨丁（跨境），新疆伊宁、塔城、博乐、吉木乃、霍尔果斯

资料来源：根据相关资料整理。

一是外贸开放平台省际和省内布局极不均衡。目前，西部地区特别是西北地区综合保税区运营状况不佳，特别是青海还没有建立综合保税区。许多西部省份除省会城市外，大部分市州没有开放口岸和海关设置，被划入自贸区的一些片区甚至没有出口加工区、综合保税区等开放平台。

二是西部地区大部分综合保税区缺乏港口支撑，大多依托于内陆河港和空港设立，辐射能力较弱，导致西部地区保税区对加工贸易发展的正向影响较东部地区弱。云南、贵州、甘肃等省综合保税区还没有构建多式联运体系，不必要的周转和运输使物流成本大幅度增加。许多综合保税区基础设施建设滞后，远不能满足面向“一带一路”沿线国家开放的需求。

三是沿边重点地区口岸及相关设施建设滞后。2017 年以来，随着中欧班列开行数量爆发式增长，西部地区阿拉山口、满洲里、二连浩特三个口岸都已满负荷运行，随着未来班列数量的持续增长，阿拉山口口岸通行能力很可能遇到瓶颈。由于曾长期处于对外开放的“末梢”，许多西部地区的口岸基础设施尚不能适应扩大开放的步伐，尤其是在口岸信息化、智能化建设以及仓储、查验空间等方面存在明显短板，通关效率等服务水平也与发达地区存在一定差距。

3．与开放相关的体制机制建设滞后，难以适应新时代开放形势和需求

目前，西部地区贸易便利化水平总体不高且省际差异明显。据研究测算，2000—2018 年，西部地区整体的贸易便利化水平呈明显上升趋势，提升速度快于其他三大板块，但 2018 年贸易便利化水平仅为东部地区的 58.2%。同时，省际贸易便利化水平提升差异明显，除了重庆的贸易便利化水平呈直线上升趋势外，其余省份的贸易便利化水平呈波动上升趋势。重庆的贸易便利化水平提升幅度最大，其次为陕西，而贵州和广西的贸易便利化水平的提升幅度最为有限，明显低于其他省份。宁夏、甘肃、西藏的贸易便利化水平明显落后于西部其他省份。另外，重庆、四川、陕西自贸区贸易便利化程度有待提高。自挂牌以来，三个自贸区口岸通关时间大幅减少，如 2018 年重庆自贸区口岸通关时间比 2017 年压缩了 1/3，四川自贸区成都区域进口货物和出口货物平均通关时间较 2016 年分别压缩 48% 和 44%，陕西自贸区通关效率比 2017 年提升 30% 以上，但西部自贸区存在多式联运的通关机制不完善，水、铁、空海关、检验检疫监管相对独立，存在重复办理通关手续、检验检疫、结转货物的现象，通关程序简化及标准化程度有待提高，出口退税时间较长，进出口货物的合规成本较高。自贸区在鼓励创新、鼓励服务和鼓励贸易方面的税制安排还比较滞后，与国际开放地区相比存在较大的税率差距。自由贸易账户（FT 账户）功能有限，账户中的资金对企业来说“易进难出”。

4．开放相关的物流、劳动力、产业配套、政策成本很高，与周边毗邻地区相比并不具备开放竞争优势

一是西部省份反映物流成本普遍较高，西部地区企业加工的原材料和产

成品需要从外部运入或者运出、以公路为主的运输方式、流通环节多、基础设施投入不足等因素都导致其物流成本较高。在对西部地区进行调研时陕煤集团提到，公司的煤炭产品，铁道运输占比不到一半，铁道运费连年升高，公路运输受高速收费标准限制，运输半径相对有限。宁夏提到，宁夏工业发展特点以能源、化工、装备制造、新材料等行业为主，大宗煤炭、煤化工产品需要外运；而运入的货物多以工业消费品、工业原材料为主，造成货物流量以“出多进少”为主，双向流通不平衡，提高了总体运输成本。目前，进、出宁夏的货运量比例大约为 7∶3，铁路、公路的货运空载率高达 40%，造成了运力的极大浪费。

二是劳动力成本与周边国家相比不具备优势。2017 年，广西企业雇用一个越南劳动力比雇用一个广西劳动力平均可节约 1.3 万 ~ 1.5 万元 / 年。重庆、四川、陕西反映，2018 年其每月最低工资标准分别为 1 400 元、1 650 元和 1 580 元，高于柬埔寨（150 美元）、缅甸（112 美元）最低工资标准。从人均工资来看，西部地区各省区市制造业的工资水平增长也较快，与工业发展较早的马来西亚、菲律宾相比是有竞争力的，但与印度尼西亚、越南等国家制造业人均工资水平相比并无多少竞争力，即就劳动密集型低附加值、资源依赖型产业承接而言，印度尼西亚、越南更有竞争力。

三是在政策优惠上已不具备优势。本课题组调研时广西企业反映，越南胡志明市规定企业所得税优惠税率享受期限为“三免五减半”，河内工业园区甚至给出了“三免七减半”的政策，较我国西部地区实施的“两免三减半”政策优惠力度更大。其在越南河内的公司主营业务的所得税税率为 10%，较我国西部地区属于鼓励类产业目录的企业减按 15% 的税率征收企业所得税的政策更为优惠。在泰国，其宽松自由的投资政策主要体现在无汇款限制、无出口要求、无外资比例限制和无国产率要求，特别是在泰国第三区域投资的企业更能在前八年享受法人所得税豁免，在随后五年享受法人所得税减半征收。

2014年11月，国务院出台的《关于清理规范税收等优惠政策的通知》（国发〔2014〕62号）从政策层面终结了以税收优惠吸引外资的旧的招商引资模式。按照内外资企业一视同仁原则，地方政府目前很难再为外资企业提供土地和税收等特殊优惠政策，只能转向改善营商环境来吸引外资。但与东南沿海地区相比，大部分西部省份在投资硬环境和软环境上普遍较为落后，而且前者在优化投资环境方面迈出的步伐更快，这种转向改善营商环境的招商引资新模式短期内很难增强西部省份对外资的吸引力。根据粤港澳大湾区研究院发布的2017年中国城市营商环境报告显示，除重庆城市营商环境指数排在全国35个直辖市、副省级城市、省会城市第5名，西安、成都分别排在第12名和第13名外，其余西部省会城市排名都在20名以外，贵阳、乌鲁木齐、西宁、银川、兰州排在最末位。西部地区开放成本增加导致近年来我国东部地区许多以加工贸易为主的外资企业向东南亚、非洲、拉美等地区转移。

同时，国家对加大西部地区开放的政策支持力度严重不足。如税收政策方面，首先，国家对西部地区税收优惠政策并没有根据国际国内形势变化进行相应调整。西部地区实施的税收优惠政策内容上基本是照搬东部地区的现行政策，仅仅使东西部地区间税收政策达到趋同，并没有实现优惠。其次，西部地区税收优惠范围狭窄，税收门槛较高。西部地区的税收优惠政策主要针对企业所得税，但西部地区企业的盈利水平普遍不高，应税所得额较小，享受到的税收优惠不如东部地区充足。且现行政策对国家鼓励类产业企业规定，其主营业务收入必须占企业总收入的70%以上才能享受优惠，政策门槛偏高。最后，目前西部大开发政策主要采用税率式优惠，这种直接优惠方式可操作性强，对于建设周期短、回报高的企业效果较为明显，但对部分投资规模大、经营周期长、获利小、见效慢的基础产业项目的投资鼓励作用不大。

四是西部地区产业配套成本很高。西部地区产业结构调整缓慢，产业结构老化，没有形成以核心产业为中心的配套产业体系。根据杨先明（2009年）的研究表明，在装备制造领域，即使配套条件最好的四川省，配套能力也只相当于广东省的12.9%，其他省份配套能力都非常低，不到广东省的10%。产业配套能力的差距使投资西部地区的企业在当地获得配套企业支持的范围有限，必须在一个更大的半径内进行采购，因而增加了经营成本。

三、新时代加大西部地区开放力度的重点任务

针对西部地区扩大开放存在的问题和原因，本文认为，西部地区应通过构筑以线串点、由点及面的均衡开放格局、培育形成孕育开放型现代产业体系的新生态、优化提升地区平台开放水平、强化开放相关基础设施支撑能力、降低开放相关产业配套、劳动力和物流成本、加大东西部地区开放合作创新力度来加大西部地区开放力度，进而构筑西部地区开放新格局。

（一）构筑以线串点、由点及面的西部地区均衡开放格局

1. 将中新互联互通南向通道建成西南西北地区联动开放的西部地区地区开放主轴

目前，重庆、广西、贵州、甘肃等西部省份正在合力打造中新互联互通南向通道，这对于串联西部地区成渝城市群、关中平原城市群、北部湾城市群联动开放，构筑以线串点、由点及面的均衡开放格局具有重要意义。应在

国家层面推动由中国和新加坡两国领导人见证、中国商务部和新加坡贸工部正式签署中新互联互通项目南向通道合作框架协议，制定南向通道建设发展规划，设立南向通道建设专项资金，推动新方加大对南向通道的实质性投入，并持续给予南向通道班轮港口转运优惠政策。参照中欧班列的做法，给予南向通道海铁联运班列45%铁路运价下浮优惠，将南向通道铁海联运、公铁联运等列为国家多式联运示范工程。在南向通道沿线省份推行国际贸易“单一窗口”标准化建设，实现省际互联互通。推动国家参照珠江、长江流域实施的启运港退税政策，将西安港、甘肃（兰州）国际陆港等陆港、北部湾港设立为启运港退税政策的离境港。结合国家大力推动中欧班列发展，在南向通道沿线城市布局一批面向东南亚、中亚和欧洲的加工贸易基地、高标准农林牧产品和食品出口基地，推动粮食进口关税配额向西部地区倾斜，做大南向通道物流规模，增强集聚效应，使南向通道逐渐形成西部地区重要的开放型经济走廊。

2. 推动开放要素和平台由城市群核心城市和省会城市向外围城市和地级市扩散转移

强化重庆、成都、西安、昆明、南宁、乌鲁木齐等区域中心城市在开放中的引领支撑作用，同时推动开放要素由城市群核心城市和省会城市向外围城市和其他地级市扩散转移。适当降低西部地区口岸、海关特殊监管区、跨境电子商务综合试验区设立门槛和考核标准，支持有条件的外围城市和其他地级市增设汽车整车、药品等进口口岸，在西部地级市和城市群外围城市如泸州、万州、武威、天水布局一批口岸和出口加工区、综合保税区，支持在乌鲁木齐、南宁等城市设立跨境电子商务综合试验区。

（二）培育形成孕育西部地区开放型现代产业体系的新生态

1．提升特色产业竞争力

积极发展有资源优势、环境优势、劳动力优势的产业，开拓国内国际市场。支持西部地区承接、布局、培育一批先进装备制造产业集群。提升跨境产业合作水平，积极与周边国家发展农业、资源加工、旅游等跨境产业链，增强上下游产业服务及配套能力。支持西部地区依托特色产业，打造国际花卉、中药材、特色农产品等国际贸易专业大市场，构建西部地区特色产品全程可追溯网络，扩大优势产品出口。规划沿边贸易仓储、物流等设施布局，逐步建成一批以能源、原材料、粮食、棉花等资源性产品为主的沿边国际贸易集散中心。推动西部地区各省份开展跨区域经贸合作与联动，共同拓展外部市场。

2．大力推动投资贸易便利化

对外商投资全面实施准入前国民待遇加负面清单管理模式，简化外商投资项目管理程序和外商投资企业设立、变更管理程序。简化外商投资企业设立手续，全面实行外商投资企业商务备案与工商登记“单一窗口、单一表格”受理。简化企业生产经营相关前置行政审批，加快推进消防、环评、用地等审批环节并联办理，缩短海关登记、申领发票等环节办理时间。对环评等第三方中介机构进行规范管理，明确出具专业性评价报告的时限和收费标准，逐步允许企业“先开工后环评”。加快国际贸易“单一窗口”建设，全面实行无纸化通关通检模式，推动企业申报数据跨系统共享、多部门共用。积极推进海关监管模式创新，对部分进出境货物试行检验检疫事中事后监管新模式，将进出口通关时间压缩三分之一。加快打通海关与地方政府之间的数据壁垒，建立信息共享、执法互助、结果互认、协同治理的监管机制。

3．深入推进放管服改革

加强对西部地区各级政府权力清单和责任清单的督查工作，确保简政放权落到实处、见到实效。力争 2018 年在西部地区全面实施全国统一的市场准入负面清单制度。全面实施“证照分离”改革，积极推进照后减证，进一步压缩西部地区企业开办时间。在项目投资、环境保护、安全生产、消防等领域进一步强化事中事后监管，探索逐步取消事前许可，将工程建设项目审批时间再压减一半。以假冒伪劣、非法传销、不公平竞争和侵害知识产权等为重点，完善和加强“双随机、一公开”监管，将“双随机”抽查比例提高到 5%，实现企业信息 100% 公示。深入推进“互联网 + 政务服务”模式，优化网上服务流程，完善政务服务平台建设，加快政府信息系统互联互通，在西部地区全面实现政务服务“一号申请、一窗受理、一网通办”。依法简化具备条件的研发用样本样品、试剂等进口手续，鼓励跨国公司在西部地区设立研发中心。对网络侵权盗版、侵犯专利权、侵犯商标专用权等知识产权侵权问题开展集中整治，加大对侵权违法行为的惩治力度。进一步完善外商投资企业投诉机制，协调解决境外投资者反映的突出问题。

4．在开放体制机制改革上先行先试

利用中新（重庆）战略性互联互通示范项目、中马“两国双园”等合作机制和平台，在果园港、钦州港与新加坡港、马来西亚关丹港之间率先探索试行点对点的自由贸易政策。推进中越、中马、中新等“两国一检”试点，支持广西与新加坡开展中国—东盟国际贸易“单一窗口”合作，创新西部地

区口岸通关监管制度，推进企业、个人海关业务网上一站式办理。创新检验检疫监管模式，推进国检试验区建设，探索铁路航空联运及多式联运“一单制”创新机制。探索在西部沿边地区建设边境旅游试验区、跨境旅游合作区，允许符合条件的试验区实施口岸签证政策，加快推动中国东兴—越南芒街、中国瑞丽—缅甸木姐等一批跨境经济合作区建设，在海关监管、产业规划、行政司法、交通管理、政策优惠等领域与毗邻国家和地区进行深度对接。

（三）优化提升西部地区平台开放水平

高质量推进西部自贸试验区、重点开发开放试验区、边境/跨境经济合作区等先行先试平台建设，推动国家级开发区创新提升，高水平建设国际合作园区，强化西部地区贸易投资促进平台功能，为西部地区开放合作和产业发展提供重要支撑，促进西部地区形成若干开放型经济新增长极。

1. 高质量推进西部地区自贸试验区建设

大幅度放宽市场准入，进一步压缩外商投资负面清单。赋予自贸试验区更大改革自主权，将更多中央经济管理权限和省级管理权限赋予自贸试验区。将跨境投融资便利化、服务贸易创新、口岸服务机制创新、引进国际人才、完善事中事后监管等改革事项，放在西部地区自贸试验区先行先试。支持自贸试验区开展自由贸易账户试点。支持西部地区自贸试验区查找短板弱项，率先解决制约高质量发展的深层次问题。加强改革举措系统集成，形成更多高质量的制度创新成果。推动试点经验全面复制推广。鼓励西部地区自贸试验区对标国际先进规则，聚焦投资贸易自由化便利化、金融开放创新等领域，开展差别化探索，打造各具特色的开放高地，示范引领区域开放、协同开放。

2．提升沿边重点地区开放层次和水平

研究确定一批边境重点开放城市，提高城市层级，整合提升城市功能，增强辐射带动能力，面向毗邻国家，深化区域及次区域合作，提升贸易投资、人员往来便利化水平，打造西部边境经济增长极。加强广西等重点开发开放试验区建设，研究设立更高层级的重点开发开放试验区。支持边境经济合作区建立承接产业转移示范基地，利用外经贸专项发展资金承接加工贸易梯度转移项目，探索边境/跨境经济合作区叠加海关特殊监管区功能，开展加工贸易保税维修、再制造和研发、检测等新型业务试点，培育壮大沿边特色产业。推动东部国家级经济技术开发区与边境经济合作区交流合作。因国施策，稳步推进中哈、中老、中缅、中越、中蒙、中俄、中尼（泊尔）等跨境经济合作区建设，使用援外资金支持配套设施建设。鼓励具备条件的地区结合规划加强跨境经济合作区中方区域建设，在规划审批、贸易投资、人员往来、加工物流、旅游等方面，加快推动有关职能部门实现管理模式突破，包括“一站式”验放通关等，实施更加灵活和便利化的政策。

3．推动西部地区国家级开发区创新提升

在西部地区国家级开发区内，全面复制推广自贸试验区政策，下放更多涉企行政审批权限。允许现有国家级开发区开展一区多园、区中园等市场化改革试点，并提供规划调整、简化审批等便利。对国家级开发区利用外资项目所需建设用地指标，做到应保尽保。整合规范现有各级各类新区、基地、园区，加强统筹协调与功能整合，推动国家级开发区转型升级。优先在西部地区国家级开发区建设外贸转型升级基地，在资金、信贷、保险、公共服务平台建设、贸易便利化、贸易促进等方面出台支持政策，培育一批具有影响力和辐射带动力的西部地区产业集群，打造区域性国际创新要素集聚平台。

探索建立涵盖行政效率、商事制度、事中事后监管、公共服务、依法行政、知识产权保护等在内的营商环境评估指标体系，委托第三方开展年度评估，纳入政府绩效考核体系，形成优化营商环境的长效机制。

4．建设高水平国际合作园区

组织开展西部地区重大开放综合试点试验，建设高水平国际合作园区和辐射带动能力强的合作示范项目。加强引导服务，使用援外资金和“两优贷款”，支持西部地区在“一带一路”沿线国家建立境外经贸合作区，实现集群式走出去，提升对外投资合作竞争力。利用外经贸专项发展资金，鼓励金融机构通过融资、消费信贷、短期险、境外投资险等多种方式，支持西部地区企业设立海外展示中心、分拨中心等国际营销服务网点和体系建设，为西部地区企业建设对外投资联络服务平台和对接国家平台提供更大便利。推进境外合作区与国内园区结对发展，复制“两国双园”、第三方合作等模式，打造利益多元化的国际合作平台。

为西部省份实施“丝路明珠”示范工程提供便利，同等条件下优先支持西部地区项目入选项目库。发挥西部旅游、文化等特色产业优势，大力引进国外资金和管理，在条件成熟的地方建设边（跨）境旅游试验区、特色国际旅游区、文化贸易创新示范区以及各类国际合作产业园区。探索建设中国—东盟特别合作试验区。全面对标东盟国家招商引资政策，形成具有吸引力的开放高地。

5．建设西部地区贸易投资促进平台

支持西部地区发展跨境电商等贸易新业态新模式，培育跨境电商平台，推广跨境电商应用，促进西部地区外贸转型升级和创新发展。培育专业市场和贸易平台，鼓励西部省份参与“丝路电商”工作，建设跨境电商监管仓、

海外仓，深耕沿线国家市场。在西部地区增加汽车平行进口试点，支持西部地区设立免税店，建设进口贸易促进创新示范区。支持中国西部国际博览会，中国—亚欧、中国—东盟、中国—南亚、中国—阿拉伯、中国兰州投资贸易洽谈会，中国东西部合作与投资贸易洽谈会和中俄博览会等升级发展，突出专业化和国际化。充分发挥境外办展项目的积极作用，在境外展会项目招展工作中视情况对西部地区参展企业进行政策倾斜。支持西部地区省份参加双边经贸联（混）委会和自贸协定联委会工作机制。

（四）强化开放相关基础设施支撑能力

1．建设完善西部地区跨境通道和交通运输体系

进一步完善向西开放通道交通网络布局，加强重点开放地区基础设施建设，强化交通运输的通达能力。加快库尔勒—格尔木等铁路建设，适时推动和若铁路、日吉铁路、阿尔山—乔巴山铁路、中缅铁路建设，推进集宁—二连浩特等铁路扩能改造，提升西部地区铁路货运比重。建立西部地区跨境多式联运交通走廊，协调制定更加灵活的通关和检验检疫措施，实施多式联运、启运港退税政策，创新解决国际铁路运输凭证物权问题，推动落实特殊运价政策，倾斜配置运输资源。在重要节点城市、中等城市、沿江和口岸城市，规划建设重要物流枢纽，打造一批具有多式联运功能的大型综合物流基地，在符合条件的地区配套建设具有海关、检验检疫功能的铁路口岸，统筹布局港口、机场、公路货运站及配送中心，形成无缝衔接的国际多式联运体系。加强跨境航道建设，积极推进澜沧江—湄公河国际航运、中越红河水运通道、中缅陆水联运 3 条出境水运通道建设，推动沿海港口、西部空港、沿边口岸和港铁联运一体化，实现区域无障碍通关。

2．完善口岸“硬”“软”基础设施建设

加快塔城、策克、阿拉山口、满洲里、龙州、靖西、北海、勐腊、河口等开放口岸基础设施、查验设施、口岸高速公路建设，大力提升口岸通行能力，与毗邻国家各建设 1 ～ 2 个示范口岸。扩大内陆口岸功能、改善口岸配套设施，实现与东部沿海港口的无缝对接。提高口岸仓储、查验等服务效率，重点提升口岸信息化、智能化建设，全力推进电子口岸和智慧口岸建设，建设覆盖海关、检验检疫、外贸、口岸等单位的电子口岸大通关信息系统。

3．提高跨境能源通道能力

巩固和加强西北、西南跨境能源通道建设，扩大中亚、中俄、中缅等国际油气互联通道规模，建设贯通中蒙俄与长江经济带的油、气、电、煤炭能源通道，加强中巴能源合作，夯实国家资源能源陆路安全大通道。促进与周边国家实现跨境电网互联互通和电力贸易合作，积极推进电力外送通道建设，便利电力输出。

4．提高信息基础设施水平

以西部地区核心城市为节点，推动海陆跨境光缆等通信干线网络建设，完善信息通信基础设施，构建新一代国际信息互联互通大通道。加快建设中国—东盟信息港，推进与哈萨克斯坦、巴基斯坦、缅甸等周边国家信息通信设施互联互通，重点加快国际通信业务出入口、国际直达数据专用通道建设。以贵州大数据产业为基础，在西部地区布局建设服务“一带一路”沿线国家的大型国际数据中心，促进贸易、投资、科技、物流、旅游、信用、通关、检验检疫等实现信息全面共享。

（五）降低开放相关产业配套、劳动力、物流成本

1．降低西部地区企业配套成本

从国家层面出台支持西部地区，特别是在南向通道沿线发展和承接加工贸易产业的金融、土地、用电等配套政策，稳妥推进国内外企业将整机生产、零部件、原材料配套和研发结算环节向西部地区转移，形成加工贸易产业集群。推动西部地区对本地产业配套进行完善，通过培育当地企业或者引进外来企业做好产业配套的相关工作，提升产业配套能力。

2．降低西部地区企业用工成本

鼓励西部边境省市地方政府与毗邻国家地方政府尽快签订跨境劳务合作协议，建立健全跨境劳务合作协调管理机制。国家、西部省级地方政府将跨境劳务合作的审批管理权限下放给地级市政府，授权其根据实际情况对跨境劳务合作进行管理。支持广西、云南等省份开展对东盟跨境劳务试点，探索建立中越、中老、中缅跨境劳务市场，建设跨境劳务合作信息服务平台，负责收集企业的用工需求、毗邻国家的劳工信息，构建跨境劳务培训体系，培育和发展一批专业化跨境劳务中介机构，将中越跨境劳务试点扩大到沿边重点地区以外的区域。

3．降低西部地区企业物流成本

全面取消西部地区政府还贷二级公路收费，逐步取消一级公路收费。鼓励西部地区大力发展多式联运，推动无车承运物流的创新发展。支持重庆、成都建设国际多式联运综合试验区，建立健全国际多式联运规则体系，形成

对接国际的多式联运制度标准，将钦州港区列为国家航运综合试验区，对在区内注册的航运企业从事海运、仓储、物流等服务取得的收入免征营业税。加大对西部地区重点农产品主产区的冷链物流工程建设和冷链国际货运班列开行的支持力度。

（六）加大东西部地区开放合作创新力度

1．探索创新东西部地区开放协作模式和机制

引导东部地区外向型产业向西部地区有序转移，研究提出支持东西部地区外向型产业对接发展的政策措施，探索开展“飞地产业园区”、跨省合作园区等合作模式，鼓励和支持东部地区外向型产业到西部地区建设进口资源深加工基地和出口加工基地，带动西部地区外向型经济的发展，共同开拓周边国家（地区）市场。积极探索东西部地区自由贸易试验区开放合作机制，推动中国（上海）自贸区内金融机构和高端服务业在重庆、四川、陕西自贸区内设立分支机构和区域性总部，推动东西部地区自贸试验区加强贸易监管制度创新的交流合作，推动签署东西部地区口岸合作协议，完善口岸合作机制，探索在口岸通关合作和“单一窗口”信息共享基础上创新模式，支持东部地区港口在西部内陆地区建设无水港，推进无水港完善提升订舱、箱管和海铁联运等方面的功能。

2．依托重要轴带建设加大东中西部地区开放合作力度

依托长江经济带建设，积极发展渝沪、渝甬沿江铁海联运大通道，推动西部地区内陆沿边地区海关与东部地区沿海口岸海关的协作配合，完善西部地区港口启运港退税政策，鼓励上海、江苏、浙江到长江上游地区共建产业

园区。依托珠江—西江经济带建设，支持西江上游与西江沿线城市与港澳地区积极开展现代物流、商贸流通、旅游、金融等方面的合作，支持粤桂合作特别试验区、粤桂黔高铁经济带合作试验区等跨省合作园区在开发建设、招商引资、人员派出、管理运营等方面先行先试。

3．建立东部地区对西部沿边重点地区的开放帮扶机制

建立东部沿海地区与西部沿边重点地区“一对一”开放帮扶机制，在西部沿边重点地区口岸、保税区等开放设施建设和体制机制完善上提供资金、技术、管理和人才等领域的支持。推动东部地区央企国企在西部沿边重点地区布局进口能源资源加工转化利用项目和进口资源落地加工项目，鼓励东部地区投资机构和民间资本投资西部沿边重点地区具备资源和市场优势的特色农业、加工制造业、高技术产业、服务业和旅游业。

四、加大西部地区开放力度的对策建议

（一）加大税收优惠力度

制定西部地区市场准入负面清单，替代原有的西部地区鼓励类产业目录，对负面清单以外的内外资企业均减按 10% 的税率征收企业所得税，并降低门槛，对原来主营收入占总收入比重 70% 才能得到优惠的规定，改为由各省根据自身实际情况，鼓励类产业的主营收入占总收入的 50% ~ 70% 进行浮动。改变单一的税收优惠方式，采取直接优惠与间接优惠相结合的方式，多采用加速折旧、投资税收抵免、税前扣除等方式加大优惠力度。将喀什、霍尔果斯经济开发区的企业所得税“五免五减半”优惠政策推广到西部地区国家级开发区、边境经济合作区、跨境经济合作区和沿边重点开发开放试验区。自

2018 年 1 月 1 日起 10 年内，西部地区鼓励外商投资领域清单内企业城市建设维护税按 1% 的最低标准收取，暂缓征收教育附加费，进口设备及与设备有关的特许权使用费免征关税。允许西部地区和东北老工业基地外商投资企业的职工培训费用按 150% 的比例抵扣企业应纳税额，抵扣额最高不超过应纳税额的 8%。

（二）强化金融政策支持

对西部地区开放平台建设和企业开展对外经贸合作，加大政策性银行、保险等政策倾斜支持力度。加大对西部地区重点交通基础设施投资力度，重大项目优先列入申报中央预算内（国债）投资项目年度计划。支持西部地区申请世界银行、亚洲开发银行、亚洲基础设施投资银行贷款及丝路基金，统筹用好外经贸发展专项资金、“两优贷款”、援外资金等，开展重点交通设施建设。对重点交通基础设施投资给予信贷和税费减免等优惠政策。支持沿边省份扩大跨境人民币结算，创新面向“一带一路”沿线与周边国家的人民币金融产品，推动人民币成为沿边地区与周边国家跨境贸易和投资计价、结算的主要货币。加大金融服务开放程度，适度放宽外资金融机构的准入政策，鼓励符合条件的外国金融机构到西部地区设点运营，在风险可控的前提下，鼓励国内外金融机构探索支持西部地区加大开放力度的有效模式。

支持边境城市培育多层次资本市场，支持符合条件的边境城市企业在全国中小企业股份转让系统挂牌，规范发展服务中小微企业的区域性股权市场。支持边境城市通过设立产业基金、投资基金等多种方式进行融资。建立边境城市与中国进出口银行、国家开发银行等金融机构的合作机制，引导丝路基金、中国—东盟投资基金等投向边境城市重大基础建设与互联互通项目。

（三）加大人才引进力度

设立西部地区开放人才培训专项基金，全面轮训西部地区党政干部，通过挂职交流、定向培养、出国学习等途径，强化开放意识、提高开放工作能力。推动中央国家机关和东部地区干部与西部地区干部机制化交流，健全激励与保障机制。提高西部地区干部工资待遇，建立西部艰苦地区津贴增长机制，增加乡镇工作补贴。完善社保、医保等服务体系，鼓励西部地区人才返乡创业以及离退休人员到西部地区创业，给予减税降费、信贷扶持和创业补贴奖励。设立国家“千人计划”“万人计划”西部艰苦边远地区专岗，定向引进急需紧缺高层次人才。继续实施“三区人才计划”，完善“西部之光”访问学者计划和博士服务团项目实施机制。支持西部地区引进国际高端人才，实行为期5年的个人所得税减半征收政策。设立外籍人才一站式服务平台，简化外籍人员居留手续，允许经认定的外籍高层次人才及其配偶和子女以及中国籍高层次人才的外籍配偶及子女申请永久居留资格，允许外籍知名专家学者、企业外籍员工换发多次入境有效的访问签证，允许外籍华人签发5年以内多次出入境的有效签证。规范拓展跨境劳务合作，在沿边地区建立跨境劳务合作联络沟通机制，签署跨境劳务合作协议，规范境外边民入境务工管理模式，适当延长境外边民务工人员居停留时间。利用中亚学院的知识资源和平台优势，为西部地区提供支持。

（四）大幅放宽市场准入

尽快在西部地区全面推行自由贸易试验区试行过的外商投资负面清单，进一步增强投资环境的开放度、透明度和规范性。全面放开一般制造业，在专用车与新能源汽车制造、船舶设计制造与维修、飞机设计制造与维修等领域逐步放宽或取消外资股比和合资企业数量的限制。有序开放银行卡清算等市场，放开外资保险经纪公司经营范围限制，放宽或取消银行、证券、基金管理、期货、金融资产管理公司等外资股比限制，统一中外资银行市场准入标准。有序放开农作物新品种选育、铁路旅客运输、航空运输销售代理、加油站、呼叫中心、医疗、高等教育、音像制品制作、演出场所、娱乐场所等领域的外资股比和业务范围限制。扩大电信业对外开放，逐步放宽外资企业从事大数据、云计算等业务的限制。

支持西部地区服务业开放先行先试，扩大教育、文化、医疗等服务业领域市场开放，着力引进研发服务、信息服务、专业技术服务等高端生产性服务外资，放宽银行、证券、保险、铁路旅客运输、加油站等服务业领域外资准入限制。在西部地区大力推进金融、通信、旅游、运输、文化、船舶设计、飞机维修、呼叫中心等服务贸易发展，探索建设文化等特色服务出口基地。允许沿边地区发展高等级医疗、教育等机构，面向周边国家提供优质服务。降低西部地区技术先进性服务企业认定条件中离岸服务外包业务占比，从目前的35%调低为不低于10%。降低西部地区服务外包企业享受财政资金支持的门槛，建议将西部地区可享受财政资金支持的企业服务外包业务收入调低为不低于20万美元。适当降低技术出口贴息资金最低门槛。对西部地区申报国家文化出口基地在评审过程中给予适当倾斜。

（执笔人：卢　伟）

参考文献

[1] 赵娟，石培基，朱国锋. 西部地区对外开放度的测算与比较研究[J]. 世界地理研究，2016，25（4）：93-101.

[2] 王睿，陈德敏. 西部地区向西开放总体战略构想研究[J]. 中国软科

学，2013（4）：69–78.

［3］贺灿飞，董瑶，周沂．中国对外贸易产品空间路径演化［J］．地理学报，2016，71（6）：970–983.

［4］郑蕾，宋周莺，刘卫东，等．中国西部地区贸易格局与贸易结构分析［J］．地理研究，2015，34（10）：1933–1942.

［5］杨先明，袁帆．为什么 FDI 没有西进：从产业层面分析［J］．经济学家，2009（3）：52–61.

［6］苏明，傅志华，赵福昌，等．西部地区“降成本”调研思考与相关建议［J］．财政科学，2016（10）：8–34.

［7］肖育才．西部大开发税收优惠政策评价及未来取向［J］．财经科学，2012（3）：85–92.

分报告四
推进中国特色自由贸易港建设的对策研究

内容提要：党的十九大报告从对外开放的总体布局出发作出“赋予自由贸易试验区更大改革自主权，探索建设自由贸易港”的战略部署，是推动我国进一步深化以开放促改革、促发展的重要抉择。当今世界正在经历新一轮大发展大变革大调整，经济全球化与逆全球化的交锋不断加剧。在此背景下，建设中国特色自由贸易港，打造高端服务业集聚的世界级经济决策中心，大幅创新并有效引领国际经贸规则，降低和境外开展多种合作方式的制度性成本，对于我国进一步提升对外开放水平和质量、着力发展开放型经济、建设现代化经济体系具有不可替代的重要意义。为此，必须根据国家经济社会发展战略需要，分步骤、分阶段建立自由贸易港政策和制度体系，坚持循序渐进战略布局思路，坚持陆海统筹、协同并进的空间布局思路，坚持海陆空立体推进的类型布局思路，坚持着眼高端、差异发展、综合集成的功能布局思路，重点推进如下几个方面工作：一是加大开放力度，放宽自由贸易港市场准入；二是优化营商环境，推动贸易投资自由化便利化；三是整合各类开放平台和载体，加强与重大战略对接合作；四是增强法治体系创新力度，完善自由贸易港法治基础。

一、建设中国特色自由贸易港的时代背景与重大意义

自由贸易港是当今世界最高水平的开放形态。当前，经济全球化深入发展，“一带一路”倡议稳步推进，自由贸易试验区建设取得重要成果，我国参与全球经济治理和全球产业链价值链竞争的能力不断提升，在此背景下，党的十九大报告从对外开放的总体布局出发，登高望远、审时度势，作出“赋予自由贸易试验区更大改革自主权，探索建设自由贸易港”的战略部署，具有重要的理论和现实意义。

（一）建设中国特色自由贸易港的时代背景

1. 经济全球化深度发展为自由贸易港建设奠定根本基础

自由贸易港是全球化的天然产物。当今世界正在经历新一轮大发展大变革大调整，各国经济社会发展联系日益密切，经济全球化是不可逆转的历史大势，为世界经济发展提供了强劲动力，也为自由贸易港建设发展奠定了基础性的环境。世界正处于百年未有之大变局，尽管全球贸易保护主义持续加剧，地区局势并不太平，大国博弈、地缘冲突以及叙利亚战争等局部热点问题频发，给自由贸易港和世界经贸持续发展带来一些干扰，但难以撼动经济全球化和世界多极化的发展大势，和平合作、开放融通、变革创新仍是时代主流，自由贸易港建设过去是、现在是、将来也一定是汇聚全球要素、联通各国资源、助力世界发展的重要空间节点和增长支点。

2．“一带一路”开放合作取得显著进展为自由贸易港建设奠定合作框架

近年来，“一带一路”建设从无到有、由点及面，取得了超出预期的显著成果。2019 年 4 月推进“一带一路”建设工作领导小组办公室发表的《共建“一带一路”倡议：进展、贡献与展望》显示，“一带一路”政策沟通扎实推进，共建“一带一路”倡议及核心理念已写入联合国、二十国集团、亚太经合组织以及其他区域组织等有关文件中，签署共建“一带一路”政府间合作文件的国家和国际组织数量逐年增加；截至 2019 年 3 月底，中国政府已与 125 个国家和 29 个国际组织签署 173 份合作文件；设施联通稳步推进，六大国际经济合作走廊建设取得重要进展，区际、洲际铁路网络建设取得重大进展，巴基斯坦瓜达尔港、斯里兰卡汉班托塔港、阿联酋哈利法港项目建设不断迈进；贸易畅通健康发展，我国发起《推进“一带一路”贸易畅通合作倡议》，83 个国家和国际组织积极参与，贸易规模持续扩大，同时跨境电子商务等新业态、新模式不断涌现，成为推动贸易畅通的重要新生力量；资金融通有效推进，为共建“一带一路”提供稳定、透明、高质量的资金支持；民心相通深入推进，文化交流形式不断丰富，教育培训成果斐然，旅游合作卓有成效，卫生健康合作日益深化，救灾、援助与扶贫合作持续推进。“一带一路”建设的有效推进为自由贸易港建设奠定了重要合作框架。

3．自贸试验区以及综合保税区等海关特殊监管区域等开放平台建设的有效推进为自由贸易港建设打下坚实基础

我国牢牢坚持对外开放基本国策，加快发展更高层次的开放型经济，促进双多边经贸投资合作积极开展。全面实施外商投资负面清单管理体制，在上海等省区市设立 18 个自贸试验区和海南自由贸易港，形成一系列改革试点

经验并在全国或特定区域复制推广，国际贸易“单一窗口”覆盖全国，货物通关时间平均缩短一半以上。开放平台建设扎实开展推动经贸投资合作稳步前进，为自由贸易港建设打下坚实基础。

4．我国参与全球治理能力不断提升为自由贸易港建设筑牢有效合作保障

近年来，我国积极参与全球治理，对外合作水平和影响力不断提升。我国创建亚洲基础设施投资银行，设立丝路基金，对外金融合作积极开展。促进国际货币体系改革，人民币加入国际货币基金组织特别提款权货币篮子。加快构建高标准自贸区网络，与冰岛、瑞士、韩国、澳大利亚、格鲁吉亚、马尔代夫等达成高水平自贸协定，完成中国—东盟、中国—智利自贸区升级谈判，推动区域全面经济伙伴关系协定（RCEP）、中日韩、中国—海合会等7个自贸区网络。这些合作进展为自由贸易港改革创新和参与全球价值链分工体系奠定重要合作保障。

5．中美贸易摩擦构成加快自由贸易港建设的外部压力

近年来，贸易保护主义进一步升温，反全球化思潮泛起并日益上升到美欧等国的社会和政治层面。2016年美国前总统特朗普上台后，大力推行贸易保护主义政策，对全球自由贸易体系和我国发展的外部环境构成严峻挑战。受贸易保护主义影响，中美经贸关系深刻调整。与此同时，贸易摩擦向科技、金融领域扩散。2019年以来，美国对华为等企业的制裁力度不断加大。2020年5月，美国参议院通过《外国公司问责法》，对中国概念股有重要影响；同月，美国商务部将我国33家公司、机构及个人列入“实体清单”。中美贸易摩擦在恶化了我国稳外贸发展的外部环境的同时，也对我国实施更大力度的开放举措、推动自由贸易港建设构成压力。在外部环境发展重大调整

和变化的背景下，推动自由贸易港建设、在更高水平上参与国际竞争与合作具有更强的紧迫性和现实意义。

（二）建设中国特色自由贸易港的重大意义

1. 从功能定位上看，我国必须建设商品、资本、信息高效交互流动，高端服务业集聚的全球层次的经济决策中心

改革开放40多年来，特别是加入WTO20年来，我国经济市场化、国际化和现代化进程取得举世瞩目的成就，已经深度融入世界经济体系，在全球产业链价值链分工中占有重要位置。但是，在一些重点领域和关键环节上，仍存在比较明显的短板，还需要通过进一步以开放促改革更好地符合国际惯例，更好地参与国际竞争和合作，自由贸易港建设是解决这一短板的重要抓手。随着我国市场规模的不断扩大和商品、资本、信息流通交易数量的不断增多，我国在国际要素市场、资本市场和商品市场的影响力和领导力仍未得到与之相匹配的提升，高端服务业发展水平和质量仍显不足，而这恰恰是"微笑曲线"中价值最高的部门。为此，必须加快自由贸易港全球经济决策中心建设步伐，着力打造具有重要区域性乃至全球影响力的高端服务业聚集节点，推动我国更高水平开放进程的稳步迈进。

2. 从制度创新上看，我国必须建设大幅创新并有效引领国际经贸规则制定的特殊区域

当今世界正处于百年未有之大变局，国际社会面临开放还是封闭、前进还是后退的重大历史抉择，全球自由贸易秩序和经贸规则正在经历新一轮的重构。自由贸易港建设对于我国对标、创新和引领国际高标准经贸规

则具有重要作用。从我国对外合作看，“一带一路”倡议仍未形成成熟的规则体系，经贸投资自由化便利化程度仍然有待提升，对外经贸投资合作的体系化、制度化水平依然不高，要想更好地融入全球经贸体系和产业链分工格局必须更好地对标并引领国际经贸规则。从外部看，美国前特朗普政府继2018年8月27日与墨西哥初步达成《美墨贸易协定》、9月24日与韩国正式签署新版《美韩自由贸易协定》后，9月30日，美国与加拿大达成谈判协议，两国联合墨西哥对《北美自由贸易协定》（NAFTA）进行了全面修订，推出全新的《美国—墨西哥—加拿大协议》（USMCA）。USMCA继承了TPP的很多条款，不仅涵盖了货物贸易市场准入、农产品、贸易便利化等传统议题，还对经济全球化及新技术深入发展带来的数字贸易、跨境金融服务等新贸易议题作出规定。该协议的达成，标志着美国完成了北美板块经贸规则的重新整合，实现了TPP协议的核心条款卷土重来，对美加墨乃至全球经贸规则发展前景具有重要影响。通过自由贸易港建设积极对标国际标准，加大规则创新力度，有助于提升我国开放水平和质量，应对美国经贸规则重构战略对我外部环境造成的冲击，推动我国稳外贸、稳增长目标的有效实现。

3．从对外经济合作上看，我国必须大幅度降低和境外开展多种合作方式的制度性成本

与发达国家相比，我国对外开放水平与发达经济体仍然存在不小差距，在全球范围内统筹市场和资源的能力有待提升，其中合作的制度性成本尤其明显。

从贸易便利化方面看，我国贸易自由化便利化程度与发达经济体存在较大差距。如表5–1所示，中国的关税水平与美国、英国、日本等发达国家相比仍然位于相对较高的水平。

表 5–1 中国与部分发达国家关税水平比较

国家	中国	美国	英国	德国	法国	日本
排名	123	38	7	7	7	39
关税税率（%）	11.12	1.65	1.12	1.12	1.12	2.16

资料来源：世界经济论坛《2019 年全球竞争力报告》。报告中对我国关税的统计与我国官方数据不一致，为方便比较而采用该数据。

表 5–2 所示的是中国与发达经济体进出口便利化的比较，中国的跨国贸易前沿距离为 69.91，全球排名第 97 位，明显落后于美国、英国等发达国家。同时，中国进口产品的耗时耗费明显高于出口，进一步提高进口的自由化便利化程度十分紧迫。

表 5–2 中国与部分发达经济体进出口便利化比较

经济体	跨国贸易前沿距离	跨国贸易排名	出口耗时：边界和规（小时）	出口耗时：单证和规（小时）	进口耗时：边界和规（小时）	进口耗时：单证和规（小时）
中国	69.91	97	25.9	21.2	92.3	65.7
美国	92.01	36	1.5	1.5	1.5	7.5
英国	93.76	28	24	4	3	2
德国	91.77	39	36	1	0	1
法国	100	1	0	1	0	1
日本	86.51	51	22.6	2.4	39.6	3.4
经合组织	93.92	25	12.7	2.4	8.7	3.5

资料来源：世界银行 2019 年营商环境报告 *Doing Business 2018 Reforming to Create Jobs*。

其中，前沿距离是衡量各经济体距离全球“前沿”水平的差距，该指标被标准化为区间在 0~100 的数值，数值越高代表水平越高，100 代表达到全球最高的前沿水平。

从平台方面看，我国开放平台和窗口有待进一步优化。在国内自贸试验区建设方面，美国对外贸易区（FTZ）2017 年 11 月向国会提交的年度报告显示，2016 年美国共有 195 个自贸区开展正常经营活动，吸纳超过 42 万人就业。如表 5-3 所示，截至 2018 年，美国自贸试验区总数为 263 个，中国仅为 12 个，与美国相比中国的自贸试验区建设仍有较长的路要走。

表 5-3 中国与美国自贸试验区建设进程的比较 单位：个

年份	美国自贸试验区数量	中国自贸试验区	
		数量	设立历程
2012	256	0	
2013	257	1	设立：上海
2014	258	1	
2015	262	4	增加：广东、天津、福州
2016	263	4	
2017	263	11	增加：辽宁、浙江、河南、湖北、重庆、四川、山西
2018	263	12	增加：海南自贸区（港）

资料来源：美国数据来自 FTZ 官方网站，该数据只到 2016 年，2017 年和 2018 年数据为估计数；中国数据根据官方文件整理。

从制度安排方面看，中国构筑的自贸区网络仍需进一步提质扩容。与欧盟相比，除欧盟及欧共体条约外，欧盟与 40 个国家建立起双边或者区域性自贸安排。横向比较，中国的自贸协定总体数量偏少、所签协定国家经济体量相对较小、自贸协定标准较低，与欧美国家存在较大差距。

从功能集成方面看，我国开放的综合集成作用仍未完全发挥出来。目前我国出口商品技术水平相对较低，整体上处于全球价值链的中低端环节，参与国际分工的层次明显低于发达国家。我国金融、保险、教育、医疗、电信等服务业领域对外开放和发达经济体存在较大差距，汽车、船舶、飞机等制造业领域的外资限制仍然较多，市场准入有待进一步放宽。尽管目前我国企业走出去步伐明显加快，但在全球范围内统筹市场和资源的能力仍有待进一步提升。

总之，我国提升开放水平、降低制度性成本、打造综合集成的高水平产业集聚综合体和增长极的任务有待进一步推动完成。通过自由贸易港建设，提升我国对外经贸投资合作的自由化、便利化程度，打造高水平开放的有效载体和窗口，形成以开放促改革、促发展的综合集成优势，降低合作制度性成本，对我国改革开放历史进程和经济社会平稳健康发展具有不可替代的重要意义。

二、自由贸易港的发展规律、主要类型与中国特色自由贸易港的基本内涵

从广义上讲，自由贸易港与自由区、对外贸易区、出口加工区、自由工业区、自由边境区、边境区、保税仓库区等各种经济区域类似，都是根据《京都公约》的“自由区”定义衍生而来的对外高度开放自由的区域。各类自由贸易经济区域的特征对自由贸易港建设有不同程度的借鉴作用。

（一）自由贸易港的基本定义与相关概念

世界海关组织（WCO）的前身世界海关合作理事会1973年在日本京都制定的《关于简化和协调海关业务制度的国际公约》，即《京都公约》在专项附约D第二章规定了有关“自由区”制度的21个条款。尽管包括我国在内的多数国家都没有对“自由区”部分进行承诺，但各国均借鉴和沿用了其对自由区的内涵界定，即《京都公约》专项附约D第二章关于“自由区”的经典定义：“指某一缔约方境内的部分领土，在这部分领土内运入的任何货物就进口税及其他各项税而言，被视为在关境之外。”即我国业内通常所指称的“境内

关外”。从公约定义看，“境内关外”是所有自由区通用的基本内涵，其核心要义是，进入自由区的货物应免除进口环节的关税和其他各种税，包括货物由国外进入自由区应予免税和货物由国内运入自由区应予退税。而除了税费之外，《京都公约》对自由区在其他方面的特征没有作出统一规定，而是持开放的态度。对于自由贸易港而言，在具有自由区的基本内涵的同时，还具有“港”的含义，即自由贸易港通常是设置在国家（或地区）的港口，包括海港、陆港或者空港。从形态上，自由贸易港既可以是由一港一区组成，也可以由多港多区组成。

与自由贸易港相关的概念十分庞杂。从我国发展的实践看，从第一个海关特殊监管区域——保税区建立以后，出口加工区、保税物流园区、保税港区、综合保税区等区域相继建立，之后我国建立起“1+3+7+海南”的自由贸易试验区空间格局，并将该范畴发展至中国特色自由贸易港。

从国际来看，对外贸易区、自由区、免税出口区等概念也不断被提出。相关概念的演变见表 5–4。

表 5–4 自由贸易港相关概念的演变

相关概念	概念英文	主要使用者（初次使用时间）
自由贸易园区	Free trade zone	19 世纪以来的传统术语；国际劳工组织（1982）
对外贸易区	Foreign trade zone	学者（R. S. TomanDymsza，1964）；印度（1983）
自由工业区	Industrial free zone	爱尔兰（1970 年以前）、联合国工业发展组织（1971）、利比里亚（1975）
自由区	Free zone	联合国贸易和发展会议（1973）、美国国际开发署（1982）、阿拉伯联合酋长国（1983）
边境加工厂	Maquiladoras	墨西哥（20 世纪 70 年代初）
出口自由区	Export free zone	爱尔兰（1975）、联合国工业发展组织（1976）
免税出口加工区	Duty free export processing zone	韩国（1975）

续表

相关概念	概念英文	主要使用者（初次使用时间）
出口加工免税区	Export processing free zone	联合国工业发展组织（1976）、联合国贸易和发展会议（1983）
免税生产区	Free production zone	施塔恩贝格研究所（1977）
出口加工区	Export processing zone	菲律宾（1977）、美国哈佛大学（1977）、亚洲生产力组织（1977）、世界出口加工区协会（1978）、联合国工业发展组织（1979）、马来西亚（1980）、巴基斯坦（1980）、新加坡（1982）、联合国跨国公司中心（1982）、国际劳工组织（1983）、《经济学人》（1979）
经济特区	Special economic zone	中国（1979）
免税区	Tax free zone	学者（W. H. 和 D. B. Diamond，1980）
免税贸易区	Tax free trade zone	学者（D. B. Diamond，1980）
投资促进区	Investment promotion zone	斯里兰卡（1981）
自由经济区	Free economic zone	学者（Grubel，1982）
自由出口区	Free export zone	韩国（1983）
自由出口加工区	Free export processing zone	经合组织（1984）
出口特区	Privileged export zone	学者（NN. Sachitanand，1984）
工业出口加工区	Industrial export processing zone	学者（Ryan，1985）

资料来源：胡凤乔 . 世界自由港演化与制度研究［D］. 杭州：浙江大学，2016.

从表 5–4 可以看出，自由贸易港的概念群十分庞杂丰富，每个具体的概念都有其特定的含义和相关政策体系，都是根据当时经济社会发展阶段的基本情况作出的贸易投资自由化的相关安排。尽管概念非常多，但所有相关概念都有一个相同之处，就是“境内关外”，这也是自由贸易港概念的基本出发点。

（二）自由贸易港的发展阶段

从历史上看，世界自由贸易港的定位在不同时期有不同变化，总体可以分为三个阶段。

第一阶段：从中世纪开始到第二次世界大战前，自由贸易港开始建立并不断发展。1547 年，意大利在其西北部热那亚湾建立雷格亨自由贸易港，被认为是世界上第一个正式命名的自由贸易港，此后自由贸易港不断增多。彼时的自由贸易港主要发展转口贸易，比如意大利的那不勒斯自由区、德国汉堡自由贸易港、丹麦哥本哈根。

第二阶段：第二次世界大战之后，自由贸易港开始增加出口加工功能，划定隔离区域发展出口加工业，“出口加工区”作为自贸区的新形式开始出现。最早的从事出口加工活动的自由贸易港区一般认为是 1958 年爱尔兰的香农出口自由区，传统自由贸易港开始向出口加工区模式转变，比如中国香港从 20 世纪 50 年代起开始从转口贸易港向加工业转型，新加坡 1961 年设立裕廊工业区，德国的两个传统自由贸易港——汉堡和不来梅也设立新港区，加工生产轻工业品和修造船业。

第三阶段：20 世纪 70 年代以后，在全球化浪潮的推动下，各国经济合作不断深化。受人工成本上升使得出口加工区竞争力下降等因素影响，发达国家产业转移日益加速，自由贸易港开始向综合型自由贸易港转型，全球自贸区呈现出多样化和综合化的发展态势。目前，世界上多数自贸区都具有进出口贸易、转口贸易、仓储、加工、商品展示、金融等多种功能，显著提高了自贸区的运行效率、综合优势和抗风险能力。

（三）当前世界自由贸易港的主要类型

当前关于自由贸易港的分类方法大致有如下四类。

1．按港口类型分

按港口的类型划分，自由贸易港可以分为三种：第一种是海港型，比如新加坡、中国香港、汉堡自由贸易港（现已废止）；该类自由贸易港通常位于或邻近海港的自由区，立足海洋运输发展自由贸易，打造货物集散枢纽，是最早的自由贸易港形态。第二种是陆港型，比如苏黎世；该类自由贸易港位于内陆，以铁路、公路或者内河运输作为主要交通方式，开展自由贸易。第三种是空港型，比如香农自贸园区；该类自由贸易港立足空港建设，发展航空产业，打造空港型自贸区域。

2．按功能类型分

按功能类型划分，自由贸易港可分为贸易物流型、工业加工型和综合竞争型。当前，这三种自由贸易港均存在，但是前两种自由贸易港向综合竞争型自由贸易港的转变已经成为普遍趋势。不同类型自由贸易港的具体特征见表 5–5。

表 5–5　贸易物流型、工业加工型和综合竞争型自由贸易港的基本特征及代表地区

类型	特　征	代表地区
贸易物流型	产生最早的自由贸易港形态，早期的众多自由贸易港大多以贸易物流作为初始动力，发展转口贸易、保税仓储、保税物流，在此基础上因地制宜发展其他产业	荷兰鹿特丹港，比利时安特卫普港，德国汉堡港、不来梅自由区

续表

类型	特　征	代表地区
工业加工型	产生较晚，自足工业生产，以与国际贸易有关的出口加工和制造等为主要产业	韩国马山、中国台湾高雄
综合竞争型	众多自由贸易港的发展趋势，该类自由贸易港立足国际贸易、仓储物流和加工制造基础产业，集成发展金融、旅游、高科技等产业，涵盖贸易、制造、物流、研发、服务、展示等多种业态，实现聚集经济和产业集群，产生更大规模和更高层次的经济效益	中国香港、新加坡、爱尔兰香农

3. 按开放程度分

按照开放程度和自由度划分，自由贸易港可分为完全自由贸易港和有限自由贸易港。完全自由贸易港对所有商品进出口免税，实施要素的完全自由流动，但目前这种自由贸易港已经很少见。有限自由贸易港则仅对少数商品征收少量关税，如中国香港仅对烟酒和燃油征税，该种自由贸易港是目前世界范围内最主要的形式。需要说明的是，自由贸易港是否是完全自由贸易港与自由贸易港建设发展没有必然联系，并不是说自由贸易港越开放、越自由、税率越低越好。关键是找到符合自由贸易港发展的道路和管理方式，在灵活高效但风险有效防控的条件下推进自由贸易港的建设发展。

4. 按空间布局分

按空间布局分，自由贸易港可以分为自由贸易港市和自由贸易港区。所谓自由贸易港市是指自由贸易港包括港口及所在城市全部地区，外商可在此自由长期居留及从事有关业务，如新加坡和中国香港。所谓自由贸易港区则是指自由贸易港仅占城市的一部分，不允许外商自由居留，如哥本哈根。

（四）中国特色自由贸易港的基本内涵

根据我国经济社会发展阶段和对外开放的总体布局，对标国际自由贸易港发展的普遍规律，中国特色自由贸易港的基本内涵包括如下几个方面。

一是境内关外。这是全世界自由贸易区的共同特征，也是自由贸易港的应有之义。自由贸易港不仅应具有保税区、出口加工区、保税港区、综合保税区等海关特殊监管区域的基本保税物流加工功能，具有自贸改革试验区的体制改革经验复制和改革任务叠加，而且需要更加全面的“境内关外”政策，自由贸易港境内外货物应自由进出，境内外资金自由流动。所有商品不仅享受大部分税收优惠，而且有可能享受零税率优惠。自由贸易港市场准入水平高，允许外国投资者在港区里投资与创办企业，采取更为宽松的准入限制和负面清单管理，因此资本完全自由跨境流动。

二是高度自由。这是自由贸易港区别于已有的各类海关特殊监管区的重要特征。习近平总书记指出，自由贸易港是当今世界最高水平的开放形态。海南建设自由贸易港要体现中国特色，符合中国国情，符合海南发展定位，学习借鉴国际自由贸易港的先进经营方式、管理方法。自由贸易港建设，就是要打造开放层次更高、营商环境更优、辐射作用更强的开放新高地，在境内关外基础上实现货物资金人员进出自由、绝大多数商品免征关税，促进开放型经济创新发展。

三是功能综合。自由贸易港具有功能高端综合的典型特征，这也是中国特色自由贸易港的应有之义。从海南来看，自由贸易港从全面深化改革开放试验区、国家生态文明试验区、国际旅游消费中心、国家重大战略服务保障区的战略定位出发谋划未来蓝图，不以转口贸易和加工制造为重点，而以发展旅游业、现代服务业和高新技术产业为主导，更加强调通过人的全面发展，充分激发发展活力和创造力，打造更高层次、更高水平的开放型经济。

四是体制创新。习近平总书记指出，中国将抓紧研究提出海南分步骤、分阶段建设自由贸易港政策和制度体系，加快探索建设中国特色自由贸易港进程。探索新的体现中国特征、符合海南发展要求的自由贸易港制度体系，是推动自由贸易港健康发展的重要制度保障，也是立足自由贸易港、引领国内改革开放的重要内容。

三、我国建设自由贸易港应遵循的几个原则

（一）以集聚高端要素资源、提升产业层次为核心，而非以发展经济为核心

“提质”才能“增量”是全球范围内自由贸易港发展壮大的基本规律。摒弃以经济体量论高下的观念，不断聚集高端要素、提升产业竞争力、拓展核心功能是各自由贸易港繁荣发展的关键。从中国香港的发展来看，自开始实施自由贸易港政策以来，始终紧跟世界经济发展前沿和产业升级浪潮，不断提升全球产业竞争力和引导力。尤其是1980年中国内地改革开放以来，我国香港把握住作为内地与世界联系唯一窗口的地位，将低附加值产业转移到内地，服务业向专业化和国际化发展，极大地推动了香港服务贸易的发展，逐渐成为国际服务贸易中心。1980—1990年，以金融业为龙头的服务业迅速崛起，促成了香港经济的转型。香港通过解除银行禁令，允许外资银行进入，仅用了十多年时间，就发展成为世界第三大国际金融中心，并不断完善自由贸易港制度，成为世界上最重要的国际贸易中心和国际航运中心。而迪拜则大力培育高端产业集群效应，以互联网产业为例，迪拜积极

吸引世界顶级公司打造迪拜互联网城，着力构建世界各大前沿科技公司的中东总部首选聚集地。据《FDI》杂志对全球120个国家和地区600个自由贸易区的排名结果显示，世界上十大自由贸易区有七个是大型多元化自由贸易区，产业高端化和功能多元化是目前全球范围内自由贸易港发展的大趋势。

（二）强调对国际先进规则的消化吸收再创新，切忌照搬照抄

自由贸易港建设必须立足自身国情对标国际先进规则，重视“洋为中用”，避免直接照搬照抄国际规则造成“水土不服”。从国际自由贸易港建设经验来看，世界上发展比较好的自由贸易港均在对标国际“境内关外”和“高度自由”的通行规则下作出了自身的调整。比如，在税收优惠政策方面，中国香港主要有三种直接税，即利得税、薪俸税和物业税，一般货物进出口均无须缴付关税。新加坡则对内外资企业实行统一的企业所得税政策，规定公司税税率为17%，并对除酒类、烟草、石油、机动车以外的所有进口商品免征关税。在法律法规制度方面，英属维尔京群岛的法律现代化和本地化进程值得借鉴。尽管属于“普通法”体系，但英属维尔京群岛吸纳大量当地判例法，并分别制定了公司法、破产法、反洗钱法及金融调查机构法等，打造了一整套既现代化、又本地化的完备的法律法规体系，为完善企业经营软环境奠定重要基础。中国的自由贸易港建设应根据自身环境和自由贸易港基本情况，着眼于国际通行标准，在税收优惠、法律法规、营商环境等方面采取因地制宜的灵活规定，避免完全套用国外规定造成不能适应我国国情。

（三）以推动各类要素尽可能自由流动为前提，重视维护国家安全

要素自由流动是全球各个自由贸易港的基本特征。在货物自由流动方面，新加坡积极推动三个方面的自由化便利化：一是报关便利化，进出口货物所有人或其代理人只需填写和交验有关单证即可报关。二是通关高效化，进出口商利用全球最高效的海关系统贸易网络 10 秒钟即可完成全部申报手续，10 分钟即可获得审批结果。三是检验检疫便利化，进口食品药品和动植物可以通过海关贸易网络系统高效办理许可证。新加坡自由贸易港建设发展明显得益于要素自由流动政策的支持。在金融自由开放领域，迪拜实行零税率优惠和完全外资所有权，为入驻的所有金融机构提供至少 50 年的零税率优惠，允许资本项目自由兑换和收入利润自由汇出，成功吸引大量金融资本涌入，将迪拜国际金融中心打造为与伦敦、纽约、中国香港、新加坡和法兰克福比肩的新兴顶级国际金融中心。与此同时，从国际自由贸易港发展看，无论是新加坡、中国香港还是迪拜，它们在着力提升要素自由流动水平的同时，均高度重视维护国家安全。只有以国家安全为后盾，要素自由流动才能行稳致远。

四、建设中国特色自由贸易港、全面提升我国对外开放水平的思路和对策建议

（一）总体布局

根据国家经济社会发展战略需要，分步骤、分阶段建立自由贸易港政策

和制度体系；坚持循序渐进战略布局思路，分为现在—2025 年、2025—2035 年和 2035—2049 年三个战略时段，因地制宜、因时制宜推动自由贸易港建设有序推开；坚持陆海统筹、协同并进的空间布局思路，率先建设主要依托海港的海南自由贸易港，有序推动陆港和空港自由贸易港建设，构筑协同并进的自由贸易港空间体系；坚持海陆空立体推进的类型布局思路，加强自由贸易港多式联运和陆海空港优势叠加，进一步完善港口开放功能；坚持着眼高端、差异发展、综合集成的功能布局思路，在贸易、加工等传统产业基础上，重点发展高新技术、金融服务、旅游等现代产业，打造开放层次更高、营商环境更优、辐射作用更强的开放新高地。

1．近期（现在—2025 年）：探索筑基阶段

大力推进海南自由贸易港建设，2020 年海南自贸试验区已建设成为投资贸易便利、法治环境规范、金融服务完善、监管安全高效、生态环境质量一流、辐射带动作用突出的高标准高质量自贸试验区，为逐步探索、稳步推进海南自由贸易港建设，分步骤、分阶段建立自由贸易港政策体系打下坚实基础。到 2025 年在海南初步建立自由贸易港制度，经济增长质量和效益显著提高，营商环境达到国内一流水平，治理体系和治理能力现代化水平明显提高，为中国特色自由贸易港建设探索可行路径、积累宝贵经验、筑牢扎实基础。

2．中期（2025—2035 年）：成熟外溢阶段

进一步促进海南自由贸易港制度体系和运作模式成熟定型，推动自由贸易港建设在上海、重庆等城市有序开展，构建海港、空港、陆港自由贸易港立体化竞相崛起，陆海统筹协同推进，功能布局差异化、高端化、综合化发展，共同打造全球一流营商环境的中国特色自由贸易港群。

3．长期（2035—2049年）：繁荣开放阶段

推动海南、上海、重庆等自由贸易港率先实现社会主义现代化，协力引领构筑高度市场化、国际化、法治化、现代化的自由贸易制度体系，打造包括国际经济中心、国际消费中心、国际大宗商品交易中心、亚欧大陆内部贸易中心等综合竞争力和文化影响力领先的自由贸易港功能布局，建成创新、协调、绿色、开放、共享的中国特色自由贸易港群。

（二）对策建议

1．加大开放力度，放松自由贸易港市场准入

进一步优化负面清单管理，探索差异化负面清单模式，进一步建立稳定、透明、统一、内外一致的外商投资环境。根据自由贸易港经济社会发展阶段和比较优势，制定符合实际、突出特色、差异竞争的负面清单，在文化、教育、医疗等领域实施更大力度的“定点、定向”开放。进一步完善准入后开放政策落实机制，推动准入后企业顺利开展相应业务，避免“玻璃门”和“大门开放、小门没开”等现象对业务开展造成阻碍。加强准入后外商投资企业的监管服务，不断提升外商投资的开放度、透明度、可预见性和全流程管理水平。

2．优化营商环境，推动贸易投资自由化便利化

聚焦现代政府治理、双向投资管理、金融开放创新、协同开放等重点领域，对标中国香港、新加坡等自由贸易港，对接世界银行指标体系，构建与国际通行规则相适宜的管理体制。深化“审批不见面”“仅跑一次”改革，推

行重大项目“管家式”“保姆式”全链条服务体系，努力打造国际营商环境新标杆。深入推进改革攻坚，重点推进国际通关便利化合作、国际贸易“单一窗口（标准版）”升级叠加增值服务，深化多式联运“一单制”改革，探索形成由我国主导的国际物流与贸易新规则，提升对外投资贸易竞争力。推动“多评合一”“多规合一”，助推产业高质量发展。

3．整合各类开放平台和载体，加强与重大战略对接合作

紧扣自由贸易港建设主要任务和基本要求，加强平台支撑力度，加大对自由贸易港设立、升级和纳入综合保税区、保税港区、临空经济示范区等平台的政策支持力度，有效解决平台支撑不足问题，将自由贸易港打造成内涵丰富、功能完善、平台齐备的改革开放创新高地。进一步完善自由贸易港的海关、口岸以及大型机场、铁路枢纽和交通大通道等开放基础设施，积极融入“一带一路”倡议，突出对外开放通道建设，有效对接粤港澳大湾区与北部湾城市群等国家重大战略布局。加强联系太平洋和印度洋海上航行建设和海洋经济合作，有效统筹“中日韩 +”和中国—东盟合作等区域合作战略，打造亚洲经济板块“东进西牵、南下北上”的十字路口。加快国际航空干线网络全球覆盖，大力发展国际通程中转联运航线，加快构建国际航空客货运战略大通道。

4．增强法治体系创新力度，完善自由贸易港法治基础

借鉴新加坡、巴拿马立法经验，加快制定颁布《自由贸易港法》以及相关法律法规和规章，对自由贸易港定位、功能、管理体制、优惠制度、监管制度等制定全面的规定。完善市场经济立法，保障投资者、经营者的权益。加强自由贸易港法治探索，积极推动国际仲裁引入和与英美法系的融合，探索采用英美法系用案例判决来补充法律制度。加强自由贸易港改革创新的法治保障力度，与全国人大和司法部等机构开展有效合作，针对自由贸易港发

展建设中遇到与现行法律法规相冲突的事项，研究通过授权或暂停相关条款实施等方式给予解决，加强对自由贸易港医疗、教育、文化等领域开放方面突破现有法律法规和部门规章的支持力度，为改革创新扫清障碍。推动自由贸易港法定机构改革试点，邀请港澳台同胞及相关国家参与法规条例制定讨论，设计科学合理的组织治理架构，推动自由贸易港法治创新的有效开展和治理水平的不断提升。

专栏 5-1　法定机构的改革意义

法定机构是根据立法而成立并受有关机构条例监管的管理社会公共事务或者提供公共服务的机构。其设立是为了应对具有公共服务性质、但政府提供有无效率或者不方便（比如对服务收费）、交由市场做不好的事务，具有依法运作、独立运行、效率较高、公开透明等优点。

从国际经验来看，发达国家和很多自由贸易港均采用成立法定机构作为理顺政府市场关系、推进法治改革的重要手段，该模式开始于20世纪中叶的英国，之后美国、法国、日本、新加坡、中国香港采用，不同国家和地区对此有不同的称呼，比如美国称“独立机构”，法国称“独立行政机构”，英国称“执行机构”，日本称“独立行政法人”，而新加坡和中国香港均称其为“法定机构”。近年来，我国相继开展了法定机构改革试点，比如在深圳前海、佛山顺德、广州南沙等地的法定机构改革工作，取得了较好的社会效果。

从运作模式来看，法定机构具有如下四个方面的特征和优势。

一是依法设立。法定机构是基于政府新职能、新任务的特定需求，根据专门法律成立的。每个法定机构都对应一个专门的法律条例，明确机构设立、变更和撤销、职责、经费来源、主要负责人产生办法和任免、管理架构、监督机制、与相关政府部门关系边界等内容，具有独立的法人地位。

二是独立运作。法定机构享有法定事权，在特定的法律规定框架下，法定机构可以相对独立运作，依法自主办理有关业务，独立承担法律责任，不受政府部门的干涉和制约，但需要接受政府机构的指导和监督。

三是规范治理。法定机构一般由理事会、管理层、执行层组成，是依据政府实际需要而设立，赋予了其特殊的任务、职责、运作模式。

四是灵活高效。法定机构实行理事会决策、法定代表人执行的企业化运作体制，经费来源多元化，可以采取政府补助、政府购买或服务收费等形式获得，机构人员种类多样，机构内部有议员、公务员、行业带头人、企业家学者，还有自主聘用人员，具有“企业化运作方式”的高效率优势。

参考资料：

[1] 王秉安. 设立法定机构：平潭台湾区域对接的路径选择[J]. 福建行政学院学报，2013（3）：1–5.

[2] 张紧跟，黄云振. 法定机构为何难以去行政化：以深圳前海管理局为例[J]. 中共福建省委党校学报，2018（6）：65–73.

（执笔人：原　倩）

参考文献

[1] 陈东，邢霂. 创建自由贸易港的意义与策略[J]. 中国国情国力，2018（1）：46–48.

[2] 郭永泉. 中国自由贸易港建设和自由贸易试验区深化改革的策略研究[J]. 国际贸易，2018（3）：21–26.

[3] 黄志勇，李京文. 实施自由贸易港战略研究[J]. 宏观经济管理，2012（5）：31–33.

[4] 李凯杰. 中国自由贸易试验区向自由贸易港转变研究[J]. 国际经济

合作，2017（12）：35–39.

［5］李思奇，武赟杰．国际自由贸易港建设经验及对我国的启示［J］．国际贸易，2018（4）：27–33.

［6］刘重．国外自由贸易港的运作与监管模式［J］．交通企业管理，2007（3）：35–36.

［7］梅新育．抢滩自由贸易港热潮的冷思考［J］．决策，2018（1）：37–39.

［8］秦诗立．理性看待自由贸易港创建［J］．浙江经济，2018（4）：56–57.

［9］余淼杰，徐竹西，祝辉煌．逆全球化背景下我国自由贸易港建设的动因与路径［J］．江海学刊，2018（2）：108–113，238.

［10］余南平．中国自由贸易港建设：定位与路径［J］．探索与争鸣，2018（3）：37–45，109.

［11］赵晋平．关于探索建设自由贸易港的几点思考［J］．中国发展观察，2018（6）：22–23.

分报告五
对外开放对我国经济高质量发展产生积极作用的实证研究

内容提要：实证研究表明，对外开放促进了我国经济的增长，利用投入占用产出模型测算的结果显示，作为拉动经济增长的三驾马车之一，2010年和2016年出口对我国GDP的实际贡献率分别为18.2%和14.1%，一般贸易和加工贸易的单位出口增加值都有明显提升。在民营企业占比较高、市场开放程度或竞争程度较高的领域，例如计算机、电子设备、服装、玩具等消费型行业，外资的进入有效提高了行业整体增加值率。同时，对劳动生产率的结构分解分析结果表明，2005—2015年，出口生产促进了我国劳动生产率的提高，且与用于国内消费的生产相比，拥有更高的劳动生产率，即对外开放有效提升了我国的劳动生产率水平。另外，本文建立的对外开放质量对区域协调性影响的计量经济模型回归结果表明，对外开放质量的提高明显改善了我国区域发展的协调性。

改革开放以来，我国对外开放程度不断提高，与此同时，我国经济实现了持续40多年的快速增长。尤其在1978—2008年的30年中，我国不变价

GDP 年均增速达到 15.4%，同期我国对外贸易货物进出口总额年均增速更是达到 23.1%（人民币计价），我国货物贸易增速曾一度高于 GDP 增速。服务贸易方面，1982 年，我国服务贸易出口额只有 27 亿美元，服务贸易进口额为 20 亿美元，经过 35 年的努力，2017 年我国服务贸易出口额达到 2 065 亿美元，服务贸易进口额则更高，为 4 719 亿美元。外资方面，我国实际利用外商投资额在 1992 年首次超过 100 亿美元，2010 年超过 1 000 亿美元，至 2017 年已达到 1 310 亿美元。无论从货物贸易、服务贸易还是从外资利用方面来看，我国对外开放都取得了举世瞩目的成就。

从形式上看，对外开放涵盖了商品货物进出口、服务贸易进出口、对外投资以及引进外资等多个方面，但本质上都是生产要素在各国之间的流动，对外贸易有助于生产要素在不同资源禀赋的各国间进行优化配置，从而促进各参与国经济和就业的增长。林毅夫（2012）在《解读中国经济》一书中指出，1978 年以来，中国以引进技术和外资参与“国际大循环”出口劳动密集型产品，增加外汇储备，引进技术的成本低，技术变迁速度快，这是改革开放后中国经济快速增长的最主要原因。表明我国对外开放主要是通过提升技术水平促进了经济的高速发展。贸易开放在加快产业结构整体优化的同时还有助于服务业与工业内部行业的变革（蔡海亚，徐盈之，2017）。

长期以来，促进经济增长、推动产业转型升级、促进技术进步、推动区域协调发展均是我国扩大对外开放的重要目标。党的十九大报告将上述各个维度的目标进一步凝练成促进经济由高速增长向高质量发展转变。经济高质量发展包括多个方面的含义：第一，是高质量的供给，包括产业结构的优化、产品和服务质量的提升；第二，是高质量的需求，体现为居民消费结构的变化；第三，是高质量的投入产出，即生产效率的提升。供给和需求的变动最终体现为经济的增长，生产效率的提升则反映经济质量的提升。此外，区域发展差距的缩小以及能源利用效率的提升也是对外开放的重要目标之一。本文从对外开放对经济增长的影响、对生产率变动的影响以及对区域协调性的改善三个方面，进行对外开放对我国经济高质量发展产生积极作用的实证研究。

一、对外开放对我国经济增长产生积极作用的实证研究

国内学者自 1978 年改革开放便开始了对外开放与经济增长之间关系的研究，到 2000 年以后更为集中。包群等（2003）用外贸依存度、价格差异、实际关税率以及外汇市场扭曲等 5 种指标测算了中国改革开放以来的贸易开放度，线性计量模型结果表明用不同的指标来度量贸易开放度，会导致贸易开放度与经济增长之间经验结果的不一致，且贸易开放对中国经济增长的促进作用存在明显的时间波动性。沈利生（2004）则对包群所使用的生产函数提出了诸多质疑，包括模型的共线性等问题。包群（2008）又使用省际面板数据探究了贸易开放与经济增长之间的非线性关系，结果表现为倒 U 型曲线，且贸易开放对不同区域的经济增长效应存在明显差异。陈福中等（2013）在此非线性模型的基础上，进一步从区位差异视角考察贸易开放水平对经济增长的内在作用机制。郭熙保（2009）利用省际数据的实证结果表明，外商直接投资（FDI）对经济增长的促进作用大于国内固定资产投资。国内类似的相关研究非常多，大部分使用计量经济模型，然而计量经济模型通常在考察变量之间关系的探索阶段使用，其结果受模型形式设定、模型参数设定、数据指标选取、数据使用区间等诸多不确定性因素影响较大，模型稳定性差，且经济学解释力度较弱。而投入产出表以棋盘式平衡表的方式展现了国民经济各部门之间的相互联系，相比计量经济模型能更为准确地测算各因素、各经济部门对经济增长的影响，且模型具有更明确、更合理的经济学意义。因此，本部分借助投入产出分析方法研究测算开放对经济增长的贡献。

（一）投入产出模型简介

我国对外贸易具有加工贸易占比高的特点，2006 年曾一度超过 50%，至 2017 年加工贸易占比降至 30% 左右，但与欧美日等发达国家相比仍处于较高水平，加工贸易出口品的生产与其他类型产品的生产在投入结构等方面具有很大差异，它生产所需的大部分原材料及零部件均来自国外，对进口品投入的依赖程度远大于其他类型产品。如果笼统地将加工贸易出口、一般贸易出口和满足国内需求的产品生产混为一谈，将会严重夸大中国出口对增加值的贡献。为进一步准确衡量并核算中国的出口增加值，中国科学院数学与系统科学研究院陈锡康研究员、杨翠红研究员及其团队编制了改进的反映加工贸易的非竞争型投入产出模型，即 DPN 模型。DPN 模型将国内生产分为三个部分：用于满足国内需求的生产（D）；加工贸易出口生产（P）；一般贸易出口生产以及外商投资企业其他生产（N），简称为一般贸易出口生产及其他。DPN 表的基本表式如表 6-1 所示。

在表 6-1 中，上标 D、P、N 和 M 分别表示国内产品、加工贸易出口、一般贸易出口和进口。$\boldsymbol{X}^D$、$\boldsymbol{X}^P$ 和 $\boldsymbol{X}^N$ 分别表示 D、P 和 N 总产出的列向量；$\boldsymbol{Z}^{DD}$、$\boldsymbol{Z}^{DP}$ 和 $\boldsymbol{Z}^{DN}$ 分别表示国内产品作为 D、P 和 N 的中间投入矩阵；$\boldsymbol{Z}^{ND}$、$\boldsymbol{Z}^{NP}$ 和 $\boldsymbol{Z}^{NN}$ 分别表示一般贸易出口及其他部门产品作为 D、P 和 N 的中间投入矩阵。$\boldsymbol{F}^{DC}$ 和 $\boldsymbol{F}^{DI}$ 表示作为消费和资本形成总额的国内产品的列向量；$\boldsymbol{F}^D$ 表示作为最终需求的国内产品的列向量，并且 $\boldsymbol{F}^D=\boldsymbol{F}^{DC}+\boldsymbol{F}^{DI}$。$\boldsymbol{F}^P$ 表示加工贸易出口产品作为最终需求的列向量；$\boldsymbol{F}^{PE}$ 表示加工贸易出口产品作为出口的列向量，并且 $\boldsymbol{F}^P=\boldsymbol{F}^{PE}$。加工贸易出口生产全部用于出口，故中间需求及其他最终需求均为零。$\boldsymbol{F}^{NC}$、$\boldsymbol{F}^{NI}$ 和 $\boldsymbol{F}^{NE}$ 分别表示一般贸易出口生产及其他作为消费、资本形成总额和出口的列向量；$\boldsymbol{F}^N$ 表示一般贸易出口产品及其他作为最终需求的列向量，

表 6–1　反映加工贸易的非竞争型投入占用产出表表式（DPN 表）

投入				中间使用				最终使用					总产出 / 进口
				用于国内需求的生产	加工贸易出口生产	一般贸易出口生产及其他	中间使用合计	消费	资本形成总额	出口	其他	最终使用合计	
				1，2，…，n	1，2，…，n	1，2，…，n							
投入部分	国内产品中间投入	用于国内需求的生产	1，2，…，n	Z^{DD}	Z^{DP}	Z^{DN}		F^{DC}	F^{DI}	0		F^{D}	X^{D}
		加工贸易出口生产	1，2，…，n	0	0	0		0	0	F^{PE}		F^{P}	X^{P}
		一般贸易出口生产及其他	1，2，…，n	Z^{ND}	Z^{NP}	Z^{NN}		F^{NC}	F^{NI}	F^{NE}		F^{N}	X^{N}
	进口产品中间投入		1，2，…，n	Z^{MD}	Z^{MP}	Z^{MN}		F^{MC}	F^{MI}			F^{M}	X^{M}
	中间投入合计												
	增加值			V^{D}	V^{P}	V^{N}							
	总投入			X^{D}	X^{P}	X^{N}							
占用部分	资金 其中：外资			K^{D}	K^{P}	K^{N}							
	劳动力			L^{D}	L^{P}	L^{N}							
	自然资源等 其中：耕地、水												

资料来源：中国科学院数学与系统科学研究院杨翠红研究员带领的全球价值链课题组。

并且 $\boldsymbol{F}^N=\boldsymbol{F}^{NC}+\boldsymbol{F}^{NI}+\boldsymbol{F}^{NE}$。$\boldsymbol{Z}^{MD}$、$\boldsymbol{Z}^{MP}$ 和 $\boldsymbol{Z}^{MN}$ 分别表示进口产品作为 D、P 和 N 的中间投入的矩阵；$\boldsymbol{F}^{MC}$ 和 $\boldsymbol{F}^{MI}$ 表示进口产品作为消费和资本形成总额的列向量；$\boldsymbol{F}^M$ 表示进口产品作为最终需求的列向量；$\boldsymbol{X}^M$ 表示进口产品的列向量。

水平方向有如下平衡方程组：

$$\begin{cases}\boldsymbol{Z}^{DD}+\boldsymbol{Z}^{DP}+\boldsymbol{Z}^{DN}+\boldsymbol{F}^D=\boldsymbol{X}^D\\ \boldsymbol{F}^P=\boldsymbol{X}^P\\ \boldsymbol{Z}^{ND}+\boldsymbol{Z}^{NP}+\boldsymbol{Z}^{NN}+\boldsymbol{F}^N=\boldsymbol{X}^N\end{cases} \tag{1}$$

令$\bar{\boldsymbol{X}}=\begin{bmatrix}\boldsymbol{X}^D\\ \boldsymbol{X}^P\\ \boldsymbol{X}^N\end{bmatrix}$，$\bar{\boldsymbol{Z}}=\begin{bmatrix}\boldsymbol{Z}^{DD} & \boldsymbol{Z}^{DP} & \boldsymbol{Z}^{DN}\\ 0 & 0 & 0\\ \boldsymbol{Z}^{ND} & \boldsymbol{Z}^{NP} & \boldsymbol{Z}^{NN}\end{bmatrix}$，定义扩展的直接消耗系矩阵为：

$$\bar{\boldsymbol{A}}=[\bar{\boldsymbol{A}}_{ij}]=[\bar{\boldsymbol{Z}}_{ij}/\bar{\boldsymbol{X}}_j]=\begin{bmatrix}\boldsymbol{A}^{DD} & \boldsymbol{A}^{DP} & \boldsymbol{A}^{DN}\\ 0 & 0 & 0\\ \boldsymbol{A}^{ND} & \boldsymbol{A}^{NP} & \boldsymbol{A}^{NN}\end{bmatrix}。$$

由方程组（1）可推导出：$\begin{bmatrix}(\boldsymbol{I}-\boldsymbol{A}^{DD}) & -\boldsymbol{A}^{DP} & -\boldsymbol{A}^{DN}\\ 0 & \boldsymbol{I} & 0\\ -\boldsymbol{A}^{ND} & -\boldsymbol{A}^{NP} & (\boldsymbol{I}-\boldsymbol{A}^{NN})\end{bmatrix}\begin{bmatrix}\boldsymbol{X}^D\\ \boldsymbol{X}^P\\ \boldsymbol{X}^N\end{bmatrix}=\begin{bmatrix}\boldsymbol{F}^D\\ \boldsymbol{F}^P\\ \boldsymbol{F}^N\end{bmatrix}$，即 $(\boldsymbol{I}-\bar{\boldsymbol{A}})\bar{\boldsymbol{X}}=\bar{\boldsymbol{F}}$，$\boldsymbol{I}$ 为单位矩阵。

进一步地，可以写成：$\bar{\boldsymbol{X}}=\bar{\boldsymbol{B}}\,\bar{\boldsymbol{F}}$，其中$\bar{\boldsymbol{B}}=(\boldsymbol{I}-\bar{\boldsymbol{A}})^{-1}$是扩展的列昂惕夫逆。

定义增加值行向量为：$\boldsymbol{V}'=[\boldsymbol{V}^{D\prime}\quad \boldsymbol{V}^{P\prime}\quad \boldsymbol{V}^{N\prime}]$，其中 $\boldsymbol{V}^D$、$\boldsymbol{V}^P$、$\boldsymbol{V}^N$ 分别表示用于国内需求生产、加工贸易出口生产和一般贸易出口及其他生产的增加值列向量，$'$ 表示向量的转置。定义增加值率行向量为$\boldsymbol{A}_v'=\boldsymbol{V}'(\hat{\bar{\boldsymbol{X}}})^{-1}$，则出口产生的国内增加值，即出口增加值为：

$$\boldsymbol{V}^E=\boldsymbol{A}_v'\,\bar{\boldsymbol{B}}\boldsymbol{E}=\boldsymbol{A}_v'(\boldsymbol{I}-\bar{\boldsymbol{A}})^{-1}\,\boldsymbol{E} \tag{2}$$

其中 $\boldsymbol{E}=\begin{pmatrix}0\\ \boldsymbol{F}^{PE}\\ \boldsymbol{F}^{NE}\end{pmatrix}$为出口列向量。

令$\boldsymbol{E}^P=\begin{pmatrix}0\\ \boldsymbol{F}^{PE}\\ 0\end{pmatrix}$、$\boldsymbol{E}^N=\begin{pmatrix}0\\ 0\\ \boldsymbol{F}^{NE}\end{pmatrix}$，则加工贸易出口和一般贸易出口产生的国内增加值 $\boldsymbol{V}^{PE}$ 和 $\boldsymbol{V}^{NE}$ 可分别由 $\boldsymbol{V}^{PE}=A_v'\overline{\boldsymbol{B}}\boldsymbol{E}^P$，$\boldsymbol{V}^{NE}=A_v'\overline{\boldsymbol{B}}\boldsymbol{E}^N$计算。

（二）对外开放对我国经济增长的贡献

基于上一部分反映加工贸易的非竞争型投入占用产出模型，可以测算对外开放对我国经济增长的贡献。由于表 6–1 中区分了进口品的投入、加工贸易出口、一般贸易出口和外资企业生产，因此，测算结果能够全面地反映进口、出口和外资在国民经济运行中的综合影响。受数据的限制，仅展示了 2010 年和 2016 年的测算结果，详见表 6–2 和表 6–3。

表 6–2　2010 年中国货物和服务贸易出口拉动国内增加值

项　目	总出口	货物出口			服务贸易出口
		货物总出口	加工贸易出口	一般贸易出口	
总出口（亿美元）	17 480.0	15 777.5	7 402.8	8 374.7	1 702.5
占出口总值比重（%）	—	90.3	42.4	47.9	9.7
国内增加值（亿美元）	10 984.4	9 551.3	2 867.8	6 683.5	1 433.1
占出口增加值比重（%）	—	86.9	26.1	60.8	13.1

表 6–3　2016 年中国货物和服务贸易出口拉动国内增加值

项　目	总出口	货物出口			服务贸易出口
		货物总出口	加工贸易出口	一般贸易出口	
总出口（亿美元）	22 871.1	20 976.4	7 153.5	13 822.9	1 894.7
占出口总值比重（%）	—	91.7	31.3	60.4	8.3
国内增加值（亿美元）	15 780.0	14 147.3	2 751.8	11 395.5	1 632.7
占出口增加值比重（%）	—	89.7	17.5	72.2	10.3

资料来源：商务部“全球价值链与中国贸易增加值核算数据库”，《全球价值链与中国贸易增加值核算研究报告》。

2010年，中国出口总值（包含货物出口和服务贸易出口）为17 480.0亿美元，与GDP的比率为28.9%，2014年中国出口总值达到历史最高水平为25 320.7亿美元，虽然受国际需求低迷、世界经济缓慢复苏的影响，2015年和2016年出口总值有所下降，但2016年中国出口总值仍然处于较高水平，为22 871.1亿美元，与GDP的比率则降至20.4%。若以增加值来核算，2010年中国的出口增加值为10 984.4亿美元，仅相当于当年GDP的18.2%，2016年中国的出口增加值则为15 780.0亿美元，与当年GDP的比率降至14.1%，与出口总值口径统计的结果相比，其与GDP的比率比上一年减少了6.3个百分点（2010年减少了10.7个百分点）。

从表6–2和表6–3可以看出，2010年，一般贸易出口和服务贸易出口在总出口中占比分别为47.9%和9.7%；若以出口增加值计，则分别提高至60.8%和13.1%。2016年一般贸易出口在总出口中的占比明显提升，占出口总值的比重为60.4%，比2010年提高了12.5个百分点，在出口增加值核算口径下，占比则提高至72.2%。2010—2016年服务贸易出口占出口总值和出口增加值的比例均有所下降，其中一个原因在于2014年国家外汇管理局对国际收支平衡的统计标准根据《国际收支和国际投资头寸手册》（第六版）进行了调整，因此与2010—2013年数据相比存在统计口径的差异。从2014—2016年来看，服务贸易出口占出口总值的比例略有提高，从2014年的7.5%提高至8.3%，增加值口径下的占比从9.9%小幅提升至10.3%。在出口总值与出口增加值口径下，三种贸易形式占比的变化也进一步说明，一般贸易出口和服务贸易出口对增加值的拉动作用比加工贸易出口要强，因此，在总出口增加值中的占比较在总出口值中的占比有所提高。

从单位出口增加值来看（见表6–4），2010年我国每1 000美元总出口获得的增加值是628美元，2016年提高至690美元，货物总出口、一般贸易出口及服务贸易出口均表现出相同的增长趋势，这主要得益于我国出口商品结构的改善和生产效率的提升。由于一般贸易出口生产与外资企业生产在投入结构和生产技术方面存在着一定的相似性，因此在DPN表中是将这两类归在一起，则每1 000美元一般出口获取的增加值是798美元，在外资企业层面可以理解为每1 000美元最终消费我国所获取的增加值，从外资企业在单位最终消费所获取的增加值层面看，相比加工贸易生产有着一定优势，同时也高于国内企业单位最终消费所获取的增加值。这也反映了外资在促进我国经济增长中的正向作用。

表6–4　2010年与2016年中国分贸易类型每1 000美元出口增加值　　单位：美元

年份	总出口	货物出口			服务贸易出口
		货物总出口	加工贸易	一般贸易及外资	
2010	628	605	387	798	842
2016	690	674	385	824	862

资料来源：商务部“全球价值链与中国贸易增加值核算数据库”，《全球价值链与中国贸易增加值核算研究报告》。

本文进一步区分内资企业和外资企业，分析主要制造业部门内资企业和外资企业用于国内消费的单位增加值（每生产1 000美元国内消费品获取的增加值），详见表6–5。可以看出，一方面，计算机、电子设备、通信设备、服装、家具、日用化学品以及部分食品制造业等消费型行业，外资企业生产获取增加值的能力高于内资企业，这些行业大多属于民营企业占比较高、市场开放程度或竞争程度较高的行业，外资的进入有效提高了行业整体增加值。另一方面，烟草制品、化肥农药等化工产品和钢铁制品等以国有企业为主导的行业，内资企业的增加值则高于外资企业，这些行业大多属于内向型、开放程度不高的行业，相比外资企业，内资企业在这些行业的进入和退出机制中更为自由。

表 6–5 内资企业与外资企业每生产 1 000 美元国内消费品获取的增加值 单位：美元

行业名称	内资企业	外资企业	内外资企业差异（内资 – 外资）
谷物磨制品	940	891	49
饲料加工品	878	826	52
植物油加工品	698	719	–21
糖及糖制品	853	912	–59
屠宰及肉类加工品	945	944	1
水产加工品	941	942	–1
蔬菜、水果、坚果和其他农副食品加工品	924	927	–3
方便食品	906	912	–6
乳制品	901	911	–10
调味品、发酵制品	918	920	–2
其他食品	918	911	7
酒精和酒	929	940	–11
饮料和精制茶加工品	911	921	–10
烟草制品	954	937	17
棉、化纤纺织及印染精加工品	860	852	8
毛纺织及染整精加工品	845	857	–12
麻、丝绢纺织及加工品	905	908	–3
针织或钩针编织及其制品	858	885	–27
纺织制成品	869	891	–22
纺织服装服饰	884	913	–29
皮革、毛皮、羽毛及其制品	896	908	–12
鞋	885	910	–25
木材加工品和木、竹、藤、棕、草制品	853	845	8
家具	850	869	–19

续表

行业名称	内资企业	外资企业	内外资企业差异（内资 – 外资）
造纸和纸制品	799	767	32
印刷品和记录媒介复制品	864	892	–28
文教、工美、体育和娱乐用品	830	863	–33
精炼石油和核燃料加工品	544	548	–4
炼焦产品	847	835	12
基础化学原料	799	780	19
肥料	823	805	18
农药	842	799	43
涂料、油墨、颜料及类似产品	802	789	13
合成材料	734	719	15
专用化学产品和炸药、火工、焰火产品	837	841	–4
日用化学产品	828	864	–36
医药制品	909	899	10
化学纤维制品	675	618	57
橡胶制品	754	771	–17
塑料制品	778	792	–14
水泥、石灰和石膏	893	888	5
石膏、水泥制品及类似制品	888	883	5
砖瓦、石材等建筑材料	870	869	1
玻璃和玻璃制品	863	870	–7
陶瓷制品	872	880	–8
耐火材料制品	909	905	4
石墨及其他非金属矿物制品	878	857	21
钢、铁及其铸件	858	801	57

续表

行业名称	内资企业	外资企业	内外资企业差异（内资 – 外资）
钢压延产品	771	771	0
铁合金产品	891	888	3
有色金属及其合金和铸件	730	722	8
有色金属压延加工品	782	775	7
金属制品	838	852	–14
锅炉及原动设备	824	781	43
金属加工机械	847	773	74
物料搬运设备	853	854	–1
泵、阀门、压缩机及类似机械	828	822	6
文化、办公用机械	797	765	32
其他通用设备	845	834	11
采矿、冶金、建筑专用设备	850	822	28
化工、木材、非金属加工专用设备	857	857	0
农、林、牧、渔专用机械	861	860	1
其他专用设备	840	825	15
汽车整车	819	811	8
汽车零部件及配件	837	843	–6
铁路运输和城市轨道交通设备	844	810	34
船舶及相关装置	821	829	–8
其他交通运输设备	815	808	7
电机	830	829	1
输配电及控制设备	790	793	–3
电线、电缆、光缆及电工器材	812	806	6
电池	819	848	–29

续表

行业名称	内资企业	外资企业	内外资企业差异（内资 – 外资）
家用器具	835	856	–21
其他电气机械和器材	810	805	5
计算机	546	631	–85
通信设备	507	611	–104
广播电视设备和雷达及配套设备	776	781	–5
视听设备	687	750	–63
电子元器件	801	810	–9
其他电子设备	824	830	–6
仪器仪表	783	780	3
其他制造产品	864	896	–32

资料来源：商务部“全球价值链与中国贸易增加值核算数据库”，《全球价值链与中国贸易增加值核算研究报告》。

综上所述，在考虑进口品投入和内外资企业不同生产结构的基础上，出口作为拉动经济增长的三驾马车之一，2016年对我国GDP的实际贡献率为14.1%，较2010年下降4.1个百分点。一方面，出口对我国GDP贡献率的下降并不能简单地理解为外贸对我国经济增长作用的减弱，受2008年国际金融危机的影响，国际贸易增速明显下滑，同时意大利修宪、英国脱欧等国外经济体经济、政治事件加大了我国外需增长的不确定性，加之2010—2016年我国国内经济结构改革大力推进，内需拉动经济的作用显著增强，与我国促进内需、稳定经济增长相关政策方向符合，因此外贸对我国经济增长的贡献度有所下降，但外贸仍是我国经济增长的重要动力之一。另一方面，在民营企业占比较高、市场开放程度或竞争程度较高的领域，例如计算机、电子设备、通信设备、服装、家具、日用化学品以及部分食品制造业等消费型行业，外资企业获取增加值的能力高于内资企业，即外资的进入有效提高了行业整体增加值率。总体来说，对外开放积极推动了我国经济的快速增长。

二、对外开放对我国劳动生产率提升作用的实证研究

国内外已有众多学者就对外开放对生产率的影响进行了深入研究。按照新－新国际贸易理论，出口企业的生产率之所以会高于内销企业，原因是存在“自我选择”和“出口学习”效应。通常认为，进入出口市场需要支付比进入国内市场更高的固定进入成本和贸易成本，也就决定了只有高生产率企业才会自主选择进入出口市场，梅利兹（Melitz）称为“自我选择”效应。出口企业可以通过国外市场学习别国的生产技术和经验，获得提高自身生产效率的机会，此为“出口学习”效应。从理论研究上来讲，这两种效应决定了出口企业将具有更高的生产率。但近年来一系列的中国工业企业层面数据经验研究结果却发现了“出口企业生产率显著低于内销企业”的事实。有研究表明，在外资企业中，出口企业的生产率也低于非出口企业，自此国内一批学者深入探讨了我国“生产率悖论”的现象和原因（李春顶，2015；汤二子，刘海洋，2011；范剑勇，冯猛，2013），也有学者称其为“生产率之谜”（戴觅等，2014）。

对于进口与企业生产率的研究已非常多，但目前仍未达成一致结论，原因有可能是不同国家在不同经济发展阶段，其企业的生产能力和学习倾向存在差异，从而使研究结果存在一定差异（陈维涛等，2017）。基于中国微观企业数据的研究结果表明，进口是促进企业劳动生产率提升的重要渠道（张杰等，2009）。从进口对劳动生产率的作用来看，已有研究整体倾向于支持进口有助于劳动生产率的提升，但同时，中间投入品的进口会对国内上游产品产

生竞争，不利于我国上游产品部门的发展。

虽然学术界对进口、出口促进生产率的提升存在一定疑问，但毋庸置疑的是，伴随着我国对外开放规模的扩大、开放程度的深化和开放质量的提高，我国经济和社会生产率实现了改革开放前从未有过的高速提升。就社会生产率而言，通常使用的指标有两种：一是全要素生产率，二是单一要素生产率（常用劳动生产率表示）。全要素生产率在生产函数中体现为索罗剩余，目前为止并没有直接的计算方法，常用参数、半参数和非参数估计法等方法进行估算。参数估计法需要事先设定具体的函数形式对参数进行估计，所以存在因函数形式设置不当影响结果准确性的可能性。半参数估计法是对产出的主要影响因素建立参数关系，对于产出的其他未知影响因素建立非参数关系，将二者共同纳入生产函数加以估计。非参数估计法分为数据包络分析方法（DEA）和指数法，非参数估计法不需要对生产函数结构进行事先的假定，直接利用线性优化给出边界生产函数与距离函数的估算，从而避免了较强的理论约束，而且此类方法比较适合于面板数据。因估计方法的不同，计算出的全要素生产率之间存在着一定的差异，且没有统一的标准可以认定哪种估计方法下的结果更符合实际生产率水平，因此全要素生产率虽然能够体现除劳动和资本投入外的技术水平，但仍无法作为国民经济核算指标进行推广。因此，本文对往常以单位劳动产出衡量的劳动生产率进行了一定的改进，结合投入产出表和列昂惕夫模型，测算增加值视角下国民经济各部门的劳动生产率。本文借助于2005年、2010年和2015年反映加工贸易的非竞争型投入占用产出表，对我国不同生产方式（用于国内消费的生产、加工贸易出口生产和一般贸易出口生产）下的劳动生产率进行差异对比，同时在投入产出理论的框架下，利用结构分解分析方法拆分出各驱动因素对劳动生产率的贡献程度。

（一）劳动生产率的结构分解分析模型

根据列昂惕夫提出的投入产出理论[①]，一国的增加值总量可以用下式表示：

$$VA=\boldsymbol{A}_v(\boldsymbol{I}-\boldsymbol{A}^d)^{-1}\boldsymbol{Y}$$

总就业量可以表示为：

$$EMP=\boldsymbol{A}_l(\boldsymbol{I}-\boldsymbol{A}^d)^{-1}\boldsymbol{Y}$$

其中，$\boldsymbol{A}_v$ 表示分部门增加值系数行向量，其元素表示相应部门单位产出的增加值；$\boldsymbol{A}_l$ 表示分部门劳动力投入强度行向量，其元素表示相应部门单位产出的劳动力投入量；$\boldsymbol{A}^d$ 表示国内中间品投入系数矩阵，其元素 a_{ij} 表示 j 部门单位产出对 i 部门国内产品的消耗量，$(\boldsymbol{I}-\boldsymbol{A}^d)^{1}$ 为列昂惕夫逆矩阵，记为 $\boldsymbol{L}$，$\boldsymbol{Y}$ 为最终产品列向量。

劳动生产率是指劳动者在一定时期内创造的劳动成果与其相适应的劳动消耗量的比值，因此，本文以最终需求拉动的增加值除以最终需求拉动的总就业量表示劳动生产率（Labour Productivity，LP），即：

$$LP=\frac{\boldsymbol{A}_v(\boldsymbol{I}-\boldsymbol{A}^d)^{-1}\boldsymbol{Y}}{\boldsymbol{A}_l(\boldsymbol{I}-\boldsymbol{A}^d)^{-1}\boldsymbol{Y}} \quad (3)$$

将式中的 $\boldsymbol{Y}$ 替换为国内最终需求列向量 $\boldsymbol{F}$、加工贸易出口列向量 $\boldsymbol{P}$ 和一般贸易出口列向量 $\boldsymbol{N}$，则分别表示国内最终需求（DLP）、加工贸易出口（PLP）和一般贸易出口（NLP）拉动的我国劳动生产率，即：

$$DLP=\frac{\boldsymbol{A}_v(\boldsymbol{I}-\boldsymbol{A}^d)^{-1}\boldsymbol{F}}{\boldsymbol{A}_l(\boldsymbol{I}-\boldsymbol{A}^d)^{-1}\boldsymbol{F}} \quad (4)$$

$$PLP=\frac{\boldsymbol{A}_v(\boldsymbol{I}-\boldsymbol{A}^d)^{-1}\boldsymbol{P}}{\boldsymbol{A}_l(\boldsymbol{I}-\boldsymbol{A}^d)^{-1}\boldsymbol{P}} \quad (5)$$

---

① 详见陈锡康、杨翠红等编著的《投入产出技术》，科学出版社，2011 年版。

$$NLP=\frac{\boldsymbol{A}_v\ (\boldsymbol{I}-\boldsymbol{A}^d)^{-1}\boldsymbol{N}}{\boldsymbol{A}_l\ (\boldsymbol{I}-\boldsymbol{A}^d)^{-1}\boldsymbol{N}} \tag{6}$$

公式（3）中，国内中间品投入系数矩阵 $\boldsymbol{A}^d$ 和最终产品 $\boldsymbol{Y}$ 可进一步分解为：

$$\boldsymbol{A}^d=\boldsymbol{A}\cdot D \tag{7}$$

$$\boldsymbol{Y}=SF\times TF+SP\times TP+SN\times TN \tag{8}$$

符号“·”表示矩阵的点乘，$\boldsymbol{A}$ 表示中间品投入系数矩阵（含进口品投入），D 为中间投入品中国内产品的比重，SF 为国内最终消费的结构，TF 为国内最终消费的规模，SP 为加工贸易出口的结构，TP 为加工贸易出口的总量，SN 为一般贸易出口的结构，TN 为一般贸易出口的总量。

参考 Erik Dietzenbacher 和 Bart Los 的结构分解分析模型以及对劳动生产率的因素分解结果，本文结合中国 DPN 表的特殊结构，在公式（3）~公式（8）的基础上，将我国劳动生产率的变动逐步分解如下：

$$\Delta LP=\frac{\Delta V}{\Delta E}=\frac{\boldsymbol{A}_{v1}(\boldsymbol{I}-\boldsymbol{A}_1^d)^{-1}Y_1}{\boldsymbol{A}_{l1}(\boldsymbol{I}-\boldsymbol{A}_1^d)^{-1}Y_1}\times\frac{\boldsymbol{A}_{l0}(\boldsymbol{I}-\boldsymbol{A}_0^d)^{-1}Y_0}{\boldsymbol{A}_{v0}(\boldsymbol{I}-\boldsymbol{A}_0^d)^{-1}Y_0} \tag{9}$$

令 $L_0=(\boldsymbol{I}-\boldsymbol{A}_0\cdot D_0)^{-1}$　　$L_1=(\boldsymbol{I}-\boldsymbol{A}_1\cdot D_1)^{-1}$

$L_{01}=(\boldsymbol{I}-\boldsymbol{A}_0\cdot D_1)^{-1}$　　$L_{10}=(\boldsymbol{I}-\boldsymbol{A}_1\cdot D_0)^{-1}$

则公式（9）可进一步写为：

$$\Delta LP=\frac{\boldsymbol{A}_{v1}L_1Y_1}{\boldsymbol{A}_{v0}L_1Y_1}\times\frac{\boldsymbol{A}_{l1}L_1Y_1}{\boldsymbol{A}_{l0}L_1Y_1}\times\left\{\frac{\boldsymbol{A}_{v0}L_1Y_1}{\boldsymbol{A}_{v0}L_{01}Y_1}\times\frac{\boldsymbol{A}_{l0}L_{01}Y_1}{\boldsymbol{A}_{l0}L_1Y_1}\right\}\times\left\{\frac{\boldsymbol{A}_{v0}L_{01}Y_1}{\boldsymbol{A}_{v0}L_0Y_1}\times\frac{\boldsymbol{A}_{l0}L_0Y_1}{\boldsymbol{A}_{l0}L_{01}Y_1}\right\}\times$$

$$\left\{\begin{array}{l}\frac{\boldsymbol{A}_{v0}L_0\ (SF_1\times TF_1+SP_1\times TP_1+SN_1\times TN_1)}{\boldsymbol{A}_{v0}L_0\ (SF_0\times TF_1+SP_1\times TP_1+SN_1\times TN_1)}\times\\ \frac{\boldsymbol{A}_{l0}L_0\ (SF_0\times TF_1+SP_1\times TP_1+SN_1\times TN_1)}{\boldsymbol{A}_{l0}L_0\ (SF_1\times TF_1+SP_1\times TP_1+SN_1\times TN_1)}\end{array}\right\}\times$$

$$\left\{\begin{array}{l}\frac{\boldsymbol{A}_{v0}L_0\ (SF_0\times TF_1+SP_1\times TP_1+SN_1\times TN_1)}{\boldsymbol{A}_{v0}L_0\ (SF_0\times TF_0+SP_1\times TP_1+SN_1\times TN_1)}\times\\ \frac{\boldsymbol{A}_{l0}L_0\ (SF_0\times TF_0+SP_1\times TP_1+SN_1\times TN_1)}{\boldsymbol{A}_{l0}L_0\ (SF_0\times TF_1+SP_1\times TP_1+SN_1\times TN_1)}\end{array}\right\}\times$$

$$\left\{\frac{A_{v0}L_0\ (SF_0\times TF_0+SP_1\times TP_1+SN_1\times TN_1)}{A_{v0}L_0\ (SF_0\times TF_0+SP_0\times TP_1+SN_1\times TN_1)}\times\frac{A_{l0}L_0\ (SF_0\times TF_0+SP_0\times TP_1+SN_1\times TN_1)}{A_{l0}L_0\ (SF_0\times TF_0+SP_1\times TP_1+SN_1\times TN_1)}\right\}\times$$
$$\left\{\frac{A_{v0}L_0\ (SF_0\times TF_0+SP_0\times TP_1+SN_1\times TN_1)}{A_{v0}L_0\ (SF_0\times TF_0+SP_0\times TP_0+SN_1\times TN_1)}\times\frac{A_{l0}L_0\ (SF_0\times TF_0+SP_0\times TP_0+SN_1\times TN_1)}{A_{l0}L_0\ (SF_0\times TF_0+SP_0\times TP_1+SN_1\times TN_1)}\right\}\times$$
$$\left\{\frac{A_{v0}L_0\ (SF_0\times TF_0+SP_0\times TP_0+SN_1\times TN_1)}{A_{v0}L_0\ (SF_0\times TF_0+SP_0\times TP_0+SN_0\times TN_1)}\times\frac{A_{l0}L_0\ (SF_0\times TF_0+SP_0\times TP_0+SN_0\times TN_1)}{A_{l0}L_0\ (SF_0\times TF_0+SP_0\times TP_0+SN_1\times TN_1)}\right\}\times$$
$$\left\{\frac{A_{v0}L_0\ (SF_0\times TF_0+SP_0\times TP_0+SN_0\times TN_1)}{A_{v0}L_0\ (SF_0\times TF_0+SP_0\times TP_0+SN_0\times TN_0)}\times\frac{A_{l0}L_0\ (SF_0\times TF_0+SP_0\times TP_0+SN_0\times TN_0)}{A_{l0}L_0\ (SF_0\times TF_0+SP_0\times TP_0+SN_0\times TN_1)}\right\} \tag{10}$$

根据结构分解分析的两极分解方法，另一极分解公式为：

$$\Delta LP=\frac{A_{v0}L_0Y_0}{A_{v1}L_0Y_0}\times\frac{A_{l0}L_0Y_0}{A_{l1}L_0Y_0}\times\left\{\frac{A_{v1}L_0Y_0}{A_{v1}L_{10}Y_0}\times\frac{A_{l0}L_{10}Y_0}{A_{l0}L_0Y_0}\right\}\times\left\{\frac{A_{v1}L_{10}Y_0}{A_{v1}L_1Y_0}\times\frac{A_{l1}L_1Y_0}{A_{l1}L_{10}Y_0}\right\}\times$$
$$\left\{\frac{A_{v1}L_1\ (SF_0\times TF_0+SP_0\times TP_0+SN_0\times TN_0)}{A_{v1}L_1\ (SF_1\times TF_0+SP_0\times TP_0+SN_0\times TN_0)}\times\frac{A_{l1}L_1\ (SF_1\times TF_0+SP_0\times TP_0+SN_0\times TN_0)}{A_{l1}L_1\ (SF_0\times TF_0+SP_0\times TP_0+SN_0\times TN_0)}\right\}\times$$
$$\left\{\frac{A_{v1}L_1\ (SF_1\times TF_0+SP_0\times TP_0+SN_0\times TN_0)}{A_{v1}L_1\ (SF_1\times TF_1+SP_0\times TP_0+SN_0\times TN_0)}\times\frac{A_{l1}L_1\ (SF_1\times TF_1+SP_0\times TP_0+SN_0\times TN_0)}{A_{l1}L_1\ (SF_1\times TF_0+SP_0\times TP_0+SN_0\times TN_0)}\right\}\times$$
$$\left\{\frac{A_{v1}L_1\ (SF_1\times TF_1+SP_0\times TP_0+SN_0\times TN_0)}{A_{v1}L_1\ (SF_1\times TF_1+SP_1\times TP_0+SN_0\times TN_0)}\times\frac{A_{l1}L_1\ (SF_1\times TF_1+SP_1\times TP_0+SN_0\times TN_0)}{A_{l1}L_1\ (SF_1\times TF_1+SP_0\times TP_0+SN_0\times TN_0)}\right\}\times$$

$$
\left\{\frac{\boldsymbol{A}_{v1}L_1\left(SF_1\times TF_1+SP_1\times TP_0+SN_0\times TN_0\right)}{\boldsymbol{A}_{v1}L_1\left(SF_1\times TF_1+SP_1\times TP_1+SN_0\times TN_0\right)}\times\frac{\boldsymbol{A}_{l1}L_1\left(SF_1\times TF_1+SP_1\times TP_1+SN_0\times TN_0\right)}{\boldsymbol{A}_{l1}L_1\left(SF_1\times TF_1+SP_1\times TP_0+SN_0\times TN_0\right)}\right\}\times
$$

$$
\left\{\frac{\boldsymbol{A}_{v1}L_1\left(SF_1\times TF_1+SP_1\times TP_1+SN_0\times TN_0\right)}{\boldsymbol{A}_{v1}L_1\left(SF_1\times TF_1+SP_1\times TP_1+SN_1\times TN_0\right)}\times\frac{\boldsymbol{A}_{l1}L_1\left(SF_1\times TF_1+SP_1\times TP_1+SN_1\times TN_0\right)}{\boldsymbol{A}_{l1}L_1\left(SF_1\times TF_1+SP_1\times TP_1+SN_0\times TN_0\right)}\right\}\times \tag{11}
$$

$$
\left\{\frac{\boldsymbol{A}_{v1}L_1\left(SF_1\times TF_1+SP_1\times TP_1+SN_1\times TN_0\right)}{\boldsymbol{A}_{v1}L_1\left(SF_1\times TF_1+SP_1\times TP_1+SN_1\times TN_1\right)}\times\frac{\boldsymbol{A}_{l1}L_1\left(SF_1\times TF_{10}+SP_1\times TP_1+SN_1\times TN_1\right)}{\boldsymbol{A}_{l1}L_1\left(SF_1\times TF_1+SP_1\times TP_1+SN_1\times TN_0\right)}\right\}
$$

$$
\Delta LP=\underbrace{\sqrt{\frac{\boldsymbol{A}_{v0}L_0Y_0}{\boldsymbol{A}_{v1}L_0Y_0}\times\frac{\boldsymbol{A}_{v1}L_1Y_1}{\boldsymbol{A}_{v0}L_1Y_1}}}_{\text{增加值系数效应}}\times\underbrace{\sqrt{\frac{\boldsymbol{A}_{l0}L_0Y_0}{\boldsymbol{A}_{l1}L_0Y_0}\times\frac{\boldsymbol{A}_{l1}L_1Y_1}{\boldsymbol{A}_{l0}L_1Y_1}}}_{\text{劳动力投入强度效应}}\times
$$

$$
\underbrace{\sqrt{\left\{\frac{\boldsymbol{A}_{v1}L_0Y_0}{\boldsymbol{A}_{v1}L_{10}Y_0}\times\frac{\boldsymbol{A}_{l0}L_{10}Y_0}{\boldsymbol{A}_{l0}L_0Y_0}\right\}\times\left\{\frac{\boldsymbol{A}_{v0}L_1Y_1}{\boldsymbol{A}_{v0}L_{01}Y_1}\times\frac{\boldsymbol{A}_{l0}L_{01}Y_1}{\boldsymbol{A}_{l0}L_1Y_1}\right\}}}_{\text{国内中间品投入结构效应}}\times
$$

$$
\underbrace{\sqrt{\left\{\frac{\boldsymbol{A}_{v1}L_{10}Y_0}{\boldsymbol{A}_{v1}L_1Y_0}\times\frac{\boldsymbol{A}_{l1}L_1Y_0}{\boldsymbol{A}_{l1}L_{10}Y_0}\right\}\times\left\{\frac{\boldsymbol{A}_{v0}L_{01}Y_1}{\boldsymbol{A}_{v0}L_0Y_1}\times\frac{\boldsymbol{A}_{l0}L_0Y_1}{\boldsymbol{A}_{l0}L_{01}Y_1}\right\}}}_{\text{国内产品在中间投入中的占比效应}}\times
$$

$$
\underbrace{\sqrt{\left\{\frac{\boldsymbol{A}_{v1}L_1\left(SF_0\times TF_0+SP_0\times TP_0+SN_0\times TN_0\right)}{\boldsymbol{A}_{v1}L_1\left(SF_1\times TF_0+SP_0\times TP_0+SN_0\times TN_0\right)}\times\frac{\boldsymbol{A}_{l1}L_1\left(SF_1\times TF_0+SP_0\times TP_0+SN_0\times TN_0\right)}{\boldsymbol{A}_{l1}L_1\left(SF_0\times TF_0+SP_0\times TP_0+SN_0\times TN_0\right)}\right\}\times\left\{\frac{\boldsymbol{A}_{v0}L_0\left(SF_1\times TF_1+SP_1\times TP_1+SN_1\times TN_1\right)}{\boldsymbol{A}_{v0}L_0\left(SF_0\times TF_1+SP_1\times TP_1+SN_1\times TN_1\right)}\times\frac{\boldsymbol{A}_{l0}L_0\left(SF_0\times TF_1+SP_1\times TP_1+SN_1\times TN_1\right)}{\boldsymbol{A}_{l0}L_0\left(SF_1\times TF_1+SP_1\times TP_1+SN_1\times TN_1\right)}\right\}\times}}_{\text{最终需求中国内需求的产品结构效应}}
$$

$$\underbrace{\sqrt{\left\{\frac{\boldsymbol{A}_{v1}L_1\left(SF_1\times TF_0+SP_0\times TP_0+SN_0\times TN_0\right)}{\boldsymbol{A}_{v1}L_1\left(SF_1\times TF_1+SP_0\times TP_0+SN_0\times TN_0\right)}\times\frac{\boldsymbol{A}_{l1}L_1\left(SF_1\times TF_1+SP_0\times TP_0+SN_0\times TN_0\right)}{\boldsymbol{A}_{l1}L_1\left(SF_1\times TF_0+SP_0\times TP_0+SN_0\times TN_0\right)}\right\}}\times\sqrt{\left\{\frac{\boldsymbol{A}_{v0}L_0\left(SF_0\times TF_1+SP_1\times TP_1+SN_1\times TN_1\right)}{\boldsymbol{A}_{v0}L_0\left(SF_0\times TF_0+SP_1\times TP_1+SN_1\times TN_1\right)}\times\frac{\boldsymbol{A}_{l0}L_0\left(SF_0\times TF_0+SP_1\times TP_1+SN_1\times TN_1\right)}{\boldsymbol{A}_{l0}L_0\left(SF_0\times TF_1+SP_1\times TP_1+SN_1\times TN_1\right)}\right\}}\times}_{\text{最终需求中国内需求的规模效应}}$$

$$\underbrace{\sqrt{\left\{\frac{\boldsymbol{A}_{v1}L_1\left(SF_1\times TF_1+SP_0\times TP_0+SN_0\times TN_0\right)}{\boldsymbol{A}_{v1}L_1\left(SF_1\times TF_1+SP_1\times TP_0+SN_0\times TN_0\right)}\times\frac{\boldsymbol{A}_{l1}L_1\left(SF_1\times TF_1+SP_1\times TP_0+SN_0\times TN_0\right)}{\boldsymbol{A}_{l1}L_1\left(SF_1\times TF_1+SP_0\times TP_0+SN_0\times TN_0\right)}\right\}}\times\sqrt{\left\{\frac{\boldsymbol{A}_{v0}L_0\left(SF_0\times TF_0+SP_1\times TP_1+SN_1\times TN_1\right)}{\boldsymbol{A}_{v0}L_0\left(SF_0\times TF_0+SP_0\times TP_1+SN_1\times TN_1\right)}\times\frac{\boldsymbol{A}_{l0}L_0\left(SF_0\times TF_0+SP_0\times TP_1+SN_1\times TN_1\right)}{\boldsymbol{A}_{l0}L_0\left(SF_0\times TF_0+SP_1\times TP_1+SN_1\times TN_1\right)}\right\}}\times}_{\text{最终需求中加工贸易出口的产品结构效应}}$$

$$\underbrace{\sqrt{\left\{\frac{\boldsymbol{A}_{v1}L_1\left(SF_1\times TF_1+SP_1\times TP_0+SN_0\times TN_0\right)}{\boldsymbol{A}_{v1}L_1\left(SF_1\times TF_1+SP_1\times TP_1+SN_0\times TN_0\right)}\times\frac{\boldsymbol{A}_{l1}L_1\left(SF_1\times TF_1+SP_1\times TP_1+SN_0\times TN_0\right)}{\boldsymbol{A}_{l1}L_1\left(SF_1\times TF_1+SP_1\times TP_0+SN_0\times TN_0\right)}\right\}}\times\sqrt{\left\{\frac{\boldsymbol{A}_{v0}L_0\left(SF_0\times TF_0+SP_0\times TP_1+SN_1\times TN_1\right)}{\boldsymbol{A}_{v0}L_0\left(SF_0\times TF_0+SP_0\times TP_0+SN_1\times TN_1\right)}\times\frac{\boldsymbol{A}_{l0}L_0\left(SF_0\times TF_0+SP_0\times TP_0+SN_1\times TN_1\right)}{\boldsymbol{A}_{l0}L_0\left(SF_0\times TF_0+SP_0\times TP_1+SN_1\times TN_1\right)}\right\}}\times}_{\text{最终需求中加工贸易出口的规模效应}}$$

$$\underbrace{\sqrt{\left\{\frac{\boldsymbol{A}_{v1}L_1\left(SF_1\times TF_1+SP_1\times TP_1+SN_0\times TN_0\right)}{\boldsymbol{A}_{v1}L_1\left(SF_1\times TF_1+SP_1\times TP_1+SN_1\times TN_0\right)}\times\frac{\boldsymbol{A}_{l1}L_1\left(SF_1\times TF_1+SP_1\times TP_1+SN_1\times TN_0\right)}{\boldsymbol{A}_{l1}L_1\left(SF_1\times TF_1+SP_1\times TP_1+SN_0\times TN_0\right)}\right\}}\times\sqrt{\left\{\frac{\boldsymbol{A}_{v0}L_0\left(SF_0\times TF_0+SP_0\times TP_0+SN_1\times TN_1\right)}{\boldsymbol{A}_{v0}L_0\left(SF_0\times TF_0+SP_0\times TP_0+SN_0\times TN_1\right)}\times\frac{\boldsymbol{A}_{l0}L_0\left(SF_0\times TF_0+SP_0\times TP_0+SN_0\times TN_1\right)}{\boldsymbol{A}_{l0}L_0\left(SF_0\times TF_0+SP_0\times TP_0+SN_1\times TN_1\right)}\right\}}\times}_{\text{最终需求中一般贸易出口的产品结构效应}}$$

$$\underbrace{\sqrt{\left\{\frac{\mathbf{A}_{v1}L_1\left(SF_1\times TF_1+SP_1\times TP_1+SN_1\times TN_0\right)}{\mathbf{A}_{v1}L_1\left(SF_1\times TF_1+SP_1\times TP_1+SN_1\times TN_1\right)}\times\frac{\mathbf{A}_{l1}L_1\left(SF_1\times TF_{10}+SP_1\times TP_1+SN_1\times TN_1\right)}{\mathbf{A}_{l1}L_1\left(SF_1\times TF_1+SP_1\times TP_1+SN_1\times TN_0\right)}\right\}}\times\sqrt{\left\{\frac{\mathbf{A}_{v0}L_0\left(SF_0\times TF_0+SP_0\times TP_0+SN_0\times TN_1\right)}{\mathbf{A}_{v0}L_0\left(SF_0\times TF_0+SP_0\times TP_0+SN_0\times TN_0\right)}\times\frac{\mathbf{A}_{l0}L_0\left(SF_0\times TF_0+SP_0\times TP_0+SN_0\times TN_0\right)}{\mathbf{A}_{l0}L_0\left(SF_0\times TF_0+SP_0\times TP_0+SN_0\times TN_1\right)}\right\}}}_{\text{最终需求中一般贸易出口的规模效应}} \quad (12)$$

在公式（10）和公式（11）两极分解式的基础上，综合得到劳动生产率最终的结构分解分析式公式（12），至此，劳动生产率总共分解为十项，依次表示增加值系数效应、劳动力投入强度效应、国内中间品投入结构效应、国内产品在中间投入中的占比效应、最终需求中国内需求的产品结构效应、最终需求中国内需求的规模效应、最终需求中加工贸易出口的产品结构效应、最终需求中加工贸易出口的规模效应、最终需求中一般贸易出口的产品结构效应和最终需求中一般贸易出口的规模效应。计算分解后的十项影响因素的贡献率，先对劳动生产率公式的两端取对数，再用各项对数值占总变动量的比值作为该项影响因素的贡献率，以保证贡献率之和为100%。最终十项分解因素为两极分解中对应项相乘后的开方值（对国内需求和国外需求拉动的劳动生产率也是同样过程）。

根据公式（10）的分解方式可以对比国内需求和国外需求对整体劳动生产率的影响程度，另一种比较国内需求、加工贸易出口与一般贸易出口的方法是，分别对国内需求拉动的劳动生产率和国外需求拉动的劳动生产率进行结构分解分析，对比各项因素对劳动生产率的贡献程度，以国内需求拉动的劳动生产率为例，两极分解中的一种分解方式为：

$$\Delta DLP=\frac{\mathbf{A}_{v1}L_1F_1}{\mathbf{A}_{v0}L_1F_1}\times\frac{\mathbf{A}_{l1}L_1F_1}{\mathbf{A}_{l0}L_1F_1}\times\left\{\frac{\mathbf{A}_{v0}L_1F_1}{\mathbf{A}_{v0}L_{01}F_1}\times\frac{\mathbf{A}_{l0}L_{01}F_1}{\mathbf{A}_{l0}L_1F_1}\right\}\times\left\{\frac{\mathbf{A}_{v0}L_{01}F_1}{\mathbf{A}_{v0}L_0F_1}\times\frac{\mathbf{A}_{l0}L_0F_1}{\mathbf{A}_{l0}L_{01}F_1}\right\}\times$$

$$\left\{\frac{A_{v0}L_0\ (SF_1 \times TF_1)}{A_{v0}L_0\ (SF_0 \times TF_1)} \times \frac{A_{l0}L_0\ (SF_0 \times TF_1)}{A_{l0}L_0\ (SF_1 \times TF_1)}\right\} \times \left\{\frac{A_{v0}L_0\ (SF_0 \times TF_1)}{A_{v0}L_0\ (SF_0 \times TF_0)} \times \frac{e_0L_0\ (SF_0 \times TF_0)}{e_0L_0\ (SF_0 \times TF_1)}\right\} \tag{13}$$

同样地，对于 *DLP*、*PLP* 和 *NLP* 可以国内需求产生的劳动生产率分解为六个部分：增加值系数效应、劳动力投入强度效应、国内中间品投入结构效应、国内产品在中间投入中的占比效应、最终需求中国内需求的产品结构效应和最终需求中国内需求的规模效应。将公式（12）中的 *F*、*TF*、*SF* 分别替换为 *P*、*SP*、*TP*，可得到加工贸易出口拉动的劳动生产率的结构分解分析结果，当分别替换为 *N*、*SN* 和 *TN* 时，则可得到一般贸易出口拉动的劳动生产率的结构分解分析结果。

（二）国内需求与国外需求拉动的劳动生产率

根据 2005 年、2010 年和 2015 年我国反映加工贸易的非竞争型投入占用产出表及相应的就业向量，本文首先测算了用于国内消费生产、加工贸易出口生产和一般贸易出口生产的劳动生产率。结果显示（见表 6–6），2005 年

表 6–6　2005—2015 年不同生产方式下的劳动生产率及增速

项目	年份 / 阶段	*LP*	*DLP*	*PLP*	*NLP*
劳动生产率（万元 / 人）	2005	1.68	1.66	2.24	1.68
	2010	3.64	3.39	6.34	4.37
	2015	7.03	6.77	8.36	8.73
年均增速（%）	2005—2010	16.7	15.3	23.1	21.1
	2010—2015	14.1	14.8	5.7	14.8
	2005—2015	15.4	15.1	14.1	17.9

资料来源：作者计算。

我国劳动生产率仅为 1.68 万元 / 人，到 2015 年达到 7.03 万元 / 人，10 年间提高了约 3 倍，与单位劳动产出衡量的劳动生产率呈现出一致的快速增长趋势，10 年间年均增速高达 15.4%。从 2005—2010 年、2010—2015 年两个阶段来看，2005—2010 年增速更快，2010—2015 年增速也维持在 14.1%，未有明显下降，表明我国劳动生产率虽然已在 2005—2015 年实现了持续 10 年的高速增长，仍拥有强劲的提升潜力。

分别从国内需求和国外需求来看，三种生产方式的劳动生产率在研究期内均实现了快速提升，说明随着我国经济实力、科技实力、人均受教育水平的提升，我国劳动生产率的提升是全面的、持续的稳步提升。2005 年用于国内消费的劳动生产率（*DLP*）为 1.66 万元 / 人，基本与全国平均水平持平，经过 10 年的发展，至 2015 年我国的 *DLP* 提高至 6.77 万元 / 人，有明显提高，但与全国平均劳动生产率水平的差距有所扩大，即用于国内消费的生产，其劳动生产率增速未能达到全国平均水平，年均增速更是明显低于一般贸易出口生产，这也反映出我国国内消费的需求结构有待进一步改善。2017 年国内消费对我国经济增长的贡献度提升到 58.8%，即经济增长一半以上的增长动力来自内需，若内需拉动的劳动生产率水平无法追平或超过出口拉动的劳动生产率，那么未来我国刺激内需增长、进一步扩大内需对经济增长贡献度的努力，将不利于我国整体劳动生产率的全面提升。但从另一个方面来看，用于国内需求的劳动生产率增速在 2010—2015 年远高于加工贸易，表明用于国内需求的劳动生产率仍保持有效的快速增长，同时，伴随着近些年我国供给侧结构性改革、去产能等一系列经济结构调整措施的推进，我国国内需求的产品结构、生产结构已经得到了较大改善，劳动生产率也必然有进一步的变动。

分阶段来看，2005—2010 年，无论是用于国内需求的生产还是加工贸易出口和一般贸易出口，劳动生产率增速均较高，尤其是加工贸易出口和一般贸易出口，其劳动生产率的年均增速分别高达 23.1% 和 21.1%，这与国际上任何发达国家和发展中国家相比都是难得一见的高增速，2001 年我国刚刚加入 WTO，开始融入全球价值链分工和全球经济一体化进程，主要依靠廉价的劳动力生产成本融入全球价值链的低端组装、加工等产品制造环节，由于我国自身人口基数大，经济发展和科技发展与其他发达国家相比起步慢，所以这一时期是以加工组装等简单、附加值率低的生产环节融入全球贸易生产，是将大量的农村剩余劳动力转移至制造业部门，这是我国劳动生产率有明显提升的重要原因。我国在加入 WTO 的初期阶段，不遗余力地扩大开放的深度和宽度，对我国而言，是实现了劳动力资源的一次重新配置，解决了我国当时农业生产领域的冗余劳动力问题，但当经济发展到一个全新的生产阶段时，以低端加工组装的方式生产就无法再继续发挥提高劳动生产率的作用了，也就体现为 2010—2015 年劳动生产率增速的下降。

从表 6-6 可以看出，2010—2015 年，我国三种生产方式的劳动生产率增速较 2005—2010 年均有所下降。尤其是加工出口生产，年均增速由 23.1% 骤降至 5.7%，这也为我国加工贸易的出口生产敲响警钟，预示着我国简单地依靠加工组装等非核心环节融入全球生产链，已不能再继续为我国的经济提供长期持续的高速增长动力，加工贸易占比近一半的贸易出口结构亟待调整。

总体而言，2005—2015 年，出口生产促进了我国劳动生产率的提高，且与用于国内消费的生产相比，具有更高的劳动生产率，加入 WTO、全面融入全球价值链分工体系不仅促进了我国经济的快速发展、增加了我国就业岗位，也提高了我国整体的劳动生产率，出口对我国整体经济社会的发展发挥了重要作用。

分部门来看，初期 2005 年 42 个部门的劳动生产率差异相对较小，石油和天然气开采、信息传输、金融和房地产部门的劳动生产率较高，2015 年各部门的劳动生产率较10年前均有大幅提升，但同时部门间的差异也开始逐渐增大。废品废料部门劳动生产率过高，2015年就业量小，导致单位产出的就业人员数量低是主要原因，在国家统计局编制投入产出表的过程中，废品废料为综合处理后的部门，并不能真正直接反映废品废料部门的生产情况，因此本部分暂不对此部门作进一步分析。

2005—2015年我国各部门劳动生产率均有较快提升，部门详细结果见表6-7，绝大部分部门劳动生产率的年均增速均在10%以上，石油和天然气开采业、居民服务和其他服务业以及燃气生产和供应业的年均增速更是超过了20%，2015年石油和天然气开采业以及石油加工、炼焦及核燃料加工业两个部门的劳动生产率最高，分别为27.53万元/人和21.28万元/人，非金属矿及其他矿采选业、金属矿采选业、金属冶炼及压延加工业、煤炭开采和洗选业以及非金属矿物制品业等资源型生产部门在各部门劳动生产率排序中都处在非常靠前的位置，且是2005—2015年中增速排名在前十五位的部门。但必须意识到，依靠资源拉动并不能为我国经济的长期高速发展提供持续的动力，因此我国整体劳动生产率提高的动力亟待转换，我国应尽快提高创新研发水平，提高制造业和服务业各部门的劳动生产率，才能真正实现我国整体劳动生产率的长期可持续提高。

表6-7显示，居民服务和其他服务业实现了较快的增速，但由于该部门在2005年劳动生产率基数非常低，因此，经过10年的快速增长仍然只有11.80万元/人。燃气生产和供应业以及电力、热力的生产和供应业劳动生产率年均增速也相对较高，在这两个部门中，国有企业为主要经营者，市场化水平相对较低，多属于国家定价，企业的盈利性目的不太强，劳动生产率并未能体现出在完全竞争市场下的水平。未来在我国国有企业改制等一系列政策的推动下，燃气、电力生产供应等曾以国有为主的部门，将有望实现收益和劳动生产率的跃升。

表 6–7　2005 年、2010 年、2015 年 41 个部门劳动生产率及其增速

部门编号	部门名称	劳动生产率（万元 / 人）			年均增长率（%）
		2005 年	2010 年	2015 年	
3	石油和天然气开采业	4.12	11.12	27.53	20.91
38	居民服务和其他服务业	1.90	4.21	11.80	20.05
24	燃气生产和供应业	2.76	8.02	17.15	20.03
30	批发和零售业	1.73	4.92	10.45	19.73
5	非金属矿及其他矿采选业	2.04	3.84	12.33	19.69
11	石油加工、炼焦及核燃料加工业	3.56	8.72	21.28	19.56
4	金属矿采选业	2.84	6.37	14.15	17.43
14	金属冶炼及压延加工业	3.17	8.66	15.75	17.40
2	煤炭开采和洗选业	2.60	3.60	12.66	17.17
13	非金属矿物制品业	2.02	4.96	9.66	16.93
23	电力、热力的生产和供应业	3.43	8.72	15.64	16.37
27	交通运输及仓储业	2.50	5.40	11.16	16.16
1	农林牧渔业	0.59	1.20	2.53	15.71
26	建筑业	2.03	5.06	8.07	14.82
6	食品制造及烟草加工业	1.17	2.06	4.44	14.30
9	木材加工及家具制造业	1.65	3.34	6.29	14.30
7	纺织业	1.41	3.04	5.29	14.13
32	金融业	4.54	8.11	16.95	14.09
28	邮政业	1.55	2.64	5.76	14.00
31	住宿和餐饮业	1.48	2.57	5.49	14.00
12	化学工业	2.46	5.85	8.86	13.68
35	研究与试验发展业	2.56	2.64	8.63	12.92
17	交通运输设备制造业	3.35	6.21	11.09	12.71
21	工艺品及其他制造业（含废品废料）	1.96	3.52	6.46	12.69

续表

部门编号	部 门 名 称	劳动生产率（万元 / 人）			年均增长率（%）
		2005 年	2010 年	2015 年	
15	金属制品业	3.07	6.49	10.09	12.63
16	通用、专用设备制造业	3.09	6.38	10.14	12.61
34	租赁和商务服务业	2.46	5.40	7.72	12.11
18	电气机械及器材制造业	3.06	6.67	9.58	12.10
25	水的生产和供应业	2.84	5.43	8.90	12.09
33	房地产业	5.35	10.95	16.73	12.07
41	文化、体育和娱乐业	2.19	3.66	6.75	11.90
8	纺织服装鞋帽皮革羽绒及其制品业	1.75	2.88	5.17	11.46
19	通信设备、计算机及其他电子设备制造业	3.61	6.74	10.55	11.33
40	卫生、社会保障和社会福利业	2.32	3.36	6.77	11.30
10	造纸印刷及文教体育用品制造业	2.34	4.76	6.76	11.19
39	教育	1.88	2.37	5.31	10.96
20	仪器仪表及文化办公用机械制造业	3.02	5.95	8.46	10.86
36	综合技术服务业	2.81	8.44	7.19	9.86
42	公共管理和社会组织	2.09	2.32	5.07	9.24
29	信息传输、计算机服务和软件业	4.69	9.30	10.76	8.66
37	水利、环境和公共设施管理业	2.68	1.42	5.86	8.12

资料来源：作者整理。

注：1. 本表不包含废品废料部门。

2. 按照 2005—2015 年劳动生产率的年均增速倒序排列。

另一个需要关注的是农林牧渔业，2005 年我国农林牧渔业的劳动生产率只有 0.59 万元 / 人，2015 年也只有 2.53 万元 / 人，无论是研究期初还是期末，与其他部门相比都属于非常低的水平。目前，我国已拥有 14 亿多人口，我们面临的一个不争事实是，我国人均资源短缺，特别是人均耕地和人均水资源短缺。我国目前的人均耕地面积约为 1.47 亩，即 0.098 公顷，而美国、俄罗斯、加拿大和澳大利亚的人均耕地面积分别为 0.72 公顷、0.88 公顷、1.57 公顷和 2.88 公顷，分别相当于我国的 7.3 倍、9.0 倍、16.0 倍和 29.4 倍。印度、泰国、巴基斯坦和缅甸的人均耕地面积分别为 0.19 公顷、0.29 公顷、0.17 公顷和 0.21 公顷，也远比我国多。从自然资源禀赋和农业生产要素来看，我国都不具有农业生产的比较优势，但我国人口众多，饭碗仍要紧紧端在自己手中，因此，农林牧渔业的农业生产率提升将是未来一段时间解决我国“三农”问题的重点。

纺织业、纺织服装鞋帽皮革羽绒及其制品业属于劳动密集型生产部门，同时是我国出口的主力军，由于生产过程中所使用的进口中间品比机电等制造业部门少，因此我国在纺织服装这类部门的出口中获取的附加值率较高，单位出口增加值高，也反映出该部门单位出口对我国经济的贡献较高。但从表 6–7 中所展示的劳动生产率来看，这些部门的劳动生产率依然非常低，仅仅略高于农林牧渔业等个别行业，约为 5 万元 / 人，且 2005—2015 年间提升幅度较小。

（三）2005—2010 年、2010—2015 年我国劳动生产率的结构分解分析（SDA）

根据前文中劳动生产率结构分解分析的两极分析方法，对 2005—2010 年和 2010—2015 年两个时期我国劳动生产率的结构进行分解分析，共分解为十项驱动因素：增加值系数效应、劳动力投入强度效应、国内中间品投入结构效应、国内产品在中间投入中的占比效应、最终需求中国内需求的产品结构效应、最终需求中国内需求的规模效应、最终需求中加工贸易出口的产品结构效应、最终需求中加工贸易出口的规模效应、最终需求中一般贸易出口的产品结构效应和最终需求中一般贸易出口的规模效应。十项驱动因素的变动幅度和贡献率的具体结果见表 6–8。2005—2010 年我国劳动生产率提高了 2.16 倍，2010—2015 年则提高了 1.93 倍，两个时期的变动程度基本维持在同一水平。

表 6–8　2005—2010 年与 2010—2015 年两个时期劳动生产率 SDA 结果

驱动因素	变动幅度（倍）		贡献率（%）	
	2005—2010 年	2010—2015 年	2005—2010 年	2010—2015 年
增加值系数效应	0.90	0.99	–13.04	–1.74
劳动力投入强度效应	1.87	1.97	81.13	102.90
国内中间品投入结构效应	1.07	1.00	8.65	–0.43
国内产品在中间投入中的占比效应	1.02	1.00	2.68	–0.55
最终需求中国内需求的产品结构效应	1.13	1.01	15.64	1.99
最终需求中国内需求的规模效应	0.98	0.97	–1.98	–3.92
最终需求中加工贸易出口的产品结构效应	1.01	1.00	0.91	–0.16
最终需求中加工贸易出口的规模效应	1.02	1.00	2.38	0.40
最终需求中一般贸易出口的产品结构效应	1.02	1.00	2.23	–0.14
最终需求中一般贸易出口的规模效应	1.01	1.01	1.40	1.65
总变动	2.16	1.93	100	100

资料来源：作者整理。

2005—2010 年与 2010—2015 年的劳动生产率均提高了两倍左右，就十项驱动因素而言，对两个时期劳动生产率变动贡献最大的是劳动力投入强度效应，即我国整体经济单位产出所需要投入的劳动力在快速地下降，劳动力投入强度的降低是我国劳动生产率提升的关键因素。增加值系数的变动对劳动生产率的提升有负向影响，影响相对较小。国内产品在中间投入中的占比效应由正转负，一个可能的原因是后期高技术含量进口品的使用对劳动生产率提高有促进作用。最终需求中国内需求的规模的扩大不利于劳动生产率的提高，另外国外需求规模的扩大对劳动生产率提高有正向作用，说明相比较内需而言，外需对我国劳动生产率的提高有更强的促进作用。但体现外需的加工贸易出口和一般贸易出口的产品结构效应在第二时期都变为了负值，说明此阶段我国出口贸易结构需要进一步调整，不能只重视出口的数量，更应强调出口的质量，仍按照之前的出口结构生产将不利于我国劳动生产率的提高。最终需求中国内需求的产品结构效应为正，体现了研究期内我国内需消费结构的改善。

除了对整体经济的劳动生产率变动进行结构分解分析外，本文对两个时期各部门的劳动生产率也进行了结构分解分析，由于部门数相对较多，文中仅展示了部分具有代表性的行业，主要包括末期 2015 年劳动生产率最高的三个部门，且采矿业、制造业、服务业领域各选一个（部门编号分别为 3、11、32）；2005—2015 年期间劳动生产率增速最快的三个部门，且采矿业、制造业、服务业各选一个（部门编号分别为 2、35、5），详细结果见表 6-9。

表 6-9　分部门劳动生产率 SDA 结果

年份	项　目	部门编号及名称					
		2 煤炭开采和洗选业	35 研究与试验发展业	5 非金属矿及其他矿采选业	3 石油和天然气开采业	11 石油加工、炼焦及核燃料加工业	32 金融业
2005	劳动生产率（万元 / 人）	2.60	2.56	2.04	4.12	3.56	4.54
2010		3.60	2.64	3.84	11.12	8.72	8.11
2015		12.66	8.63	12.33	27.53	21.28	16.95

续表

年份	项　目		部门编号及名称					
			2 煤炭开采和洗选业	35 研究与试验发展业	5 非金属矿及其他矿采选业	3 石油和天然气开采业	11 石油加工、炼焦及核燃料加工业	32 金融业
2005—2010	贡献率（%）	总变动	100	100	100	100	100	100
		增加值系数效应	–43	–550	–16	5	–6	6
		劳动力投入强度效应	164	618	96	67	94	93
		国内中间品投入结构效应	25	–73	9	21	13	–4
		国内产品在中间投入中的占比效应	6	38	12	3	–6	2
		最终需求中国内需求的产品结构效应	–2	–142	–1	4	3	2
		最终需求中国内需求的规模效应	–33	45	–5	0	7	1
		最终需求中加工贸易出口的产品结构效应	0	0	6	0	–2	0
		最终需求中加工贸易出口的规模效应	0	0	0	0	0	0
		最终需求中一般贸易出口的产品结构效应	0	0	0	0	0	0
		最终需求中一般贸易出口的规模效应	–17	164	–1	0	–3	0

续表

年份	项目		部门编号及名称					
			2 煤炭开采和洗选业	35 研究与试验发展业	5 非金属矿及其他矿采选业	3 石油和天然气开采业	11 石油加工、炼焦及核燃料加工业	32 金融业
2010—2015	贡献率（%）	总变动	100	100	100	100	100	100
		增加值系数效应	2	−6	−1	−4	−3	−16
		劳动力投入强度效应	84	106	129	126	108	135
		国内中间品投入结构效应	2	−2	−3	−13	−3	−13
		国内产品在中间投入中的占比效应	−1	0	0	−3	−2	−5
		最终需求中国内需求的产品结构效应	0	2	0	−66	0	−2
		最终需求中国内需求的规模效应	5	0	−1	47	1	−2
		最终需求中加工贸易出口的产品结构效应	0	0	−25	0	−7	0
		最终需求中加工贸易出口的规模效应	0	0	0	0	0	0
		最终需求中一般贸易出口的产品结构效应	0	0	0	0	0	0
		最终需求中一般贸易出口的规模效应	8	0	1	13	6	3

资料来源：作者整理。

与总经济体的劳动生产率结构分解的结果一致，表 6–9 中六大行业对劳动生产率变动贡献最大的也是劳动力投入强度，但各部门间有八个效应的影响差异较为明显。2005—2010 年期间研究与试验发展业劳动生产率的变动受国内中间品投入结构、国内产品在中间投入中的占比、最终需求中国内需求的产品结构和最终需求中国内需求的规模变动的影响较大，而 2010—2015 年期间这四项对其劳动生产率的影响变得非常小。石油和天然气开采业则呈现相反的状况，2005—2010 年期间除了劳动力投入强度和国内中间品投入结构对其劳动生产率的影响较大外，其他项的影响非常小，但在 2010—2015 年，最终需求中国内需求的产品结构、最终需求中国内需求的规模以及最终需求中一般贸易出口的规模对该行业劳动生产率的影响明显增强。

（四）不同生产方式下劳动生产率的 SDA 结果对比

分析中使用的是反映加工贸易的非竞争型投入占用产出表，区分了国内消费、加工贸易出口和一般贸易出口三种不同的生产方式，因此，本文还分别测算了三种生产方式下的劳动生产率（缩写依次为 *DLP*、*PLP*、*NLP*），并对其进行结构分解分析，具体分解方法详见前文内容。分解出的各项效应对劳动生产率的贡献度结果详见表 6–10。2015 年三种生产方式的劳动生产率 *DLP*、*PLP*、*NLP* 分别为 6.77 万元 / 人、8.36 万元 / 人和 8.73 万元 / 人，分别是 2005 年的 4.1 倍、3.7 倍和 5.2 倍，一般贸易出口的劳动生产率最高，且表现出了最高增速。

从六个效应的贡献度来看，无论是国内需求还是国外需求，两个阶段都是劳动力投入强度对劳动生产率的正向影响最大。2005—2010 年，增加值系数的变动对国内需求拉动的劳动生产率的负向效应达到了近 17%，同时国内中间品投入结构、最终需求的产品结构的贡献率也较高，但同期，国外需求

表 6-10　三种生产方式拉动的劳动生产率 SDA 结果　　单位：%

贡献率	*DLP*		*PLP*		*NLP*	
	2005—2010 年	2010—2015 年	2005—2010 年	2010—2015 年	2005—2010 年	2010—2015 年
总变动	100	100	100	100	100	100
增加值系数效应	–16.5	–0.6	2.2	–10.7	–3.7	–5.9
劳动力投入强度效应	85.5	99.0	44.8	134.3	82.0	106.6
国内中间品投入结构效应	10.4	0	7.2	–18.0	3.7	–2.7
国内产品在中间投入中的占比效应	0.6	–0.8	12.1	–7.8	6.0	–1.2
最终需求的产品结构效应	20.0	2.4	33.7	2.2	12.0	3.2
最终需求的规模效应	0	0	0	0	0	0

资料来源：作者整理。

拉动的劳动生产率则是受最终需求的产品结构和国内产品在中间投入中的占比变动的影响较大。2010—2015 年，只有劳动力投入强度变动对劳动生产率的影响最大，其他五个效应的贡献度都非常小，且国内产品在中间投入中占比的增加不利于劳动生产率的提高，也在一定程度上反映出我国当时劳动生产率处于较低水平。三种生产方式最终需求的产品结构在 2005—2010 年都表现出了较高的贡献率，这一阶段是我国经济发展呈现高速增长，以及经济多样化加速的时期，在我国资源丰富、劳动力充足的背景下，生产产品的种类和规模能力得到快速扩张，劳动力和资本要素利用率提高，比如农村剩余劳动力向城镇房地产等行业转移。2010—2015 年，最终需求的产品结构对劳动生产率提高的贡献度快速下降，体现出我国在新的发展阶段对经济结构转型的需要，保持以往的扩大产品规模、增加产品多样性来发展经济、扩大就业已不能发挥之前那么大的作用，我国应由重视产品数量和种类转向重视产品质量，由满足人民的基本需求转向满足人民的美好生活需要。

（五）对外开放促进我国劳动生产率更快提升

近三十年来，我国劳动生产率实现了远高于世界平均水平和欧美日等主要发达国家的增长速度，劳动生产率的快速提升得益于国内外和平、稳定的经济发展大环境，各国专注于经济增长和增加就业，使科技水平、劳动力受教育水平快速提升，这是世界各国劳动生产率提升的根本原因。由于我国在加入 WTO 之后，进入了对外贸易的繁荣发展期，出口生产的投入结构、就业结构与用于国内消费的生产有着明显不同，因此，本文借助于我国反映加工贸易的非竞争型投入占用产出表，对我国 2005—2015 年的劳动生产率驱动因素进行了结构分解分析。

对劳动生产率的结构分解分析结果表明：2005—2015 年，出口生产促进了我国劳动生产率的提高，且与用于国内消费的生产相比，拥有更高的劳动生产率，加入 WTO、全面融入全球价值链分工体系不仅促进了我国经济的快速发展、增加了我国就业，也提高了我国整体的劳动生产率，出口对我国整体经济社会的发展发挥了重要作用。2005—2015 年对我国劳动生产率变动贡献最大的是劳动力投入强度效应。且相比较内需而言，外需对我国劳动生产率的提高有更强的促进作用。

三、对外开放对区域发展协调性促进作用的实证研究

关于对外开放与区域发展协调性之间的研究目前仍处于探索阶段，成果相对较少，李斌和陈开军（2007）利用变异系数度量了中国在1981—2003年间的地区经济差距及进出口贸易差异的程度，并通过协整分析和格兰杰因果关系检验，考察了中国地区间外贸水平差异与经济差距之间的联系，研究结论认为，地区间外贸水平差异是影响经济差距的重要原因。包群（2008）探讨了中国贸易开放与经济增长关系的区域空间差异，认为区域贸易开放的经济增长效应存在较大空间差异，地区间要素禀赋、技术水平等方面的差异都将导致贸易开放增长效应的显著不同。熊灵等（2012）利用空间计量方法构建了贸易开放与区域增长的空间面板数据模型，结果表明省域经济和产业经济层面的增长均存在空间相关性；控制空间相关性后，贸易开放对省域经济的增长效应为正，伴有空间收敛与发散双向效应，并因地区发展水平、基础设施和人力资本差异而存在空间异质性。本文借助于计量经济学模型，从开放质量角度分析开放与区域发展协调性之间的关系。

对于区域发展协调性，本文采用我国31个省、区、市（除港澳台）人均GDP的方差来表示，考虑到我国人均GDP绝对量在近年来大幅度提升对协调性可能带来的偏差，先利用各地区的人均GDP除以当年全国人均GDP进行标准化，之后再计算该年份标准化后各地区人均GDP的方差，在本部分利用这一方差来表示我国区域发展的协调性，方差越大代表区域发展协调性越弱，方差越小则代表区域发展协调性越强，方差为零则代表各地区人均GDP处于同一水平，即各地区发展完全同步。1978年以来我国区域发展协调性见图6–1。

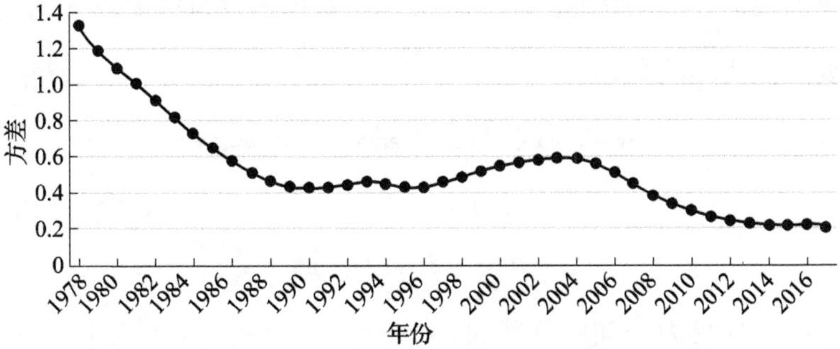

图 6-1　1978—2017 年我国区域发展协调性情况

资料来源：作者整理。

从图 6-1 中可以看出，1978 年以来我国各地区之间人均 GDP（标准化后）的方差大幅度减小，区域协调性明显增强，尤其在改革开放的前 10 年最为明显，在 20 世纪 90 年代区域发展协调性基本稳定、略有下降，在 2004 年之后，我国区域发展协调性再一次出现明显提升，至 2017 年我国 31 个省、区、市人均 GDP（标准化后）的方差已降至 0.2，降至改革开放以来的最低值，意味着我国区域发展协调性处于 1978 年以来的最高水平。

为考察高质量对外开放对我国区域发展协调性的影响，建立如下计量经济模型：

$$CRD = \beta_0 + \beta_1 Open + \beta_2 Control + \varepsilon \tag{14}$$

其中，*CRD* 表示区域发展协调性（Coordination of Regional Development），即标准化后的各地区人均 GDP 方差；*Open* 表示对外开放质量，为探究我国对外开放质量变动对区域发展协调性的影响，使用高技术产品在进出口中的比重来衡量；*Control* 表示控制变量，区域发展协调性不仅受我国对外开放质量的影响，还受到地区间经济发展水平差异、地区间经济结构差异、地区间资源禀赋差异等诸多因素的影响，受数据长度对模型自由度的制约，本文仅选取地区间经济发展水平差异这一影响因素，并使用东部地区 GDP 占比来衡量；ε 为服从正态分布的残差项。由于我国对高技术产品进出口的统计时段较短，数据选取长度为 2004 年至 2016 年，数据均来自国家统计局网站。

计量模型回归结果如下：

$$CRD=-3.36-3.44\times Open+7.82\times Control+\varepsilon$$

$$(-4.57^{***})\quad(-2.27^{**})(8.16^{***})$$

$$R^2=0.88;\ DW=1.47$$

上式中，括号内为回归系数的 t 检验值，* 代表在 0.1 水平下显著，** 代表在 0.05 水平下显著，*** 代表在 0.01 水平下显著。从回归系数来看，开放程度对区域协调性的影响显著，高技术产品在进出口中占比越高，各省区间人均 GDP 的方差越小，即开放质量越高，我国区域间发展的协调性越好。控制变量对因变量的影响在 0.01 的水平下显著，且东部地区 GDP 占比越高，各省区间人均 GDP 的方差越大，变量回归系数的符号均符合经济学意义。

对回归方程残差的检验结果表明，方程残差无自相关和偏相关性，模型检验结果较好。同时，因变量 *CRD*、自变量 *Open* 和自变量 *Control* 均为一阶单整，即因变量与自变量均为同阶单整，进一步考察变量的协整关系，结果表明因变量 *CRD* 与自变量 *Open* 和自变量 *Control* 存在长期协整关系，在此基础上进行 Granger 检验，在 p=0.08 的情况下拒绝了 “Open does not Granger Cause CRD”，即 *Open* 是 *CRD* 的格兰杰原因。

综合上述变量检验结果与计量回归结果，表明对外开放质量的提高对区域发展协调性的改善有明显的正向作用。虽然我国中西部地区在对外贸易参与程度、引进外资等方面有明显提升，但改善区域发展协调性仍是未来一段时期我国全面对外开放的重要内容。在我国积极推进“一带一路”建设的背景下，西部地区不断加快对外开放的步伐，在对外贸易、吸引外资方面都保持着较好的发展态势，开放水平得到了不同程度的提升，开放设施和开放环境得到了不同程度的改善。但由于开放资源和平台分布极不均衡、开放主体培育严重不足、开放成本较高、开放环境不优等问题，西部地区依旧是我国区域开放布局中的短板。2017 年，西部地区以占全国 70.7% 的国土面积、28% 的人口、20.7% 的经济总量，仅拥有全国 6.8% 的对外贸易额、10% 的利用外资额和 7.7% 的对外投资额。

在一定的经济发展时期，引进国外先进技术能够快速提升国内生产效率，这也是改革开放以来前 30 年我国生产效率提升的重要推动力之一。但在我国已跃升为世界第二大经济体的背景下，依靠开放引进国外技术来提升自身生产效率所带来的边际效应已经在递减，且以美国为首的发达国家和经济体也常以保护知识产权为由对我国实施关税壁垒等贸易保护措施，因此，当前我国应进一步深化对外开放的范围和内涵，扩大服务贸易进出口，并在促进开放的同时，加强国内自主创新能力的建设，提高自身国际竞争力水平。

2017 年我国对世界经济增长的贡献率超过 30%。中国经济的稳定增长，成为全球经济增长的主要推动力，在世界经济稳步复苏的进程中，持续发挥着“压舱石”和“助推器”的作用。中国对外贸易好转不仅对世界贸易产生积极影响，也对世界经济稳定复苏作出了贡献。因此，未来一段时期，建设全面对外开放新格局无论对国内还是对世界经济发展都具有重要的意义。

四、结　　论

改革开放以来，我国对外开放程度不断提高，国内经济实现了前所未有的快速健康增长，为厘清对外开放与我国经济发展之间的关系，尤其是在经济社会发展新形势下，厘清对外开放与我国高质量经济发展之间的关系，对制定进一步对外开放政策有重要的参考意义。本文从对外开放对经济增长的影响、对生产率变动的影响以及对改善区域发展协调性三个方面，实证分析了对外开放对我国经济高质量发展的积极作用，得到以下主要结论。

出口作为拉动经济增长的三驾马车之一，对我国经济增长发挥着重要的推动作用，2010 年出口对我国 GDP 的实际贡献率为 18.2%，2016 年出口对我国 GDP 的实际贡献率为 14.1%。无论是一般贸易还是加工贸易，单位出口增加值都有明显提升，且一般贸易始终高于加工贸易，但应认识到加工贸易这种特殊的贸易方式，在我国融入全球价值链初期发挥了非常重要的作用，且加工贸易出口占比曾一度超过 50%，从总量上来看也对我国经济增长作出了较大贡献。另外，外资在民营企业占比较高、市场开放程度或竞争程度较高的领域，例如计算机、电子设备、通信设备、服装、家具、日用化学品以及部分食品制造业等消费型行业，外资企业生产获取增加值的能力高于内资企业，即外资的进入有效提高了行业整体增加值率。总体来说，对外开放积极推动了我国经济的快速增长。

近三十年来，我国劳动生产率实现了远高于世界平均水平和欧美日等主要发达国家的增长速度，劳动生产率的快速提高得益于国内外和平、稳定的经济发展大环境，对我国 2005—2015 年的劳动生产率的测算和结构分解分析表明，用于国内需求、加工贸易、一般贸易及外资生产三种生产方式的劳动生产率在研究期内均实现了快速提升，说明随着我国经济实力、科技实力和人均受教育水平的提升，我国劳动生产率的提升是全面的、持续的、稳步的。外资企业的劳动生产率在研究期内始终高于内资企业，且表现出了更快的增速，外资的进入对我国劳动生产率的提升有着明显的促进作用。

利用全国 31 个省、区、市人均 GDP 方差数据建立的对外开放质量对区域发展协调性影响的计量经济模型回归结果表明，对外开放质量的提高对区域发展协调性的改善有明显的正向作用。在我国积极推进“一带一路”建设的背景下，西部地区不断加快对外开放的步伐，在对外贸易、吸引外资方面都保持着较好的发展态势，开放水平得到了不同程度的提升，开放设施和开放环境得到了不同程度的改善，但增强区域发展协调性仍是未来一段时期我国全面对外开放的重要内容。

（执笔人：孔亦舒）

参考文献

[1] Melitz M J. The impact of trade on intra-industry reallocations and aggregate industry productivity [J]. Econometrica, 2003, 71 (6): 1695-1725.

[2] 包群，许和连，赖明勇.贸易开放度与经济增长：理论及中国的经验研究[J].世界经济，2003，26（2）：10-18.

[3] 包群.贸易开放与经济增长：只是线性关系吗[J].世界经济，2008（9）：3-18.

[4] 蔡海亚，徐盈之.贸易开放是否影响了中国产业结构升级？[J].数量经济技术经济研究，2017，34（10）：3-22.

[5] 陈福中，陈诚.贸易开放水平、区位差异与中国经济增长：基于1994—2011年中国省级数据的实证考察[J].国际贸易问题，2013（11）：82-93.

[6] 陈维涛，严伟涛，张国峰.贸易开放、进口竞争与中国工业行业生产率[J].经济学家，2017（8）：40-48.

[7] 戴觅，余淼杰，Madhura Maitra.中国出口企业生产率之谜：加工贸易的作用[J].经济学（季刊），2014，13（2）：675-698.

[8] 范剑勇，冯猛.中国制造业出口企业生产率悖论之谜：基于出口密度差别上的检验[J].管理世界，2013（8）：16-29.

[9] 郭熙保，罗知.外资特征对中国经济增长的影响[J].经济研究，

2009，44（5）：52–65.

［10］李斌，陈开军．对外贸易与地区经济差距变动［J］．世界经济，2007（5）：25–32.

［11］李春顶．中国企业“出口 – 生产率悖论”研究综述［J］．世界经济，2015，38（5）：148–175.

［12］李笋雨．对外开放对中国经济增长的影响［J］．金融研究，2000（12）：25–32.

［13］李未无．对外开放与能源利用效率：基于 35 个工业行业的实证研究［J］．国际贸易问题，2008（6）：7–15.

［14］林毅夫．解读中国经济［M］．北京：北京大学出版社，2012.

［15］康继军，张宗益，傅蕴英．开放经济下的经济增长模型：中国的经验［J］．数量经济技术经济研究，2007（1）：3–12，21.

［16］沈利生．关于生产函数的估计：对《贸易开放度与经济增长：理论及中国的经验研究》一文的质疑［J］．世界经济，2004（1）：62.

［17］孙瑾，刘文革，周钰迪．中国对外开放、产业结构与绿色经济增长：基于省际面板数据的实证检验［J］．管理世界，2014（6）：172–173.

［18］孙晓华，王昀，郑辉．R&D 溢出对中国制造业全要素生产率的影响：基于产业间，国际贸易和 FDI 三种溢出渠道的实证检验［J］．南开经济研究，2012（5）：18–35.

［19］汤二子，刘海洋．中国出口企业的“生产率悖论”与“生产率陷阱”：基于 2008 年中国制造业企业数据实证分析［J］．国际贸易问题，2011（9）：34–47.

［20］伍学林．西部内陆地区开放与开发协调联动［J］．财经科学，2011（8）：87–92.

［21］熊灵，魏伟，杨勇．贸易开放对中国区域增长的空间效应研究：

1987—2009 [J] . 经济学（季刊），2012，11（3）：1037–1058.

[22] 张杰，李勇，刘志彪 . 出口促进中国企业生产率提高吗？：来自中国本土制造业企业的经验证据：1999—2003 [J] . 管理世界，2009（12）：11–26.

[23] 郑强，冉光和，邓睿，等 . 中国 FDI 环境效应的再检验 [J] . 中国人口·资源与环境，2017，27（4）：78–86.

分报告六
提升我国产业发展水平的思路研究

内容提要：40多年来我国经济建设的巨大成就得益于对外开放的伟大实践，货物和服务贸易实现了历史性跨越，深度融入全球产业链、创新链、价值链，我国从国际经济体系的跟跑者发展为并跑者、领跑者。新时代面对新形势，我国需要继续提升产业发展水平，为新时代对外开放提供有效支撑。本文从定义新时代对外开放赋予产业发展的新使命出发，分析梳理当前我国产业发展的总体特征和短板入手，确定今后我国产业发展需要重点关注的任务和领域，并提出相应的体制机制保障措施。

新时代推动形成全面开放新格局已经成为贯彻新发展理念、建设现代化经济体系的重要一环。党的十九大报告提出“推动形成全面开放新格局”，强调“开放带来进步，封闭必然落后”“中国开放的大门不会关闭，只会越开越大”“中国坚持对外开放的基本国策，坚持打开国门搞建设”“发展更高层次的开放型经济”。这是以习近平同志为核心的党中央适应经济全球化新趋势、准确判断国际形势新变化、深刻把握国内改革发展新要求作出的重大战略部署。“不谋万世者，不足谋一时；不谋全局者，不足谋一域”，我国新时代对外开放离不开产业发展所提供的支撑。如何提升我国产业发展水平，以有效支撑新时代对外开放是一个非常值得研究的问题。

一、新时代对外开放赋予产业发展的新使命

改革开放后，我国经济社会发展的最大特征就是对外开放。新时代我国面临着国际国内新形势，对外开放的基本内涵也必然为了适应这种新形势而发生变化。由于产业发展与对外开放相辅相成，确立新时代对外开放基本内涵也是我国产业发展的新使命。

（一）新时代对外开放的基本内涵

当前，世界正处于大发展大变革大调整时期，我国经济正处在转变发展方式、优化经济结构、转换增长动力的攻关期，对外开放面临的国内外形势正在发生深刻复杂的变化。一是新旧动能转换成为世界经济复苏繁荣的关键，二是更趋平衡成为国际力量对比的走势，三是在曲折中深入发展成为经济全球化的特征，四是加快培育竞争新优势成为我国开放型经济的发展方向。今天，我们已经成长为经济贸易投资大国，已全面建成小康社会，站在比历史上任何时期都更接近实现中华民族伟大复兴中国梦的新起点上。我们已经有条件站在全球视野和全人类命运的高度来观察和审视我国的改革开放大业，有条件有责任也有义务站在世界经济持续健康发展、世界各国人民福祉的高度来部署我国的对外开放举措，来引领世界经济增长、参与塑造和完善国际经济体制。这样的历史站位和国内外新形势赋予了我国新时代对外开放新的基本内涵。

党的十九大报告中提出的全面开放的内涵十分丰富，既包括开放范围扩大、领域拓宽、层次加深，也包括开放方式创新、布局优化、质量提升。我国新时代对外开放的基本内涵包括：第一，坚持引进来与走出去更好结合，拓展国民经济发展空间；第二，坚持沿海开放与内陆沿边开放更好结合，优化区域开放布局；第三，坚持制造领域开放与服务领域开放更好结合，以高水平开放促进深层次结构调整；第四，坚持向发达国家开放与向发展中国家开放更好结合，扩大同各国的利益交汇点；第五，坚持多边开放与区域开放更好结合，做开放型世界经济的建设者、贡献者。

对外开放新的基本内涵深刻揭示了当代中国与世界的关系，反映了实现中华民族伟大复兴中国梦的迫切需要，预示着新时代我国将以更积极的姿态参与全球经济合作，同时也通过全面开放促进国内经济转型升级，构建现代产业体系，实现高质量发展。这也就赋予了我国新时代对外开放新的目标和要求。第一，推动形成全面开放新格局。要以“一带一路”建设为重点，形成陆海内外联动、东西双向互济的开放格局，同时赋予自由贸易试验区更大改革自主权，探索建设自由贸易港。第二，建设开放型世界经济与经济全球化新理念。这就要求我国创新对外投资方式，促进国际产能合作，形成面向全球的贸易、投融资、生产、服务网络，加快培育国际经济合作和竞争新优势。深度参与全球经济不是为了抢地盘、争蛋糕，而是为了实现共享共建共赢发展，将全球经济蛋糕做大做好。第三，改革全球经济治理体系。我国秉持共商共建共享的全球治理观，将继续发挥负责任大国的作用，积极参与全球治理体系改革和建设，不断贡献中国智慧和力量。我国积极参与国际治理体系改革不是为了争权夺利、充当国际警察，而是为了担当国际责任，做经济全球化和国际交往的“压舱石”和“稳定器”，支撑国际经济金融稳定发展，维护国际秩序。第四，构建人类命运共同体。在经济上，就要求我国要与其他国家同舟共济，促进贸易和投资自由化便利化，推动经济全球化朝着更加开放、包容、普惠、平衡、共赢的方向发展。

应该说，改革开放 40 多年来，我国对外贸易实现了历史性跨越，但大而不强的问题仍然十分突出，主要表现为创新能力弱，出口产品质量、档次和附加值不高等问题。而从我国新时代对外开放的基本内涵中可以看出，要拓展对外贸易、推进贸易强国建设，就要加快转变外贸发展方式，从以货物贸易为主向货物和服务贸易协调发展转变，从依靠模仿跟随向依靠创新创造转变，从大进大出向优质低价、优进优出转变。这也就赋予了未来我国产业发展新的使命。

（二）新时代对外开放赋予产业发展的新使命

新时代对外开放是我国今后发展战略布局的核心组成部分，也是关系到我国经济社会发展全局的重要议题，其基本内涵体现了对新时期新形势下我国经济发展所面临的内外部环境的正确判断，也揭示了对外开放与产业发展之间的内在联系。一方面，新时代对外开放，甚至经济社会发展全局，都离不开国内产业发展的强有力支持。另一方面，我国新时代对外开放，乃至于新时代经济社会发展目标，为今后我国产业转型发展提供了方向，也赋予了其新的使命。

第一，肩负突破产业链低端锁定，培育产业竞争新优势的新使命。当今国际分工已经深入产品内部的各个工序和环节，垂直专业化分工逐步取代了传统的水平分工。改革开放后，我国依靠劳动力成本优势，结合自身禀赋条件以代工模式嵌入全球价值链。积极参与国际分工诚然为我国经济的快速发展提供了强劲动力，但是与大部分发展中国家相似，我国加工贸易企业主要承接劳动密集型的低附加值产业，在全球价值产业链条中处于从属地位。经过改革开放 40 多年的发展，这种模式的弊端也逐步显现，我国目前面临着因初始专业化分工与对加工贸易的路径依赖，在全球产业链中被低端锁定的风险。更为严峻的是，发达国家的"回归制造业"战略，以及东南亚国家凭借低成本优势在低端制造业的崛起，从高、低端两个维度对我国传统制造业造成了巨大冲击。长期代工模式不仅使国内企业陷入低端锁定困局，工资、土地成本的上升更从内部因素给我国制造业带来了新的挑战。我国新时代的对外开放必然是高水平的对外开放，未来我国经济实现高质量发展也必须在更加开放的条件下进行，并以实际行动推动经济全球化。这就对我国产业发展提出了新的要求，必须要抓住创新发展的新机遇，突破产业链低端锁定，培育产业竞争新优势。

第二，承载建成实体经济、科技创新、现代金融、人力资源协同发展的现代化产业体系的新使命。党的十九大报告提出，要着力加快建设实体经济、科技创新、现代金融、人力资源协同发展的产业体系。这是中国特色社会主义进入新时代，着眼于建设现代化经济体系这个战略目标而提出的一项重要战略性举措。现代化产业体系是现代化经济体系的主要内涵和战略重点之一。能否顺利建成现代化经济体系，直接取决于能否顺利建成实体经济、科技创新、现代金融、人力资源协同发展的现代化产业体系。改革开放以来，我国产业发展取得历史性成就，主要工农业产品产量大幅跃升，产业结构持续优化升级并取得积极进展，但产业发展总体质量和效益还不够高，核心竞争力还不够强，与世界先进水平和国内发展需要相比还有差距。鉴于此，在新时代对外开放的背景下，尤其是面对国际经济格局深刻调整、国内经济发展进入新常态的新形势，我国产业未来的发展具有重大责任，承载着建成实体经济、科技创新、现代金融、人力资源协同发展的现代化产业体系的新使命。

第三，完成建设现代化经济体系，实现高质量发展的新使命。党的十九大报告强调，开放带来进步，封闭必然落后。现代化经济体系是一个全面对外开放的体系，是一个合作共赢、高度包容的体系。因此，要着力发展开放型经济，继续积极开展国际交流与合作，更好地利用全球资源和市场，提高经济体系的国际竞争力。当前，中国特色社会主义进入新时代，我国经济发展也进入了新时代。在产业发展方面，劳动密集型的传统产业增速逐渐下降，云计算、人工智能、互联网金融、现代服务业等新兴产业异军突起。应该说，新时代我国要进一步把握机遇扩大对外开放，推动形成全面开放新格局，这就对产业发展提出了新的要求，满足建设现代化经济体系，实现高质量发展这一目标。这就要求既要继续积极开展国际交流与合作，更好地利用全球资源和市场，提高产业体系的国际竞争力，又要注重创新，在核心技术上独立自主、自力更生。

第四，推动参与全球经济治理，增强国际话语权的新使命。我国作为全球治理机制的重要参与方，需要发出声音、提供智慧、拿出方案，在构建新国际关系理论体系中不断提升国际话语权，而提升人类命运共同体的国际话语权，是向世界阐述中国发展道路的必然要求。随着我国改革开放的不断深入和国际化程度的不断提升，如何在国际上占据理论制高点、获得话语权、传播中国声音、增强新时代中国特色社会主义理论体系的国际影响力与吸引力已迫在眉睫。我国积极参与全球治理体系，增强国际话语权，客观上要以综合国力为基础，其中引领全球经济发展的能力尤为关键。这就要求在新时代全面对外开放中，我国产业发展环境能够得到进一步优化，技术和产品创新持续推进，重点领域应用实现突破，技术落地前景更加广阔。

二、当前我国产业发展总体特征及有效支撑对外开放的短板

党的十八大以后，我国产业发展取得了巨大成就，无论是在制造业、服务业领域，还是在规模总量、结构优化方面，较之过往都有了长足进步。但

是，即便如此，为了能够在今后更好地支撑新时代对外开放，仍然有许多不足需要弥补。

（一）制造业实力显著增强，货物贸易总量高速增长，但出口产品质量、档次和附加值不高

2017年，我国工业增加值接近28万亿元，按可比价计算，比1978年增长53倍，年均增长10.8%。一是制造业连续多年稳居世界第一。由于工业长期保持较快增长，我国制造业在世界中的份额持续扩大。1990年我国制造业占全球的比重为2.7%，居世界第9位；2000年上升到6.0%，居世界第4位；2007年达到13.2%，居世界第2位；2010年占比进一步提高到19.8%，跃居世界第1位，自此连续多年稳居世界首位。二是主要产品生产能力大幅提升。经过改革开放40多年的发展，我国主要产品的生产能力发生了根本性变化，实现了由短缺到丰富充裕的巨大转变。很多产品产量从小到大。2017年，原煤、发电量等能源产品产量比1978年分别增长4.7倍和24.3倍；乙烯、粗钢、水泥等原材料产品产量分别增长46.9倍、25.2倍和34.8倍；汽车产量已达2 900多万辆，连续9年蝉联世界第一。很多产品生产从无到有到蓬勃发展。空调、冰箱、彩电、洗衣机、微型计算机、平板电脑、智能手机等一大批家电通信产品产量均居世界首位。

依托工业产量持续增长，制造业实力显著增强，我国货物贸易总量高速增长，出口总值已由1980年全球排名第26位，跃升到2009年全球第1位，到2017年已连续9年保持全球货物贸易第一大出口国地位。一是货物进出口规模实现跨越式发展。1978年到2017年，按美元计价，我国进出口总额从206亿美元提高到4.1万亿美元，增长198倍，年均增速达14.5%。其中，出口总额从97.5亿美元提高到2.3万亿美元，增长231倍，年均增速为

15%；进口总额从109亿美元提高到1.8万亿美元，增长168倍，年均增速为14.1%。党的十八大以来，我国坚持深化改革、扩大开放，积极应对国际金融危机后续影响等一系列重大风险挑战，努力适应外贸发展新常态，进出口形势明显好于世界其他主要经济体，对世界贸易发展作出重要贡献。二是货物贸易占世界比重大幅提升。改革开放初期，我国货物进出口占国际市场份额仅为0.8%，在全球货物贸易中列第29位。随着货物贸易额稳步增加，居世界的位次逐步提高，特别是加入WTO后，我国货物贸易规模相继超越英国、法国、德国和日本。2009年至2017年，我国连续9年保持货物贸易第一大出口国和第二大进口国地位。2013年起，我国超越美国成为全球货物贸易第一大国，到2015年连续3年保持这一地位。2017年，我国进出口占全球的份额为11.5%，货物贸易重回全球第一，其中出口占比为12.8%，进口占比为10.2%；我国也是增长最快的全球主要进口市场，进口增速比美国、德国、日本和全球分别高出8.9个、5.5个、5.4个和5.3个百分点。

然而，虽然我国在货物贸易上取得了长足进步，出口规模成为当之无愧的世界第一，但是我国制造业的出口产品仍然存在着质量、档次、附加值不高等问题，严重制约了我国出口产品在全球价值链中的地位。一方面，产品质量可靠性不足、品种适用性不强，特别是与人民生活息息相关的食品药品、一般消费品领域，质量安全问题时有发生。许多国产基础件产品使用寿命仅为国外同类产品的1/3 ~ 2/3，典型的如“液气密”使用寿命只有国外同类产品的30% ~ 50%。另一方面，根据OECD的测算，我国出口产品的国内附加值占比约为68%，在主要经济体中处于中等偏低水平，主要出口商品的国内附加值占比都不算高。例如，服装（6.6%）、纺织（5.1%）、自动数据处理设备及部件（6.4%）、手持或车载无线电话及部件（4.9%）在我国出口中占比较大，但与世界主要经济体相比，我国纺织服装的国内附加值占比处于世界中等水平；自动数据处理设备、无线电话机配件、计算机和电子产品的整体附加值占比只有45%，远低于其他国家，尤其是美国、日本等发达国家的附加值占比都超过80%。

（二）工业转型升级成效明显，货物贸易结构不断优化，但创新能力仍然薄弱

当前，我国创新驱动发展战略深入推进，新兴产业快速崛起。据测算，2015年至2017年工业战略性新兴产业增加值较上年分别增长10.0%、10.5%和11.0%，增速分别高于规模以上工业3.9个、4.5个和4.4个百分点。部分新兴产业已经形成了一定的规模集聚效应。一是传统产业优化升级。党的十八大以来，在大力支持新兴产业发展壮大的同时，注重加强对传统产业优化升级。首先，更多运用市场机制和经济手段大力破除无效供给。仅2016年、2017年两年就化解钢铁产能1.2亿吨、煤炭产能5亿吨，全面取缔1.4亿吨“地条钢”，淘汰停建缓建煤电产能6 500万千瓦以上。去产能改善了市场供求关系，既提高了优质产能利用效率，也为新兴产业发展腾出了空间，工业经济效益明显提高。其次，通过应用新技术、新工艺、新设备、新材料，大力提升传统动能。2013—2016年，制造业技术改造投资年均增长14.3%，2017年技术改造投资依然保持较高增长水平，增长16.3%，增速比制造业投资高11.2个百分点，占全部制造业投资比重达48.5%，比上年提高4.6个百分点。技术改造投资成为促进制造业转型升级的主要力量。最后，开展质量提升行动，推进消费品工业增品种、提品质、创品牌。目前轻工业品种丰富度、品牌认可度、品质满意度获得显著提升。生产的冰箱、空调、洗衣机等家居消费品，也已能够满足中高端消费需求。二是产业结构加快迈向中高端。通过深入实施创新驱动发展战略和制造强国战略，加快传统产业改造提升步伐，工业向中高端水平持续迈进。首先，高技术、装备制造业快速增长。

2017 年，高技术制造业、装备制造业增加值分别比上年增长 13.4%、11.3%，增速快于规模以上工业 6.8 个和 4.7 个百分点，占规模以上工业增加值比重分别为 12.7% 和 32.7%。其次，制造业信息化水平大幅提升，重点行业数字化、网络化、智能化取得明显进展。据工业和信息化部统计，2017 年规模以上工业企业数字化研发设计工具普及率、关键工序数控化率、生产设备数字化率和数字化设备联网率已分别达到 63.3%、46.4%、44.8% 和 39%，培育了一批工业互联网平台，制造业智能主导的特征日趋明显。最后，生产性服务业与制造业融合发展的趋势开始显现，对制造业转型升级起到了有力的支持作用。

在国内工业转型升级持续推进的基础上，我国货物贸易结构也在不断优化。一是贸易方式更趋合理。改革开放初期，我国在大力开展一般贸易的基础上，采用了来料加工、进料加工等贸易方式，极大地促进了对外贸易的发展，加工贸易占进出口总值的比重由 1981 年的 6% 逐步增长到 1998 年的 53.4%。此后，随着我国货物贸易结构的调整和转型升级的推进，加工贸易占比开始缓慢下降。一般贸易占比从 2010 年起重新超过 50%。党的十八大以来，我国着眼于调结构转方式，不断培育外贸竞争新优势，加工贸易占比由 2012 年的 34.8% 下降至 2017 年的 29%，一般贸易占比由 2012 年的 52% 上升至 2017 年的 56.3%。二是出口产品结构不断优化。改革开放之初，我国出口商品以初级产品为主，在 20 世纪 80 年代实现了向工业制成品为主的转变，90 年代实现了由轻纺产品为主向机电产品为主的转变，进入 21 世纪以来，以电子和信息技术为代表的高新技术产品出口占比不断提高，出口商品结构不断优化升级。1978 年初级产品出口占 53.5%，工业制成品出口占 46.5%；到 1986 年，工业制成品出口比重开始超过初级产品，达到 63.6%；2001 年起，工业制成品所占比重已超过 90%，占据了我国出口商品的绝对主导地位；2017 年，工业制成品和初级产品占出口比重分别为 94.8% 和 5.2%。1985 年至 2017 年，我国机电产品出口从 16.8 亿美元增加到 1.3 万亿美元，增长了约

772倍，年均增速达到23.2%，占全球市场的份额升至17%以上，到2017年，我国已经连续9年保持机电产品全球第一大出口国地位。同期，高新技术产品占我国出口比重从2%左右提高到28.8%。

即便近几年我国工业转型成效明显，货物贸易结构不断得到优化，但是也应该看到，我国制造业创新能力仍然薄弱，导致对外依存度高，整体上仍处于全球产业链和价值链的中低端，这是制约我国产业进一步转型升级的重要因素。据工业和信息化部的数据显示，全国30多家大型企业130多种关键基础材料中，32%的关键材料在我国还处于空白，52%的材料依靠进口。绝大多数计算机和服务器通用处理器95%的高端专用芯片，70%以上智能终端处理器以及绝大多数存储芯片依赖进口。在装备制造领域，高档数控机床、高档装备仪器、运载火箭、大飞机、航空发动机、汽车等关键件精加工生产线上逾95%的制造及检测设备依赖进口。尤其是2018年以来，中美贸易争端的出现再一次为我们敲响了警钟，创新能力的不足导致屡屡在核心技术上被其他国家卡住脖子，增加了我国工业体系的脆弱性，也降低了我国在国际贸易市场中的话语权。

（三）服务业擎起国民经济半壁江山，进出口规模持续扩大，但服务业对外开放仍相对滞后

党的十八大以来，我国大力推进服务领域改革，服务业迸发出前所未有的生机和活力，新技术、新产业、新业态、新商业模式层出不穷，成为保障就业、财税、新增市场主体稳定增长的重要力量和基石。一是服务业成为第一大产业和经济增长的主要动力。1978—2017年，我国服务业增加值从905亿元增长到427 032亿元，年均实际增长10.5%，比GDP年均实际增速高1.0个百分点；服务业占GDP的比重从24.6%上升至51.6%；对国民经济

增长的贡献率从 28.4% 上升至 58.8%。二是服务业成为吸纳就业的主要渠道。1978—2017 年，服务业就业人员由 4 890 万人增长到 34 872 万人，年均增长 5.2%，分别高出全部就业人员和第二产业就业人员年均增速 3.5 个和 2.2 个百分点。2017 年底，服务业已成为我国就业市场的主体，就业人员占全部就业人员的比重为 44.9%，高于第二产业 16.8 个百分点。党的十八大以来，“大众创业、万众创新”的政策助推服务业新动能蓬勃发展，服务业吸纳就业能力显著增强。2012—2017 年，服务业就业人数增加 7 182 万人，而第一和第二产业分别减少 4 829 万人和 1 417 万人。据测算，2009 年到 2012 年期间，服务业每增长 1 个百分点，带动新增就业 70 万人；2016 年，服务业每增长 1 个百分点，能创造约 120 万个就业岗位，服务业拉动就业能力明显增强。三是服务业成为财税增长的重要来源。服务业在税收中的比重稳步提高，从 2002 年的 39.8% 上升到 2017 年的 56.3%，2013—2017 年税收收入年均增长 7.1%，其中服务业税收收入年均增长 9.5%，高出第二产业 5.1 个百分点，对新增税收的贡献一直保持在 50% 以上；2017 年，服务业新增税收占全部新增税收收入的比重为 54.3%，是税收增长的重要来源。四是服务业成为新增市场主体的主要领域。改革开放以来，服务业各领域对个体经济、民营经济、外资经济的准入条件不断放开，市场主体数量稳步增长。2016 年，服务业法人单位达 1 297 万个，是 1996 年的 4.7 倍，增加了 1 023 万个。党的十八大以来，国家出台的一系列优化营商环境的改革举措，进一步激活了服务业发展潜力，2013—2016 年，服务业法人单位年均增长 15.8%，远快于 1996—2012 年 6.3% 的年均增速。其中，信息传输、软件和信息技术服务业，租赁和商务服务业，科学研究和技术服务业等现代服务业法人单位数量年均增长都在 20% 以上。当前，服务业企业占新登记注册企业的 80% 左右，成为新增市场主体的主力军。

随着服务业规模的不断扩大，我国服务贸易发展迅速，形成了较为完整的服务贸易体系。尤其是近年来，随着服务业特别是生产性服务业发展水平的提高，我国专业服务领域国际竞争力不断增强，服务进出口平稳较快发展。2014 年到 2017 年，我国连续 4 年保持服务进出口全球第二大国地位。一是服务进出口总量迅速增长。1982 年到 2017 年，我国服务进出口总额从 46.9 亿美元增长到 6 957 亿美元，增长 147 倍，年均增长 15.4%，高于同期货物进出口总额年均增速[①]1.3 个百分点。其中，服务出口增长 84.4 倍，年均增长 13.5%；服务进口增长 230 倍，年均增长 16.8%。加入 WTO 后，服务贸易迎来黄金发展期，服务出口、进口规模占世界比重从 2001 年的 2.2% 和 2.6% 上升至 2017 年的 4.3% 和 9.1%，分别位列世界第五和第二。其中，党的十八大以来，2013—2017 年，我国服务贸易累计进出口 3.2 万亿美元，年均增长 7.6%。其中出口 1.1 万亿美元，年均增长 2.5%；进口 2.1 万亿美元，年均增长 10.7%。2017 年，我国服务出口增幅达 8.9%，出口增速比进口高 5.5 个百分点，7 年来我国服务出口增速首次高于进口。同时，服务业还成为吸引外资和对外投资的主要领域。2016 年，我国实际使用外商直接投资金额和对外直接投资金额分别为 1 260 亿美元和 1 961 亿美元，服务业占比分别为 66.6% 和 78.5%。二是服务贸易国际地位大幅提升。据 WTO 统计，1982 年到 2017 年，我国服务出口世界排名由第 28 位上升至第 5 位；进口由第 40 位上升至第 2 位，从 2013 年至 2017 年连续 5 年保持这一地位。2005 年到 2017 年，我国服务进出口占世界的比重由 3.2% 上升至 6.6%，其中出口占比由 3.2% 上升至 4.3%，进口占比由 3.2% 上升至 9.1%。

近年来，我国经济转型升级对服务贸易的依赖性明显加大，同时建立完善市场经济体制很大程度上也在于服务市场的对外开放。当前，在服务业成为国民经济发展重要动力引擎的背景下，相较于制造业，我国服务业的对外

① 使用美元计价的货物进出口总额计算。

开放仍稍显滞后。2017 年，我国服务贸易占外贸总额的比重仅为 14.5%，比 2016 年下降了 0.6 个百分点，比 2016 年全球平均水平低了近 10 个百分点。服务贸易发展相对滞后，已经成为制约我国经济高质量发展的因素之一。

（四）服务业部分行业位居世界前列，服务贸易结构优化升级，但服务业整体国际竞争力仍然不强

改革开放 40 多年来，我国对外开放的步伐日益加快，经济全球化为服务业的成长壮大提供了广阔舞台。服务业从承接国际服务外包、学习和引进国外先进管理经验和先进技术，到依托自身实力改革创新、实现“走出去”战略，实力稳步增强，国际地位和竞争力日益提高。一是移动通信技术迅猛发展。改革开放以来，电信业实现了由弱到强的跨时代发展，电信业务总量从 1978 年的 19.2 亿元增长到 2017 年的 27 557 亿元。伴随着移动通信技术的迅猛发展，我国从 2G 跟随、3G 突破、4G 同步，到 5G 引领，实现了从跟跑到并跑、领跑的历史性跨越。2017 年，全国移动电话用户达 14.2 亿户，移动宽带用户（3G 和 4G 用户）和手机上网人数分别为 11.3 亿户和 7.5 亿人，是 2012 年的 4.9 倍和 1.8 倍。移动互联网接入流量达 246 亿 GB，是 2012 年的 28.6 倍。我国已进入移动互联网时代，正从网络大国迈向网络强国。二是金融业发展规模明显壮大，国际地位日益提高。1979—2017 年，金融业增加值年均实际增长 12.2%，高出服务业年均实际增速 1.7 个百分点，占 GDP 的比重从 1978 年的 2.1% 提高到 2017 年的 7.9%。金融机构本外币各项贷款余额从 2012 年的 67.3 万亿元增长到 2017 年的 126 万亿元，增长 86.7%；社会融资规模增量从 15.8 万亿元增长到 19.4 万亿元，增长 23.4%。大力发展多层次资本市场，直接融资特别是股权融资比重大幅提升，非金融企业境内股票社会融资规模在社会融资规模增量中占比从 2012 年的 1.6% 提升至 2017 年

的4.5%。三是实施“互联网+”发展战略，数字经济、共享经济高速发展。当前，信息产业呈爆发式增长，信息传输、软件和信息技术服务业增加值从2012年的11 929亿元增长到2017年的27 452亿元，占GDP比重由2.2%上升到3.3%，2017年实际增速达26%，远高于其他行业。物联网、大数据、云计算、人工智能等现代信息技术迅猛发展，数字经济、共享经济等形成的新动能蓬勃发展，重塑经济增长格局，深刻改变生产生活方式，成为我国创新发展的新标志。2017年，我国数字经济规模①达27.2万亿元，同比增长20.3%，占GDP比重为32.9%，比上年提高2.6个百分点；共享经济市场交易额②约为4.9万亿元，比上年增长47.2%，提供共享经济服务的人数约为7 000万人，共享经济平台企业员工数约为716万人，比上年增加131万人。四是电子商务快速发展，移动支付加速普及。2017年，我国电子商务交易额29.2万亿元，2014—2017年年均增长29.8%；网上零售额达7.2万亿元，其中，实物商品网上零售额占社会消费品零售总额的比重由2015年的10.8%提高到2017年的15.0%，提高了4.2个百分点。移动支付迅速风靡全国，新时代无现金社会正在逐步形成。2017年，使用手机支付的网民规模③达5.27亿人，较2012年增加4.72亿人。2014—2017年，银行业金融机构处理移动支付业务金额年均增长114.2%；非银行支付机构发生的网络支付业务金额年均增长92.6%。五是服务分工更趋专业化，商务服务加速成长。党的十八大以来，“营改增”新一轮税改统一了货物和服务税制，有力促进了制造业、现代服务业的分工细化和融合发展，商务服务业快速成长。2013—2017年，租赁和商务服务业固定资产投资年均增长23.2%，较服务业固定资产投资年均增速高出9.5个百分点。2016年和2017年，租赁和商务服务业增加值分别较上年实

---

① 中国信息通信研究院《中国数字经济发展与就业白皮书（2018年）》。

② 国家信息中心《中国共享经济发展年度报告（2018）》。

③ 中国互联网络信息中心第31次、第41次《中国互联网络发展状况统计报告》。

际增长 11.0% 和 10.9%，高出服务业实际增长速度 3.3 个和 2.9 个百分点，是近年来增长较快的行业。2013—2017 年，规模以上商务服务业企业营业收入年均增长 13.3%，营业利润年均增长 16.7%，均高于规模以上服务业平均水平。

服务业加速转型升级，协调有序推进发展，必然带来服务贸易结构的不断优化。改革开放初期，我国服务进出口以旅行、运输和建筑等传统服务为主。1982 年，三大传统服务占比超过 70%，其中出口占比 78.3%，进口占比 64.9%。随着我国服务业的较快发展和对外开放的不断深入，以技术、品牌、质量和服务为核心的新兴服务优势不断显现，保险服务、金融服务、电信、计算机和信息服务、知识产权使用费、个人文化和娱乐服务等发展迅速。1982 年到 2017 年，我国新兴服务进出口总额增长 213 倍，年均增长 16.6%，高出服务进出口总额年均增速 1.2 个百分点，其中出口年均增长 15.9%，进口年均增长 16.3%。2017 年，新兴服务进出口 2 161 亿美元，同比增长 9.3%，高出整体增速 4.2 个百分点，占比达 31.1%，其中出口占比 47.6%。新兴服务中电信、计算机和信息服务，知识产权使用费和个人文化娱乐服务同比分别增长 20.1%、32.6% 和 21.8%。

尽管近年来服务业对我国国民经济的带动和支撑作用明显增强，产生了良好的经济效应和社会效应，但与经济发展所处阶段及其发展要求相比，我国服务业发展水平仍相对较低，服务贸易逆差规模不断扩大，国际竞争力仍然较弱。从服务能力和发展水平看，我国研发设计服务、信息技术服务、物流配送、人力资源服务等生产性服务业的发展水平不高，国际竞争力不强，是产业发展链条上的薄弱环节，迫切需要提质增效升级。我国生活性服务业的发展方式比较粗放、结构不尽合理，对高品质、个性化服务的提供能力有限，服务质量、标准化程度仍有很大的提升空间。按服务业细分行业来看，我国具有竞争优势的部门是建筑业等资源密集型和劳动密集型服务业。计算机和信息服务等知识、技术密集型服务业的国际竞争力近年来虽有所提升，但与美国、欧盟等国家和地区相比还有较大差距，尤其是专利权使用和特许明显处于竞争劣势。值得关注的是，我国一些服务业细分行业的竞争力低于印度、巴西等新兴经济体和发展中国家，今后我国发展服务贸易将面临来自新兴经济体和发展中国家日趋激烈的竞争。

三、提升产业发展有效支撑新时代对外开放能力的重点任务

为了能够有效支撑新时代对外开放，针对当前存在的短板，下一步我国产业发展应以实现“强、绿、智、联、特”为目标。具体应以全面提升制造业水平、突出科技创新引领作用、坚持引进来与走出去、促进制造业服务业协同发展等方面为重点任务。

（一）全面提升制造业水平，推动我国产业迈向全球价值链中高端

要加快发展先进制造业，支持传统制造业优化升级，瞄准国际标准提高水平。加大投入支持传统制造业技术改造，集中力量突破一批关键共性技术和基础零部件、工艺和材料，促进我国产业迈向全球价值链中高端。培育若干世界级先进制造业集群，主要是瞄准新一代信息通信技术、高档数控机床和机器人、先进轨道交通装备、节能与新能源汽车、新材料、生物医药等重点领域。把支持企业做大做强与培育“专精特新”中小企业更好结合起来，把实施区域协调发展战略与培育世界级先进制造业集群更好结合起来，围绕新一代信息技术产业、高档数控机床和机器人、航空航天装备等国家十大重

点产业领域，壮大一批核心竞争力强的骨干企业和领军企业，培育一批专注细分领域的“单项冠军”企业，打造一批高水平的制造业示范区和国家新型工业化示范基地，形成因地制宜、特色突出、区域联动、错位竞争的制造业发展新格局。顺应互联网时代变革趋势，支持大型制造企业、信息通信企业构建开放式“双创”平台，促进形成大中小微企业专业化分工协作的产业生态体系，实现相互借力、共生共荣。

（二）突出科技创新引领作用，赢得新一轮全球竞争战略主动

要突出科技创新对供给侧结构性改革和培育发展新动能的支撑引领作用，赢得新一轮全球竞争战略主动。要以更大力度实施创新驱动发展战略，按照系统创新链思想，完善普惠性政策，加快建立以企业为主体、以需求为导向、产学研深度融合的技术创新体系。实施国家制造业创新中心建设工程，聚焦战略性、引领性、重大基础共性需求，建成一批高水平制造业创造业创新中心。加强应用基础研究，拓展实施国家重大科技项目，加大关键核心技术攻关和成果转化力度，培育一批创新型领军企业。实施工业强基工程，构建体系化、长效化推进机制，突破重点领域发展的基础瓶颈。要围绕新一代信息网络、智能绿色制造、现代农业、现代能源、资源高效利用、海洋、空间等领域推动产业技术体系创新，注重运用新技术新业态改造升级传统产业，以技术的群体性突破支撑引领新兴产业集群发展。促进技术创新和管理创新、商业模式创新融合，拓展数字消费、电子商务、现代物流、互联网金融等新兴服务业，大力发展数字经济、平台经济、共享经济、智能经济。大力推动创新创业，建立一批低成本、便利化、开放式的众创空间和虚拟创新社区，孵化培育“专精特新”的创新型小微企业。

（三）坚持引进来与走出去并重，开拓新一轮制造业对外开放新格局

深化中国制造业与国际对接合作，坚持引进来和走出去并重，推进重点产业领域国际化布局。有序放宽制造业准入限制，健全产业安全审查机制和政策法规体系，营造稳定公平透明可预期的营商环境。积极引导外资投向高端制造领域，鼓励在我国设立全球研发机构。完善制造业走出去顶层设计，以"一带一路"建设为重点，推动基础设施互联互通，深化技术和产能国际合作，建设一批境外合作园区。促进国际产能合作，带动我国装备、技术、标准、服务走出去。加强政策指导和公共服务，支持发展一批跨国公司，通过产业链整合、资本运作等方式，更好融入全球创新和产业分工体系，提升中国经济的全球价值链地位。同时，也要规范海外经营行为，引导企业遵守东道国法律法规、保护环境、履行社会责任，遏制恶性竞争。政府要健全服务保障，加强和改善信息、法律、领事保护等服务，保障海外人员安全，维护海外利益。

（四）加快发展现代服务业，促进制造业与服务业协同发展

现代服务业是实体经济和制造业发展的重要支撑，特别是生产性服务业，具有专业性强、创新活跃、产业融合度高和带动作用显著的特点，对于提高制造业附加值和竞争力具有重要意义。要围绕研发设计、绿色低碳、现代供应链、人力资本服务、检验检测、品牌建设、融资租赁、电子商务等重点领域，充分激发和释放市场主体活力，切实提高生产性服务业专业化水平。鼓励优势企业运用现代化大生产理念、加快服务环节专业化分离和外

包。依托制造业集聚区，建设一批生产性服务业公共服务平台。积极发展服务型制造，引导和支持制造业企业从主要提供产品向提供产品和服务转变。下决心把工业设计搞上去，培育形成一批具有核心竞争力的专业设计机构、国际知名的工业设计大师和有世界影响力的设计品牌。同时，要重视金融服务业对制造业发展的重要性，有序发展金融服务业，健全金融市场体系，加快产品、服务和管理创新。促进服务贸易创新发展，鼓励软件、建筑、文化、旅游、研发设计等服务出口，大力发展服务外包，打造“中国服务”国家品牌，推动“中国服务”与“中国制造”共同构成我国外贸竞争新优势。

四、提升产业发展有效支撑对外开放能力的体制机制保障

环境良好、政策合理是建设制造强国、发展我国产业的重要前提和有效保障。要按照供给侧结构性改革的要求，进一步加强统筹协调、部门协同和各级联动，推动政策、开放、创新、资金、人才等要素汇聚到产业发展大潮中。

（一）切实降低实体经济企业成本

成本高是影响当前我国产业发展，尤其是制造业竞争力提升的重要因素。要全面推进依法行政，深化“放管服”改革，强化涉企收费目录清单管理，最大限度降低制度性交易成本和企业税费负担。深化生产要素市场化改革和国有企业改革，促进市场竞争，持续推进网络提速降费，加快发展普惠金融，多措并举降低企业用能、用地、用网、用工以及融资和物流成本。鼓励和引

导企业创新管理、改进工艺、节能节材，以降低成本。

（二）打造对外开放新平台

加大内陆地区对外开放力度，完善口岸、跨境运输等开放基础设施，实施更加灵活的政策，建设好自贸试验区、国家级开发区、边境经济合作区、跨境经济合作区等开放平台，打造一批贸易投资区域枢纽城市，扶持特色产业开放、发展。赋予自贸试验区更大改革自主权，提高自贸试验区建设质量，对标国际先进规则，强化改革举措系统集成，鼓励地方大胆试、大胆闯、自主改，形成更多制度创新成果。探索建设自由贸易港，探索建设中国特色的自由贸易港，打造开放层次更高、营商环境更优、辐射作用更强的开放新高地，对于促进开放型经济创新发展具有重要意义。

（三）充分发挥政府在产学研结合中的作用

各级政府要不断强化舆论宣传，营造全社会支持和参与产学研合作的良好氛围，把产学研合作的成效纳入企业、高等院校和科研院所的绩效考核指标体系。设立专门规划和项目，加强产学研合作的引导和资金投入，充分利用分散在各高校、研究院所和企业的创新资源，集聚和整合该方面的技术创新要素，促进形成相应的产学研合作组织。完善相关政策和法规，为产学研合作提供制度规范和保障。建立技术信息交流网络，完善公共服务平台建设，设立链接政府、高等院校和科研院所、企业之间的中介机构。加强监管和评估，协助建立利益共享和风险共担机制。

（四）强化财税金融支持产业发展

实行有利于制造业转型升级的财政税收政策，建立完善支持企业技术改造的长效机制和政策体系。落实金融支持实体经济相关政策，增强金融服务实体经济能力，深化产融合作，鼓励有条件的地方建立信贷风险补偿机制。探索多元化投融资模式，引导社会资本参与，加快形成投资来源主体多元、投资方式多样的多元化投资机制。有序发展投融资主体，鼓励和吸引境外资本和社会资本以合资、独资、特许经营等方式参与建设运营。实施更加精准的产业政策，促进产业政策与财税支持和金融服务的良性互动。

（五）加快建设多层次人才队伍

深入实施人才强国战略，落实新时期产业工人队伍建设改革方案和制造业人才发展规划指南，深化校企合作，培养一大批具有创新精神和国际视野的企业家人才、各行业各领域技术创新的专家型人才和高级经营管理人才，建设知识型、技能型、创新型劳动者大军。突出“高精尖缺”导向，加大制造业引智力度。激发和保护企业家精神，弘扬劳模精神和工匠精神，营造劳动光荣的社会风尚和精益求精的敬业风气。

（执笔人：刘中显　马　玥）

参考文献

［1］裴长洪，刘洪愧．习近平新时代对外开放思想的经济学分析［J］．经济研究，2018，53（2）：4-19.

［2］来有为，陈红娜．以扩大开放提高我国服务业发展质量和国际竞争

力［J］. 管理世界，2017，（5）：17-27.

［3］迟福林 . 改革开放 40 年建立与完善社会主义市场经济体制的基本实践［J］. 改革，2018，（8）：35-48.

［4］国家统计局贸易外经司 . 对外经贸跨越发展 开放水平全面提升：改革开放 40 年经济社会发展成就系列报告之三［DB/OL］.（2018-08-30）［2019-03-01］. http：//www. stats. gov. cn/ztjc/ztfx/ggkf40n/201808/t20180830_1619861.html.

［5］国家统计局工业统计司 . 改革开放铸就工业辉煌 创新转型做强制造大国：改革开放 40 年经济社会发展成就系列报告之六［DB/OL］.（2018-09-04）［2019-03-01］. http：//www. stats. gov. cn/ztjc/ztfx/ggkf40n/201809/t20180904_1620676.html.

［6］国家统计局服务业司 . 服务业在改革开放中快速发展 擎起国民经济半壁江山：改革开放 40 年经济社会发展成就系列报告之十［DB/OL］.（2018-09-10）［2019-03-01］. http：//www. stats. gov. cn/ztjc/ztfx/ggkf40n/ 201809/t20180910_1621829.html.

分报告七
“一带一路”与 WTO 若干问题的思考

内容提要：WTO 反映了经济地理时代国际贸易及与贸易有关的投资合作及规则诉求。联合国 2030 年可持续发展的第一个目标就是在世界各地消除一切形式的贫穷，解决穷国与富国的利益分配不均问题，由资本推动的经济全球化及其规则体系面临重大挑战。未来 WTO 要有所作为，离不开主要经济贸易体之间的合作。“一带一路”倡议秉持推动广泛的国际发展合作，不设门槛，不另起炉灶，探求互利共赢模式，为国际贸易和全球经济增长注入新动力，为 WTO 规则完善提供一条从双边、区域到多边的探索、实践路径。

开放、包容、合作、普惠、平衡、共赢的全球化是人类可持续发展的必然选择。自第二次世界大战以来，贸易一直是全球经济大幅增长的关键驱动力。由 GATT（关税及贸易总协定）演进而来的 WTO，为全球进入以规则为基础的现代贸易体系打下了坚实基础。但近二十多年来的变化，让当前的 WTO 不堪重负。造成当前困境的原因，一方面是 WTO 规则体系需要与时俱进，关注并确保更多成员实现自身利益；另一方面是主要经济贸易体要在政策、规划、规则、制度等层面协调好，前瞻性地反映国内监管与贸易协定日益联系的大趋势，朝着解决传统边界开放为更多发展中国家受益、边界内的开放合作渐进而有序，推动 WTO 从有限规则、有限成员主导，向更多成员有规则话语权、提升治理能力的诉求转变。“一带一路”倡议的有益实践为广大发展中国家和新兴经济体参与国际经济治理提供了舞台。

一、WTO：基于规则的开放合作典范

WTO 由 GATT 发展而来，是货物贸易及与货物贸易有关的投资的规则体系，是美国主导的为推动发展中国家通过扩大市场开放、以货物贸易融入全球化而生的。中国加入 WTO，是 WTO 发展史上具有里程碑意义的事件，是多边贸易规则向区域和成员施用的成功案例，增强了 WTO 在全球治理和国际规制方面的广泛国际认可和参与程度，彰显了 WTO 日益增强的规则影响力。WTO 争端解决机制[①]的强制管辖权，将成员方之间的贸易争端带入双边解决轨道。

（一）正确认识 WTO

WTO 规范贸易及其与贸易有关的投资行为。WTO 的全部规则几乎都是在 1947 年至 1994 年制定的，跨大西洋国家主导着世界贸易。技术发展改变了商品和服务的生产、运输、销售和融资方式。2001 年底开始的多哈回合谈判旨在使 WTO 规则更加适应 21 世纪的经济体。2008 年，在多哈回合谈判中制

① 自 1995 年以来，WTO 争端解决机制帮助解决了近 600 宗贸易争端案件，但目前其上诉机构（AB）的停摆状态严重损害了该机制的作用。

定的庞大的一揽子贸易改革计划接近完成，但最终由于印度和其他一些为其农民和工业寻求特殊保护的国家的打击而失败。此后，WTO 规则几乎没有改变，只有《贸易便利化协定》（2013 年）和更新《政府采购协定》（2014 年）对 WTO 规则进行了轻微调整。

WTO 法是国际法律秩序中自成一类的法律体系，WTO 法治是国际法治中独具一格的法治模式，WTO 体制是全球治理系统中一种特殊的治理体系。多边贸易体制一直是以成员驱动和规则驱动的双轨模式运行。在 GATT 时代，缔约国驱动占主导地位，1995 年后的 WTO 时代逐步呈现规则驱动趋势，主要表现在争端解决机制方面，但成员驱动（或政治驱动）仍是决定因素。WTO 及其法律的形成与发展自始至终从属于国际政治和成员利益，WTO 体制的有效运作只能迂回地在 WTO 成员之间周旋，关键是把握“自由贸易”与各种“例外条款”或“免责条款”之间的平衡。WTO 的管辖权是强制性的，对成员是自动管辖。WTO 争端解决机制既不是政治方法机制，也不是司法性或准司法性机制，而是一种集政治方法、法律方法和准司法方法于一体的综合性争端解决机制，最突出的特点是其管辖的排他性和裁决的反向协商一致规则。GATT/WTO 在经济全球化中有不可或缺的地位和作用，全球治理的各种行为体都不得不重视它、发展它和利用它。WTO 的独特价值吸引全球各个界别，从不同角度持续地研究和发展，其在国际合作实践中仍是各经济体解决多边贸易问题的不二法宝。WTO 不只是政府间角逐与合作的舞台，其法律不只是政府间的游戏规则，归根结底关乎的是人民生活与福祉、行为公平与公正、社会法治与良治、人类进步与发展。

（二）成员不断增加，贸易便利化深入发展

WTO 成立之初，有 75 个成员，截至 2020 年 5 月，有 164 个成员，24 个

观察员。1995年当年，有37个经济体先后加入。1996年维持了较高热度，新加入成员达16个。在随后时间里，基本处于零散加入状态。WTO鼓励加入的成员降低关税、开放市场，且允许合理保护其敏感产业、产品，通过过渡期来实现渐次开放。就我国的平均关税水平看，从2017年12月1日起，我国调降187项商品的进口关税后，平均税率由17.3%降至7.7%。2018年7月1日起汽车整车关税由25%下调至15%。

《贸易便利化协定》由WTO的112个成员达成，2017年正式生效并实施。从全球范围看，《贸易便利化协定》的实施意味着国际贸易程序将更趋简化和协调，货物流动、放行和结关速度进一步加快，势必推动全球贸易和经济增长。根据WTO秘书处测算，《贸易便利化协定》的实施将使全球贸易成本平均降低14.3%，为全球带来1万亿美元的出口增长。同时，作为WTO成立20年来达成的首个多边货物贸易协定，《贸易便利化协定》是多哈回合谈判启动以来取得的重要成果，其顺利实施将更加增强各方对WTO多边谈判功能的信心。我国是世界第一货物贸易大国，协定的生效和实施同样对我国具有显著积极意义。一方面，有助于我国口岸综合治理体系现代化，提高我国产品竞争力和改善营商环境；另一方面，将普遍提高我国贸易伙伴的贸易便利化水平，为我国产品出口营造便捷的通关环境，使企业广泛受益。

（三）中国加入WTO，在WTO发展史上具有里程碑意义，是WTO规则从多边向区域施用的成功案例

中国是WTO规则的践行者与推动者。入世谈判期间，我国大规模清理与WTO规则不符、特别是对贸易有直接影响的行政措施。数据显示：从2000年7月至2002年12月底，为与WTO规则接轨，全国人大常委会制定、修改有关法律14件；国务院废止行政法规12件，制定、修改有关行政法规

38 件；国务院有关部门制定、修改、废止部门规章和其他政策措施 1 000 多件；废止地方性法规、地方政府规章 3 370 件，修改 1 126 件；决定停止执行省级政府及其部门和较大的市政府及其部门其他政策措施约 18.8 万件。此外，停止执行有关国务院及国务院办公厅文件 34 份。而今，即使纯粹管理国内事务的、与贸易没有直接关系的行政立法，公开透明也成为一种普遍接受和认可的理念。加入 WTO 以来，我国按照 WTO 规则要求做了大量工作。如对贸易有重大影响的国内法规进行的通报和征求意见，实际上已经成为诸多主管部门不可或缺的参照。改革开放以来，在总结 WTO 规则实践基础上，我国主动推进与国际经贸规则接轨，拉开规制协调实践大幕，自贸试验区从第一批的单兵突进，进入更加注重整体性、系统性、协同性的联动开放阶段，更加聚焦制度创新，切实成为陆海内外联动、东西双向互济、全方位立体开放的战略支撑，18 个自贸试验区和海南全岛建设自由贸易港，为推进国家重大发展战略、重大政策协调、重大改革任务集中攻坚、集成突破，为改善投资环境，推动我国与世界联动发展创造了条件。我国和其他 WTO 成员一道，推动达成了《贸易便利化协定》、结束了信息技术扩围谈判、取消了 201 项信息技术产品关税。我国是经济全球化的受益者，更是国际贸易和世界经济增长的主要推动力量。40 多年改革开放制度探索，特别是 2001 年加入 WTO 后，我国积极履行 WTO 承诺，遵守 WTO 规则，凸显了 WTO 规则的权威性和影响力，开启了基于规则合作的国际经济治理新时代。

二、美国优先，置 WTO 于艰困之中

WTO 宗旨是造福人民。但美国主导的 WTO 将美国优先原则发挥得淋漓尽致。WTO 规则中，内嵌了美国政治、舆论影响力，美国利益优先贯穿其中，阻碍 WTO 多边贸易体制发展由来已久。2008 年全球金融危机后，贸易保护

主义尤甚。目前，WTO 发生的诸多问题，以及当前成员间广泛而影响深刻的贸易摩擦，都是美国内嵌式自由主义试图将国际经济自由化延伸至“边境后”，重新书写全球经贸新规则遇阻的表象。美国从输出国家硬实力转向软硬兼施，大行美国霸权，仍然符合其实力界定收益的美国优先的霸权逻辑。美国主导的 WTO，施压他国开放有余，包容其他成员不足，正在脱实向虚，是广大发展中国家，尤其是最不发达国家和中小企业不能承受之重，也背离了 WTO 对等、无歧视原则。WTO 的未来，只有在减少或控制美式全球化的只服务精英、服务资本、服务金融、服务美国带来的贫富差距扩大、环境污染、逆全球化等弊端，才能获得发展空间，才能为世人所包容。

（一）WTO 自身困境及表现形式

WTO 并不能解决所有贸易问题。WTO 中的贸易是指货物贸易，又叫传统贸易。服务贸易发展和全球化的新议题，促使美国转向其他贸易协定谈判。TPP（CPTPP）/TTIP 等协定从关注“边境”开放向“边境后”开放拓展，是美国从关注物理性开放向更加关注各成员制度性开放的霸凌举措。TPP 将履行要求与货物贸易挂钩，而这在传统贸易中，通常出现在与投资和服务有关的规则中。传统的关税减让已经不能满足美国需求，其已转向追求准入前的国民待遇、边界内市场开放，虽然这些诉求大体上相当于《1994 年关税与贸易总协定》第 2 条约束关税、第 3 条国民待遇、第 5 条过境自由、第 8 条进出口规费、第 10 条贸易法规的公布、第 11 条数量限制的内容，以及与这些内容相关的、乌拉圭回合谈判中形成的协定，如《进口许可协定》《农业协定》等，但美国推动的 TPP 的第 2 章纳入了上述 WTO 相关规则的内容，并且在此基础上制定得更详细、更深入、更广泛。《1994 年关税与贸易总协定》并没有规定出口关税，但《跨太平洋伙伴关系协定》第 2 章弥补了这一空白。

TPP还规定了同一商品出口到美国时，不得增加额外的税费，将信息技术产品归属于TPP下货物贸易规则的涵盖范围。这些都表明，美国推动的新型自贸协定在货物贸易方面，从传统的降税降费向影响一国政策和战略转变，从追求准入后的国民待遇向准入前的国民待遇拓展。这些无疑超出了WTO创建之时的管辖范围。

投资形式已经超出WTO的规定。WTO只涉及与贸易有关的投资。目前，全球层面统一的国际投资规则还是空白。美国TPP第9章投资章，移植了美国2012年双边投资协定范本。由一个双边协定变成有12个缔约方的多边协定中的投资章，并采取负面清单方式开放东道国市场，这又是美国通过双边协定推动投资规则区域化多边化的行为。缔约方之间的、由投资章引起的争端，使用《跨太平洋伙伴关系协定》第28章争端解决程序，规定各缔约方不得在国内法中赋予私人就《跨太平洋伙伴关系协定》涵盖事项起诉其他缔约方的权利，还明确了各缔约方商事仲裁裁决的承认与执行。TPP的争端解决，规定了缔约方之间就涵盖事项的争端解决程序，但并没有规定上诉程序。TPP抛开WTO争端解决机制，从规则层面动摇WTO规则，并且只规定了TPP成员的义务，并没有明确成员的权利。由于TPP缔约方同时也是WTO成员，而WTO本已存在独立的争端解决程序，在缔约方产生争端时，就存在该选择适用哪一个程序的问题。TPP的争端解决有一个“代为选择”规定，与WTO不同，为美国“代为选择”埋下了伏笔，嵌入了隐性约束。与WTO争端解决机制相比，TPP的争端解决规定的补偿是一特色。TPP的争端解决既挑战了WTO争端解决机制的权威性，也为美国绕开WTO继续美国优先创造了制度便利，为WTO成员、TPP成员间面对争端解决时，嵌入了争端前的“争端”。

TPP的跨境服务贸易相当于WTO《服务贸易总协定》中第一种模式、第二种模式和第三种模式的服务贸易，即跨境提供、跨境消费和商业存在。原则上不适用于航空服务和金融服务，但有一些例外。跨境服务章第10.2节中明确规定了第10章适用于与服务提供相关的分销、运输、通信网络的准入或使用，适用于作为提供服务的条件而提供保函或其他形式的金融担保。此外，还明确规定适用于快递。快递作为货物贸易和服务贸易，在TPP多个章节中都有体现。在结构和实体内容上，TPP第10章规定了普遍的国民待遇义务和最惠国待遇义务，在市场准入方面普遍性禁止服务贸易壁垒，并规定了普遍性的禁止当地存在的义务。与WTO相比，禁止当地存在义务是一项独特规定。这种负面清单式市场开放模式，有别于《服务贸易总协定》的渐进开放模式。同时，TPP强势规定了市场准入义务，并没有规定其准入后的责任，进一步彰显了开放和发展利益唯我独享的美国霸权。从WTO到TPP、TTIP一以贯之，有过之，而无丝毫分享发展利益之自觉。美国公然破坏WTO规则，大行单边主义和美国霸权，从规则到实践展露无遗，借近些年持续不断的贸易摩擦，昭然于天下。

（二）以TPP（CPTPP）为代表的非WTO谈判，对WTO规则体系及谈判功能的冲击广泛而深刻

美国与WTO渐行渐远已有时日。美国认为WTO多边机制缺少效率，这只是表象，根本原因是美国在WTO体制下不能畅顺主导实现美国利益优先，从而转向更容易主导的双边、诸边和区域谈判，继续实现美国利益优先。美国认为在WTO体制内不能解决中国问题，这也是美国霸权无法延续之借口。推动各种形式的谈判，快速实现美国利益，是其诸多行为背后的逻辑起点和落脚点。最具深远影响的是TPP以及CPTPP。第一，CPTPP虽然美国没有参加，但并不意味着美国放弃引领规则。11个成员认同美国引领签署的TPP所含的理念、原则和标准，不因美国退出而根本性地变更其中

的规定，降低其中的标准，确认之前谈判形成的跨越发达国家与发展中国家的广泛共识，维护之前谈判达成的相互开放减让的权益平衡。这一事件还表明，无论美国参加与否，11 个成员都继续推进 TPP，某种程度上显示了美国影响的衰落。美国引领签署的协定，在美国退出的情况下，如得以实施，更说明这一协定的引领性、接受度、影响力。第二，TPP 协定事实上对 WTO 的核心规则之一——最惠国待遇原则构成威胁。在最惠国待遇原则及国民待遇原则的共同作用下，WTO 得以实现非歧视，从而能够建立起一个互惠互利、公平合理的国际市场。TPP 的出现及其影响，深刻动摇了 WTO 多边贸易体制存在的基石。第三，TPP 绕过 WTO，旨在建立一套全新、简洁的原产地规则，由此产生的原产地规则碎片化，对 WTO 多边贸易体系构成威胁。TPP 的原产地规则，既冲击 WTO 原产地规则，也不利于非 TPP 成员的利益。我国目前还不是 CPTPP 成员，遭遇中美经贸摩擦，美国将抛开 WTO，继续采用“非优惠原产地规则”。可以预见，随着 CPTPP 成员扩大，WTO 原有的以国际商品统一分类和编码制度为基础的原产地规则制度将逐步被减少使用乃至被抛弃。在高标准的 TPP 原产地规则下，更加不利于非 TPP 成员的 WTO 成员贸易发展和争端解决。第四，美国主导重新谈判 NAFTA（北美自由贸易协定）、美韩 FTA、美欧 BIT、TTIP 等，不仅延续了美国主导、引领国际经贸规则制定的态势，增强了美国利用诸边等平台主导和引领谈判的势头，实质上稀释了 WTO 的谈判功能。而且，能够有针对性地、高效率地增加国际经贸新规则的体系化推进。无论从规则角度，还是谈判功能，多边贸易体制均受到了前所未有的挑战。美国通过强大的规则制定能力和谈判能力，不断将国内法向双边或区域推进，其他一些国家，如加拿大，也将国内具有优势的竞争中立规则，通过 TPP 谈判引入到诸边平台。美国的规则于我有用则用、无利则弃的利己主义思想，已经引起广泛的国际经贸摩擦。

（三）WTO 遇阻是现实存在

WTO 遇阻但不会停滞。美国难以改变美国优先的本质，但欲继续随心所欲也是一厢情愿。美国与加拿大、日本、澳大利亚等发达国家或同盟国的利益分歧显而易见。如日本拒绝与美国开展 FTA 谈判，扛起了主导 CPTPP 的大旗；在重新谈判的 NAFTA 中，加拿大主张纳入 ISDS（投资—国家争端解决）条款，而美国反对纳入，美国希望将争端交由国家间争端解决机制予以解决，担心 ISDS 影响美国出台有关政策，担心受 ISDS 制裁，尽管目前暂时没有受到过制裁；韩国称将终止对美部分产品关税减让，作为对美国向从韩国进口商品征收关税的回应；欧盟、澳大利亚等也警告美国，设置贸易壁垒对以规则为基础的多边贸易体制构成威胁；与中国的贸易摩擦引起广泛关注，不仅中国强力回击，WTO 其他成员也极为不满。美国的单边主义、去全球化行为，破坏了价值链合作的客观规律。美国罔顾规则，背离 WTO 搞单边主义，不但行不通走不远，而且必将招致国际舆论、道义，以及 WTO 成员的强烈谴责和共同抵抗。

WTO 困境，既是美国霸权遇阻，也是美国影响力式微，或将开启终结美国利益优先理念和实践，以及单由美国主导国际经贸规则时代的转折点，或将开启让 WTO 再次被普遍认可的新时代。众所周知，货物贸易容易，以钱（资本）挣钱则需要体制、机制和制度配合。由货物贸易推动的经济全球化相对简单，降低关税、配额，开放边界而已。全球化深入发展，贸易和投资形式日趋多元、复杂和联动，国际贸易和国际投资合作的诉求从边界开放向东道国规则和制度层面渗透。WTO 的困境主要是由美国失信产生。中美贸易摩擦进一步彰显美国不断以国内法蚕食 WTO 的对等、非歧视原则，让 WTO 背上了停滞的黑锅。

美国超越WTO规则，以国内法进行长臂管辖，实属霸权行径。WTO成立后，美国已基本停止依据“301调查”结果采取单边措施，美国此次抛弃其国际承诺，开了一个非常恶劣的先例。从目前美国之于WTO的行为看，美国很可能将WTO视为由自由贸易向公平贸易转变、将WTO发展成有效解决不公平贸易的场所，需要引起高度警觉。

美国对WTO转向，WTO发展前景不明是现实，但WTO的引领、协调、保护、谈判功能仍是国际社会的宝贵财富，需要注入新的内涵和动力，继续弘扬来之不易的WTO精神。我们要学习美国退出后的TPP更名为CPTPP的精神，在正确的道路上深化国际合作。广大发展中国家和新兴经济体除了要善于学习，善用会用规则，善用WTO谈判，更要坚定支持自由贸易和多边贸易体制。

三、“一带一路”与WTO互为发展动力

WTO的成立推动了以规则为基础的开放合作。但时至今日，发展问题仍然是整个国际社会面临的一个根本性挑战。作为最大的发展中国家和新兴经济体，我国秉持开放、包容、共赢的理念，以“一带一路”为统领，以双边机制为主轴，以积极参与国际宏观经济政策协调为突破口，以诸边（区域）合作为平台，在全球化新议题、发展规则建构等方面，发挥建设性或引领性作用，推动规则区域化和多边化，有助于丰富完善WTO体制内的发展规则体系。

（一）加强政策沟通，提升发展能力

帮助更多发展中成员加入WTO，熟悉国际经贸规则，可以利用WTO的贸易政策审议机制来了解“一带一路”沿线国家的贸易政策和法律。价值链

合作的全球化，能够使更多发展中国家受益，WTO 成员能够继续在多边贸易平台解决贸易投资问题，为“一带一路”建设提供多边解决渠道。美国主导的 WTO，及其绕开 WTO 推动签署的贸易投资协定，事实上人为地破坏了 164 个成员认可的规则，将 WTO 成员分类化、碎片化，筑起了全球价值链与新兴经济体，尤其是与最不发达成员之间链接的高墙。为使广大发展中国家能够在全球价值链推动下的全球化中共享利益，需要从战略上构建开放包容的国际宏观经济政策体系，加强成员间、国家间的政策协调。

合作和能力建设是发展中国家面临的首要问题。成立于 1995 年的 WTO 对此没有专门论述，TPP 虽有专章但对此阐述甚少，还明确规定了此方面产生的任何事项，不得诉诸 TPP 专章中确立的争端解决程序，美国只关注自身利益，并不关注最不发达成员的能力提升的思想由来已久。“一带一路”倡议的“五通”针对广大发展中国家尤其是陆锁国家的开放瓶颈，通过设施联通，在软硬联通上提供发展机遇，敞开胸怀，真诚合作，是“一带一路”倡议广受欢迎的重要原因。不设门槛，不预设条件，不另起炉灶，在现有的双边、多边以及区域合作平台，加强沟通、对话和交流，对接彼此需求，设计合作方案，以项目为载体，以建园区为合作平台，务实推进，取得显著成效。在“一带一路”建设中未来还需要加强国别研究，总结分析案例，研究海陆发展支点对区域合作的带动作用。开展国际产能合作及对外投资面临发展规则研究和商事争端解决的现实问题，从向西开放角度看，应通过“以进促出”的开放战略，以“进人”为统领，发现特色需求，研究解决与伊斯兰国家合作的相关问题，破解内陆地区或内陆国家开放合作途径和规则，解决经济内生增长问题。当前，UNCTAD 准备在贸易增加值核算基础上研发新一代投资政策框架，建立能够促进跨国投资可持续增长的投资争端解决机制，为投资法、双边投资协定、自贸区构建模板。广大发展中国家需要有紧迫感，继续用好传统贸易促进增长的规则和路径，主动积极参与国际宏观经济政策协调，融入“一带一路”，成为 WTO 成员。全球价值链下的国际合作是一个复杂系统工程，涉及创新、劳工技能水平、基础设施建设、跨国企业社会责任标准、环保等，影响到一国在全球价值链的位置。亚洲及金砖国家应在现有合作基础上，强化宏观经济政策协调，尤其要加强基础设施和贸易融资方面的合作。在国际金融体系改革中加强协调，加大在国际货币基金组织和世界银行等国际金融机构中的发言权和代表性，警惕贸易保护主义剥夺发展中国家的生存权和发展权。对于新兴经济体和最不发达国家而言，市场开放和政策协调除需要在 WTO 平台谈判推动外，还要在“一带一路”倡议下加强政策协调以及构建自贸协定，培育规则互动的可能性。

（二）加强设施联通，释放发展活力

多边贸易谈判还有很多问题值得研究，如技术合作、争端解决机制的改革、贸易便利化、《信息技术协议》的扩容等。基础设施的软联通和硬联通，是最有可能产生新技术、新标准、贸易投资新规则的领域，是最有可能使规则体系化和特色化的领域，也是中国构建发展合作规则的重要源泉，这对我国国内法的建立、解释、法治环境以及国内法在国外的效力问题提出了挑战。加强基础设施建设，推进互联互通，提升硬联通和软联通水平，既为全球化和各国经济发展注入动力，也是助力各国摆脱贫困、促进繁荣与和平的手段。基础设施投资可以直接缓解当下多数新兴经济体的发展瓶颈，更好地与周边国家之间互联互通，改善对外贸易、国内生产和跨境物流环境，将有效践行以邻为善的合作理念。基础设施投资不仅通过提高家庭收入直接影响经济发展，而且通过改变消费、储蓄、投资方向，以及推动社会资源的积累等方式间接推动增长。良好的基础设施环境也有助于纠正市场和政府机制失灵，推动和完善市场、政府和地方社会之间的良性互动，为广大发展中国家和新兴经济体扩大开放、融入全球经济体系创造必要条件。基础设施可以提高区域互联互通，降低运输成本，有效拉动经济增长，尤其在当前全球经济缓慢复苏背景下，基础设施投资更成为各国摆脱经济低迷状态、恢复长期经济增长的重要手段。在全球价值链的生产布局中，基础设施，如公路、铁路、港口、机场、电信、互联网、标准等高效连接，是构建全球价值链的必要条件。实现全球范围内的基础设施建设和互联互通，需要各利益相关者在各地区、各层次合作框架内通力协作、有效合作。中国作为新兴经济体代表，一方面需要通过自身努力，为全球提供包括基础设施投资和融资等方面的国际公共产品；另一方面也能够从全球基础设施投资合作中探索积累开发性金融、建构发展规则的有益经验。有必要在全球各层次合作框架内突出基础设施建设的重要性，尽可能地降低企业走出去参与全球基础设施投资合作 PPP 项目的障碍。在 G20 框架下应着力全面促进基础设施综合链条的量、质、效。建设专项基础设施链，如交通链（海陆空联运，有形要素的流动）、信息通信链（信息流）和金融链（资金流）的建设。既要增加这些链条有形部分的建设，也要提高这些链条运营的效率，增进多种基础设施之间的合力，软联通规则的摸索和构建极其重要。基础设施建设涉及大量人及人才流动，需要积极增加知识资本和人力资本投入，促进产学研链条建设，加强研究人流与人才流的“双流”规则与 TPP 规则的异同。

（三）便利贸易畅通，提升合作效率

帮助更多 WTO 成员加入《贸易便利化协定》，在熟悉贸易规则基础上，为投资规则合作创造条件。时至今日，货物贸易仍是绝大多数 WTO 成员参与全球价值链合作的重要抓手。全球价值链合作下的中间产品贸易壁垒产生累积和放大效应，显著提高贸易保护成本。中间产品要进行多次跨境交易，即使这些关税和非关税措施水平很低，保护程度也会被多次累积，进而严重影响最终产品成本与价格。因此，必须进一步降低平均关税水平，削减关税峰值和最高关税，鼓励部门贸易自由化，抑制关税升级，取消进出口中的配额和其他数量限制。在降低贸易壁垒的同时，需要配套降低投资壁垒。从微观层面看，全球价值链分工是跨国公司在全球布局的结果。降低投资壁垒有利于跨国公司从福利最大化的角度最优地进行投资，从而使全球价值链的整体福利最大化。2008 年全球金融危机后，贸易保护主义抬头。贸易保护政策手段多样，不仅包括传统的反倾销、特殊保障措施等，还包括卫生和植物检疫措施以及技术性壁垒等。可以考虑依托 G20 建立相应的指标测度和监控贸易与投资壁垒，从而为降低贸易投资壁垒奠定科学基础。由于 APEC 已设想降低贸易投资壁垒，G20 可以优先考虑在 APEC 地区的经济体监控贸易与投资壁垒。鉴于 TPP 在贸易、投资和争端解决方面，有一套为成员国专用的规则，需要持续研究 TPP，跟踪研究 CPTPP 效果。TPP 的原产地规则不同于 WTO 的规则，是要构建成员间价值链合作，是重建了以邻为壑的规则体系，对多边贸易规则，现有价值链合作构成冲击。

价值链合作客观上具有低成本多主体参与特点，这使中小企业搭上新一轮全球化便车，有可能成为受益群体。“一带一路”倡议下的国际产能合作、中国企业对外投资，就是着眼于当地投资、当地生产、当地就业，着眼于新兴经济体的能力提升。对外投资既有企业利润考虑，也有开发性金融配合。发展中国家整体环境欠佳，需要在发展规划、法制建设，以及政策环境体系开展广泛合作。作为一个发展中国家，中国感同身受，任何项目的启动实施，都是在可行性上作出综合考量。通过建开发区、工业园等带动东道国的中小企业纳入产业链、供应链，提升合作水平和效率。降低成本不仅包括一般意义上的贸易成本，还包括阻碍贸易便利化的非关税壁垒和摩擦成本。非关税壁垒很重要的一个成果是 WTO 的贸易便利化协定（TFA），其生效后，关键在于实施落实早见成效，让更多的 WTO 成员受益。G20 应致力于降低金融危机以来的贸易保护措施。根据 WTO 统计，金融危机以来，各国施加的贸易限制措施明显增加。为降低各国贸易保护措施，G20 不仅应像原有的峰会那样将反对贸易保护主义写进共同声明，还应建立监测贸易保护措施的指标，对全球贸易保护程度进行量化和预警，积极消除价值链的制度壁垒。经济发展落后的国家和发达国家的利益平衡规则，需要 WTO 及“一带一路”携手探索。

（四）促进民心相通，凝聚规则共识

规则既是硬联通，更是软联通，以文化、习俗、习惯为底色，约束人们的交易行为。文化决定了规则的生命力和影响力。与实力相比，文化在促进规则从双边、区域向多边推进中有更强更韧的影响力，其作用显著上升。WTO 目前的困境既有规则滞后，更有理念、价值观、文化不兼容。“一带一路”的“五通”，尤其是民心相通，为 WTO 走出困境提供一定支撑。做好民心相通，从根本上抓住了规则赖以产生的文化土壤特点、规则生成的路径和内容，为传播规则、发挥规则对经济增长的制度性优势注入强大内生动力。不从根本上发现并降低规则赖以生存的土壤间的冲突，其规则的形成及其施用必然遭到抵制。这样的规则只能是硬规则，只能服务于规则制定者和主导者。在人类文明不断进化的今天，只有体现更高人类文明水准的有温度的规则，才能为人人所尊崇、所信仰，为规则拓展带来便利，确保规则制定者、使用者拥有平等的发展权利，推动 WTO 走出困境，服务于人本而不仅是资本发展的诉求。

文化交流，教育先行。在与东盟合作中，应将越南作为教育合作的支点。除了实施好中越双边教育合作规划外，应以点带面。深入研究越南的自贸区实施效果，研判贸易投资资金人员流向。在周边国家和地区中，应重视支持周边相对落后国家提升该国公民受教育水平。如帮助建立小学、幼儿园，提高驻在国居民的识字率，促进民心相通。

面对WTO遇阻的现实，面对不断增强的海外利益保护的现实需要，我国需要通盘考虑如何通过投资保护协定及其争端解决机制设立来平衡投资者以及中国作为东道国的利益。这些都需要以人员交流合作为支撑，并且重视不同文化对形成共识、规则日益增强的影响力。

（执笔人：关秀丽）

参考文献

[1] 张月姣. 亲历世界贸易组织上诉机构：中国首位上诉机构主席张月姣法官判例集 [M]. 北京：社会科学文献出版社，2017.

[2] 林中梁，余敏友. WTO法与中国论坛年刊（2018）[M]. 北京：知识产权出版社，2018.

[3] 薛荣久. 中国对WTO规则的恪守与砺进 [M]. 北京：中国商务出版社，2018.

[4] 韩逸畴. WTO贸易政策灵活性机制研究 [M]. 北京：法律出版社，2018.

[5] 张玉卿. WTO热点问题与案例精选 [M]. 北京：中国商务出版社，2018.

[6] 杨国华. WTO中国案例评析 [M]. 北京：知识产权出版社，2015.

[7] 刘敬东. WTO中的贸易与环境问题 [M]. 北京：社会科学文献出版社，2014.

[8] 李成钢. 世贸组织规则博弈：中国参与WTO争端解决的十年法律实践 [M]. 北京：商务印书馆，2011.

[9] 韩立余.《跨太平洋伙伴关系协定》全译本导读（上）[M].北京：北京大学出版社，2018.

[10] 韩立余.《跨太平洋伙伴关系协定》全译本导读（下）[M].北京：北京大学出版社，2018.

[11] 石静霞.WTO服务贸易法专论[M].北京：法律出版社，2006.

[12] 曾令良.21世纪初的国际法与中国[M].武汉：武汉大学出版社，2005.